海洋政治学

张景全　吴　昊◎著

山东大学出版社
SHANDONG UNIVERSITY PRESS
·济南·

图书在版编目(CIP)数据

海洋政治学/张景全,吴昊著.—济南:山东大学出版社,2023.4

ISBN 978-7-5607-7586-9

Ⅰ.①海… Ⅱ.①张… ②吴… Ⅲ.①海洋地理学—政治地理学 Ⅳ.①K901.4

中国版本图书馆 CIP 数据核字(2022)第 147374 号

责任编辑 陈佳意

封面设计 王秋忆

海洋政治学

HAIYANG ZHENGZHIXUE

出版发行 山东大学出版社

社　　址 山东省济南市山大南路 20 号

邮政编码 250100

发行热线 (0531)88363008

经　　销 新华书店

印　　刷 济南新科印务有限公司

规　　格 720 毫米×1000 毫米 1/16

16.25 印张 285 千字

版　　次 2023 年 4 月第 1 版

印　　次 2023 年 4 月第 1 次印刷

定　　价 67.00 元

前　言

"历史发展是连续性和阶段性的统一，一个时期有一个时期的历史使命和任务，一代人有一代人的历史担当和责任。"[①]进入新时代，海洋政治实践和海洋政治学理研究迎来最好的历史时期，中国特色海洋话语进入最好的历史发展阶段，推进海洋政治学体系化构建的使命感和责任感愈发凸显。为了更好地契合时代现实、担当历史使命，本书致力于对海洋政治学进行完整的体系建设和系统论述，力求推动完成由海洋政治研究到海洋政治学的巨大飞跃，完成从海洋叙事"西风带"到海洋叙事"中国化"的重大转变，完成海洋政治学研究范式、学科体系和理论体系的系统建构，特别是提出具有中国特色的"海缘政治"概念，切实给予海洋政治实践发展和海洋政治学研究以中国方案和中国贡献。

一、本书的目标

当前，中国发展和战略实施处于"中华民族伟大复兴战略全局和世界百年未有之大变局"两个大局中，本书试图实现三个目标。

其一，对海洋政治实践的历史与现实进行全面研究。本书坚持理论源于实践、理论归于实践的原则，以理论阐释实践、以实践升华理论，在写作过程中严格贯彻理论与实践相结合的原则，"追昔抚今，鉴往知来"[②]。通过回溯历史以全面了解海洋政治实践的发展脉络和演变规律，力图厘清海洋政

① 《习近平：以史为鉴、开创未来　埋头苦干、勇毅前行》，2022 年 1 月 1 日，https://www.12371.cn/2022/01/01/ARTI1641021620027175.shtml.

② 《习近平在中华人民共和国恢复联合国合法席位 50 周年纪念会议上的讲话（全文）》，2021 年 10 月 25 日，https://www.fmprc.gov.cn/web/ziliao_674904/zt_674979/dnzt_674981/qtzt/jnzghflhghfxw/202110/t20211025_9980825.shtml.

治历史进程中的重点时段、重点事件和重点概念等要素，进而更好地以史鉴今，更好地进行学理研究；通过动态跟踪海洋政治实践的新近开展情况，力图把握海洋政治现实推进中的关键节点、关键场域和关键因素等维度，通过整体论证以更好地回应现实需求，更好地进行实践创新。

其二，对海洋政治学的学科体系和理论架构进行整体论证。依托“为什么”(why)、“是什么”(what)、“怎么办”(how)的思维逻辑来开展海洋政治学体系化的论证，通过探究新时代为什么需要构建海洋政治学，海洋政治学的研究范式、学科体系和理论体系是什么，如何构建具有中国特色的海洋话语来推动海洋政治学的全面发展等时代之问，对海洋政治学进行全方位的学理分析，力求能够聚合海洋政治学理研究的积极信念和实践行动，实现海洋政治学内部的逻辑自洽和要素融通，进而实现海洋政治学理研究的最优发展。

其三，对新时代中国海洋战略和实践参与、中国海洋话语时代破晓等进行系统全面的阐明。在百年未有之大变局时代，在全球海洋事务纵深发展和海洋政治体系持续演变的当下，中国的海洋战略与实践愈发具有全球影响力和世界性效应，中国海洋强国战略与实践、“一带一路”倡议、“海洋命运共同体”理念与实践、“蓝色伙伴关系”全球构建等理念的提出与实践的推行，对于世界海洋政治而言意义非凡。中国的海洋战略和实践愈发受到世界各国的关注，也遭受了诸多话语指摘和战略猜疑。对此，中国学界需要有大战略视野下的正确认知，并需要以自己的声音正面回应对于中国全球海洋贡献的偏颇指摘，积极向全世界宣示中国对于全球海洋协同、命运与共的美好追求。

基于这三个基本目标，本书力图厘清并阐明新时代新背景下海洋政治学理发展的新方向、新内容，系统性地论述中国关于海洋政治实践和学理发展的理念、主张、方案、贡献等内容。

二、本书的理路

就传统而言，海洋政治研究基本上是西方叙事。西方开启了大航海时代，主权国家体系的建立为海洋活动提供了丰富的社会资源，科学技术的突破为海洋活动提供了巨大的发展动力，航海技能的提高为海洋航行提供了可靠的保障，在资本与殖民的利益驱使之下，西方在海洋世界获得了无与伦比的“成功”。作为这种海洋实践的认知，海洋政治的一系列概念、理论以及学科体系，都来自西方话语。

在西方叙事的背景下，从“陆权”到“海权”、从“新月地带”到“边缘地带”、从“地缘政治学”到“批判地缘政治学”、从“海陆冲突论”到“海洋国家联盟论”、从“控制海洋中心位置”到“控制海洋关键航道”、从“海军制胜”到“空海一体”，西方叙事几乎涵盖了海洋政治的方方面面。这些概念、理论成为海洋政治研究无法回避的话语，在建构着海洋政治研究体系的同时，也影响着海洋政治实践。从批判地缘政治学的视角来看，上述思想根植于西方国家的历史与实践，具有浓厚的欧洲中心主义色彩，由此决定了其非客观性与非中性的内在特征。

“当今世界正经历百年未有之大变局，新一轮科技革命和产业变革深入发展，国际力量对比深刻调整”①，政治多极化、经济全球化、文化多样化和社会信息化潮流不可逆转。西方国家的综合实力相对显著下降，维持现有国际秩序的能力和意愿明显走低；新兴国家经济实力不断增强，对于推动国际关系与国际秩序改革的诉求和努力也在强化，是推动未来国际关系与国际秩序调整重构的重要力量。世界行为体呈现出“多中心”甚至“去中心化”的趋势，延续已久的以西方发达国家为中心、以亚非拉发展中国家为边缘的体系正在发生重大转变，当今世界的国际秩序正变得更为多元且复合。

随着非西方世界的崛起，越来越多的非西方国家在世界贸易、世界工业、世界航运、世界科技以及世界军事等领域渐渐成为改变世界事务格局的重要驱动方，海洋贸易、工业、航运、科技以及海军力量对比等亦在发生新的转变，这预示着海洋政治研究的“西风带”时代正在褪色，新的、非西方话语的海洋政治叙事受时代呼唤而呼之欲出。同时，鉴于中国综合国力的持续增强，不断走向全球、持续经略海洋的现实需求与日俱增，因此建构中国话语的海洋政治理论迫在眉睫。

作为海陆复合型国家，中国对海洋的认识可追溯到旧石器时代，但受“重农抑商”的传统观念的影响，中国海洋经济整体发展缓慢且曲折，即使是中国古代航海能力顶峰时期的“郑和下西洋”，也仅仅是停留在以陆域为主的价值认知上。到了近代，中国遭受西方列强入侵，明清实行的海禁政策以

① 《中国共产党第十九届中央委员会第五次全体会议公报》，2020 年 10 月 29 日，https://www.12371.cn/2020/10/29/ARTI1603964233795881.shtml.

及西方国家的疯狂侵略更是一度导致近代中国海洋事业发展停滞不前、海权日渐式微和海洋领土沦丧。新中国成立之后，在中国共产党的领导下，中国的海洋事业开始走上正轨；改革开放以来，中国经济实力快速增长、综合国力显著提高，海洋事业也取得了长足进步；党的十八大以来，中国在海洋领域取得了显著成就，海洋经济对国民经济的贡献日益突出，海洋科技创新在推动海洋建设现代化的进程中发挥了重要作用，海上维权力量日益强大，中国海洋事业总体上进入了历史最好时期，迎来了建设海洋强国的重要机遇期。

通过文献梳理与成果分析可见，现今存在很多关乎海洋政治的议题，内容庞杂而零散，一个完整而系统的海洋政治学体系远远没有呈现出来——有海洋政治，但有“研”而无“学”。海权或海洋安全自从海洋政治出现以来便被广泛讨论，但基本上是习惯性地以地缘政治学的视角来开展，在支持与诟病中涤荡了一百多年[①]，它依然附属于地缘政治学而非独立的海洋政治学。“边缘地带”与“海陆冲突”虽然在海洋政治研究中被广泛提及，但它们依然被视为地缘政治学的理论之一。可见，我们熟知的涉海政治概念在学科上归属于地缘政治学。即便将以海权为核心的涉海概念、理论归结为海洋政治，但依然没有在研究客体、研究特性、研究方法、研究框架以及研究逻辑等方面自成体系。因此，目前的状态是有海洋政治但无海洋政治学。在人类海洋实践已经进入泛海洋时代的21世纪，在需要西方与非西方共同叙事的今天，构建新的海洋政治学便显得尤为必要与迫切。

三、本书的结构

本书主要分为八章，从为何需要构建海洋政治学开始，系统阐明海洋政治学的学科体系和理论框架，结合具体案例论证海洋话语作为海洋政治学政治要义的过去和现在、学理与实践，最后探究海洋政治学的持续发展对于国际海洋新秩序的重要意义。

第一章为“新时代呼唤海洋政治学”，旨在分析新时代需要海洋政治学的构建和发展。在海洋治理全球参与的现实与海洋叙事的全球转向的潮流之下，海洋政治需要中国特色海洋叙事方式的完善和海洋叙事体系的丰实。

---

① Basil Germond, “The Geopolitical Dimension of Maritime Security”, *Marine Policy*, Vol.54, 2015, pp.137-142.

第二章为“海洋政治学的研究概况”，旨在分析海洋政治实践的发展历程和海洋政治学理研究的演进概况。统合海洋政治实践和学理都需要海洋政治学的构建和不断发展。特别需要指出的是，海洋政治学的构建和发展需要纳入国际政治发展的整体进程之中，海洋政治实践和海洋政治学发展带有鲜明的国际政治特性和现实色彩。

第三章为“海洋政治学的研究范式”，旨在明确海洋政治学的研究内容和体系构成。以具有中国特色的海缘政治概念作为海洋政治学的研究视角，明确海缘政治的概念、要素和特性，在海洋活动中系统呈现出行为、认知与感知/状态等不同维度的群体性对象。海洋政治学的研究客体呈现群落性样态，即国家与组织群落、人与海洋生物群落以及海洋非生命群落。

第四章为“海洋政治学的学科体系”，旨在明确海洋政治学的研究维度和研究方法。在研究呈现群落性样态的研究客体的过程中，海洋政治学对先前海洋政治研究的维度进行了拓展和优化，明确了海洋政治学的研究方法并不断优化发展。新时代的海洋政治学，以其研究思维的群落性、研究议题的整体性、研究时段的长期性、研究态度的包容性、研究取向的伦理性，展现了海洋话语体系构建的中国方案。

第五章为“海洋政治学的理论体系”，旨在全面系统地阐明海洋政治学包含海洋安全、海洋战略、海洋开发与治理三个层面的理论体系；阐明海洋安全观、海洋治理观和海洋发展观等对于海洋政治发展的重要意义，海洋政治学需要直面全球海洋事务发展和治理议程中存在的现实问题，并提出可行的方案和路径选择。

第六章为“海洋话语：海洋政治学的要义所在”，旨在阐明海洋话语在海洋政治实践和海洋政治学研究中的独特定位和价值；针对海洋话语与国际秩序之间的关系机理、演变历史和现实聚合变迁等展开分析，明确海洋话语对于海洋政治历史与现实的重要意义，以及海洋政治学体系建设对于中国特色海洋话语的现实需求。

第七章为“海洋政治学相关案例研究”，旨在通过海洋区域和海洋全球场域的整体和综合视角，通过具体案例的发生发展来进一步论述海洋政治实践的历史和现实，验证海洋政治学学科体系和理论内容的突出价值及现实契合度。

第八章为“海洋政治学与国际海洋新秩序”，旨在通过分析海洋政治学与全球海洋治理之间的紧密联动关系，阐明海洋政治学研究对于国际海洋新秩序建构和未来发展具有现实推动意义。中国通过全力推动海洋政治学的学科建设和理论发展，可以为全球海洋治理的深度开展、国际海洋新秩序的构建和“海洋命运共同体”的全球共建等提供具有中国特色的现实助力、方案选择、话语引领和世界贡献。

作　者

2022 年 9 月

目　录

第一章　新时代呼唤海洋政治学

学理研究进步与社会实践发展之间有着非常紧密的联动关系，人文社会科学的发展建立在生产力进步的基础之上，具有显著的“时代性”特征。国际政治的发展从一开始就具有此特征，既有时代的推动，又有时代的约束，是不同国际格局背景的直接体现，也是不同阶段国际秩序发展的现实反映。海洋政治实践和海洋政治学的发展带有鲜明的国际政治特性与现实色彩，海洋政治学的构建必然需要契合时代现实并回应时代需求。随着中国特色社会主义进入新时代，全球海洋事务及其治理、中国海洋战略和实践、中国特色海洋话语构建等也都迎来了新的发展阶段，新时代呼唤海洋政治学的体系构建和优化发展。

第一节　何为“海洋”与“海洋政治”

一、何为“海洋”

地球上海洋总面积约为3.6亿平方千米，约占地球表面积的71%。海洋的中心部分称作“洋”，是海洋的主体，约占海洋面积的89%；海洋的边缘部分称作“海”，是洋的附属部分，约占海洋面积的11%，海和洋彼此沟通组成统一的水体。世界上有五大洋，分别是大西洋、太平洋、印度洋、南冰洋和北冰洋。[1] 海洋所蕴藏的丰富资源对于人类的生存和发展有着重要意义，对海洋的开发和利用在某种程度上影响着大国兴衰，而海权的强化对于一国

① “Sea”, 2022-7-26, https://www.merriam-webster.com/dictionary/sea.

的崛起更是意义非凡。

基于海洋蕴藏的丰富资源及其对人类生存发展的重要性，人类开发及利用海洋的意识和能力经历了“萌生—发展—增强—完备”的发展历程。在人类发现和认识到海洋资源特别是海洋渔业资源对于生产与生活具有重要意义之后，人类开发利用海洋的意识逐渐萌生。“兴渔盐之利，行舟楫之便”成为人类开发利用海洋的最初内容，但对于海洋的视域还局限于本国周边海域。随着生产力的进步和人类对海洋资源需求的不断增长，人类开发利用海洋的意识和能力也在不断发展，海洋视域从本国周边海域开始扩展。葡萄牙人和西班牙人完成地理大发现之后，人类对于“全球之海洋”“海洋遍全球”的认识愈发深入，人类对于海洋的认识逐渐由局部走向全球，人类开发利用海洋的意识持续增强。在这一过程中，海洋的自然属性（流动性与连续性）和社会属性（权属模糊性与认知模糊性）逐步显露，成为海洋学理研究的重要内容。

（一）海洋的自然属性：流动性与连续性

海洋是一个综合的自然系统，由海岸与海底构成的基岩海盆以及其内的海水、水体中的生物、海盆上空的大气所组成，是位于地球表层不断发展变化的动态体系。世界五大洋尽管所处地域不同，但水体流动性决定了不同大洋得以以先天的海峡、后天开通的运河等相连通。海洋的流动性使得不同海域的事务发展和治理议程等相互影响并彼此依赖。

英国学者杰弗里·蒂尔（Geoffrey Till）认为，海洋作为资源的来源对世界文明的发展至关重要，海洋有四个历史属性——资源属性、交通属性、信息交流属性和疆土属性。

(1)资源属性。海洋资源给人类提供的食物来源和经济价值等都是海洋作为资源储备的表现。

(2)交通属性。考古表明，西太平洋、印度洋、阿拉伯海和地中海等地区性贸易体系出现的时间比人们最初所认为的更久远，发展也更成熟，也反映出了海洋作为交通媒介的意义。海洋贸易的结果是形成了复杂的地区之间、地区性和次地区性的遍及全球的海上交通网络体系。工业革命时代的技术革新，特别是蒸汽动力的出现，使世界各地之间的联系更为紧密，集装箱的使用进一步革新了这一进程。据统计，世界贸易的95%都是通过海路进行的，贸易量从1970年的26亿吨涨至2005年的71.2亿吨，2021年达到110亿吨。未来几年，全球海上贸易量将保持年均2.1%的增长率，贸易增势稳定。[①]

(3)信息交流属性。海洋在有意和无意地传播思想。贸易过程包含着交谈，它是思想、信息和货物的有意或无意的交流。海上贸易同思想、信息的交换是无法分割的。

(4)疆土属性。欧洲人可能提供了海洋作为疆土的最清晰案例，腓尼基人、希腊人和罗马人都无比清楚地证明海洋是一条战略高速路，是一个群体控制其他群体事务的媒介。葡萄牙人、西班牙人、荷兰人、法国人、英国人等都是经由海上到达南北美洲、印度洋和太平洋。[②]

笔者认为，蒂尔所提出的这四个属性均基于海洋流动性和连续性的自然属性之上。海洋的流动性使得不同水域的海洋生物等相互穿梭，处于某一海域的国家和居民可以获取其他海域的海洋资源；人类可以通过船舶等海上交通工具穿行于海洋，以实现海洋交通的目的。通过海上交通的开展，不同海域、国家、部落、民众之间的信息得以相互传递，实现了海上信息的互动和沟通，不同海域和国家得以对外界有了更多的认知和理解，巩固和拓展海洋疆域的意识不断提高，“向外”的意愿和积极性不断提高，开拓海洋疆土的战略和实践持续开展。由此可见，海洋自然属性的流动性和连续性是人类认识海洋、利用海洋、治理海洋的原始动力和初始要义。

气候直接影响着人类的生产、生存和生活方式。海洋是气候的“调节器”，大洋环流因其对热传输的驱动和贡献而影响着气候。全球各大洋水体的表层和底层、各大洋水体内部的温度和盐度存在着差异。为了补偿这些差异，水体上下发生着交换。同时，地球的自转、天体的引力和海底的地形也影响着大洋环流及其流向。通过环流，赤道附近的温暖海水流向南、北极海域，极地寒冷的海水流向赤道海域，由此维持着全球大洋的热量平衡，并通过“海洋—大气”的相互作用维持地球的热量平衡。海洋因能吸收二氧化

① United Nations Conference on Trade and Development，“Review of Maritime Transport 2022”，2022-11-30，https://unctad.org/system/files/official-document/rmt2022_en.pdf.

② 参见[英]杰弗里·蒂尔：《21世纪海权指南》，师小芹译，上海人民出版社2013年版，第29～39页。

碳而发挥着缓解地球“温室效应”与全球变暖的作用。[1] 因为具有流动性和连续性，因此海洋可以在一定程度上比较充分地吸收人类生产生活所产生的二氧化碳，进而调节全球气候平衡。研究表明，自工业革命以来，海洋吸收了人类活动释放的1/3以上的二氧化碳。因此，海洋对于维持全球生态及人类生存的重要性极为突出。

海洋的资源价值是海洋自然属性中最为突出的。海洋中蕴藏的石油和天然气资源可采储量分别占地球总储量的45%和50%，天然气水合物的资源量相当于全球现有化石燃料资源量总和的两倍，而潮汐能、海浪能、海流能等海洋可再生能源的可开发发电量高达73.8亿千瓦，相当于目前全世界发电总量的好几倍。此外，海洋还集中了全球97%的总水量，海水淡化也逐渐成为人类解决水资源短缺问题的可靠途径。[2] 海洋蕴藏着丰富的自然资源，海洋的自然属性事实上取决于人们利用海洋的动机。在古代，海洋就为人类提供了丰富的渔业资源；随着生产力发展水平的提高，人们对海洋的依赖也日益加深，海运在国际交往特别是国际贸易中占据了重要地位。毫无疑问，正是出于对海洋中渔业等生存资源和油气等发展资源的需求，人们才一步步走向海洋、利用海洋并试图占有海洋。雨果·格劳秀斯(Hugo Grotius)等人认为，万物最初共有，鱼类资源的无穷无尽使得海洋应该保持原初的共有状态。要想改变这种状态，需要实现整体功效的增益，如确立对土地的私有产权，避免因可用土地有限而造成冲突。但海洋资源的无限性却使占有、分割海洋无法得到证成。[3]

随着世界人口的持续快速增长，陆地生存空间日渐紧张，能源资源愈发匮乏，生存环境逐渐趋于恶化，海洋凭借其广袤的空间逐渐成为人类开发和治理的重要对象和场域。深海海底和浅海均蕴藏着大量的能源资源，是人类食物、工业原料、能源和药物的重要来源，是人类财富聚集和扩张的重要支点，早已成为人类持续发展的宝贵财富。随着社会生产力的不断提升，航

---

① 参见国家海洋局海洋发展战略研究所课题组：《中国海洋发展报告》，海洋出版社2010年版，第15页。

② 参见李双建主编：《主要沿海国家的海洋战略研究》，海洋出版社2014年版，第262页。

③ Hugo Grotius, Richard Tuck, eds., *The Rights of War and Peace, Book II*, Liberty Fund, 2005, pp.325-327, 350-351.

海意识和航行技术的不断提高，船舶建造和改进等工艺的不断升级，人类利用海上航道的能力不断提高，海上交通的便利和优势不断彰显，海上交通成为人类能源、资源等物资运输和人员往来的重要通路。在日渐凸显的海洋能源资源价值和战略价值的牵引下，海洋已成为全球性战略竞争与合作的重要场域，全球海洋战略竞争逐渐转向立体海洋，海洋安全成为全球关注的重点。海洋也是人类科学和技术创新的重要舞台，海洋生物资源养护技术、深海探测技术、海洋大数据技术等在世界科技格局中的重要性不断提升。海洋开发与海洋治理在人类发展进程中的作用愈发彰显，在国际社会大战略发展演变中的价值愈发鲜明，已成为国际大战略格局的重要构成，也是各国国家战略谋划的重要部分。2013 年 7 月 30 日，习近平总书记在中共中央政治局第八次集体学习时强调："21 世纪，人类进入了大规模开发利用海洋的时期。海洋在国家经济发展格局和对外开放中的作用更加重要，在维护国家主权、安全、发展利益中的地位更加突出，在国家生态文明建设中的角色更加显著，在国际政治、经济、军事、科技竞争中的战略地位也明显上升。"[①]随着经济全球化的深度发展、科技水平的快速抬升，海陆之间的联动性愈发明显，越来越多的行为体正在制定海洋战略、拓展海洋实践，海洋事务及其治理已全球化，海洋事务与人类发展其他事项之间的联系愈发紧密，相互影响不断加深。

（二）海洋的社会属性：权属模糊性与认知模糊性

海洋权属主要是指依据海洋法规定所确立的海洋事务主体对于海洋可以行使的权利，主要依据是国际海洋法和国家海洋法所确定的权利。以直接支配为内容的权利具有排他性，支配的目的是实现"物"，即前面所说的海洋自然属性之上的物化表现的权属，支配的对象是海洋上的各种"物"。海域权属管理则是指国家以及代表国家行使管理权的国家海洋行政机关对海域权属进行管理，具体包括：国家对海域所有权的管理，国家海洋行政机关对海域使用权的取得，海域使用权登记，海域使用权证书颁发，海域使用权变更、终止和争议调解处理，以及建立相邻海域利用权管理制度等。人类对

① 《习近平：进一步关心海洋认识海洋经略海洋　推动海洋强国建设不断取得新成就》，2013 年 7 月 31 日，http://www.xinhuanet.com//politics/2013-07/31/c_116762285.htm.

于海洋归属权的认知和设定是一个由浅及深、由不完善到逐步完备的过程。由于海洋自然属性的先天存在性和后天永久性，流动和开放的海洋使得资源能源开发利用、海上航行和运输、海洋信息互动等多层次、多领域、多维度地开展和延续，导致海洋事务领域和海洋主权权利交叉在一起，难以明确界定其归属和传承的明确内容。

“权属”指“权”的归属，既包括权利归属又包括权责归属。有权可获利、有权需担责，这是深度关联、不可剥离的关系，也是应然的界定和描述。然而，海洋事务发展中权责不一的事件屡屡发生，在一定时期内给海洋事务发展造成了不利影响，如2010年发生的“深水地平线”漏油事件便是海洋权责模糊的代表性事件。2010年4月20日，英国石油公司（BP Amoco）在美国墨西哥湾租用的钻井平台“深水地平线”（Deepwater Horizon）发生爆炸，导致大量石油泄漏，酿成一场经济和环境惨剧。美国政府证实，此次漏油事故超过了1989年阿拉斯加埃克森公司“瓦尔迪兹”号油轮的泄漏事件，是美国历史上“最严重的一次”漏油事故。墨西哥湾原油泄漏事件的内部调查报告在历时4个多月之后终于出炉。英国石油公司将大部分责任推给了油井的所有者瑞士越洋钻探公司（Transocean），以及负责油井加固的美国哈利伯顿公司（Halliburton）；而对于自身的责任，报告总结只有简单的一句：“没有正确解读油井的安全测试结果，没能提前做好各项预防措施和预案。”瑞士越洋钻探公司随即发表声明，指责英国石油公司在油井的设计、施工过程中做出一系列节省成本的决定，增大了事故风险。2015年10月5日，美国联邦法院新奥尔良地方法院做出判决，认定英国石油公司在2010年的墨西哥湾“深水地平线”钻井平台爆炸及原油泄漏事故中有“重大疏忽”，并最终处以208亿美元的罚款。这次创纪录的污染案因之告一段落，但事件过程中存在和发生的各种责任推诿值得人们警醒。

人类对于海洋的认识有一个发展和优化的过程，认知也逐渐由模糊走向清晰。回顾历史，可以发现一种递进式的海洋认知过程。大航海时代之前，人类认知中的世界并非一个整体，更多的是把海洋当作世界的边界而非通道；随着新航路的开辟和大航海时代的到来，人类在进行远洋航行时使用帆船作为工具，但海洋活动仍然有限；技术发展推动蒸汽船出现后，帆船被送入历史博物馆，航海技能与其他科技进步允许人类以及人类组织进行更远程的力量投送。因此，曾被一些国家视为天然屏障的巨大水体的阻隔能力显著弱化，越来越多的国家开始主动参与或被动卷入海洋事务。在应对海上威胁的过程中，一些陆地国家也进行着制定海洋战略和开展海洋实践的行动。在海洋认知的初期阶段，国家将海洋视作威胁与权力的来源，海洋是争夺或反抗的对象；而在海洋认知的发展阶段，国家将海洋视作利益的来源，海洋是竞争与合作、开发与治理的空间；随着经济全球化的不断发展，人员、资源的配置和流动同时在时间和空间上得以扩张。全球化突破了传统的国家地理疆界，不同国家之间、国际组织之间、人与人之间交流更加频繁，在相互交流中形成了你中有我、我中有你、相互依赖的态势。因此，我们必须从全球角度和整体地理空间角度出发，审视海陆关系的新变化。[①]

实际上，在一些具体海域，特别是国际战略新疆域，某些国家为了达成谋求经济利益或拓展权势份额等私利性目的，往往选择自我忘却该地区地缘发展的历史，忽视现有的相关法律法规，选择性地对特定海域的特定事务采取认知模糊的态度和举措。譬如，近些年北极资源开发和航道持续开通所呈现出来的巨大经济和战略价值，唤醒了北极地区新一轮的地缘政治竞争，也极大地增加了北极地区领土、资源、航道、科考等原有争端的协商和处理难度。北极地区传统的海洋划界问题主要涉及沿海国管辖海域之间的划界，主要包括北极地区国家之间领海、专属经济区和大陆架的划界。目前，北极地区主要的海洋划界问题包括两类：一类是 200 海里内专属经济区和大陆架划界争端，另一类是 200 海里外大陆架外部界限的确定问题。[②] 美俄的北极博弈日益常态化，双方对白令海峡分界线和东北航道的法律地位尚未达成共识；美国与加拿大关于波弗特海的边界和加拿大北极群岛附近水域的定位存在争议；加拿大和丹麦有关汉斯岛主权的争端；俄罗斯与丹麦等国在北极海域大陆架的延伸上也存在不同程度的争议。这些争端和争议的存在使相关国家为了更好维护自身的北极权益和安全而加强了在北极地区的军事部署，导致该地区军事对峙强度不断加深，有可能引发更为激烈的对峙或冲突。

---

① 参见刘雪莲、王勇：《全球化时代海陆关系的超越与中国的选择》，《东北亚论坛》2011 年第3 期。

② 参见刘惠荣、董跃：《海洋法视角下的北极法律问题研究》，中国政法大学出版社 2012 年版，第 10 页。

总的来说,无论是海洋的自然属性还是社会属性,都贯穿于海洋事务发展及其治理开展的过去、现在和未来。而且,依据时代背景的变化、世界格局的变迁和存续发展的需要,其具体内涵和特征呈现会进行相应的调整和改变。海洋之流动性和连续性的自然属性,是决定海洋资源开发和海洋价值凸显能够相互影响和彼此牵动的先天性条件,是实然存在和固定所在;海洋之权属模糊性和认知模糊性的社会属性,是关乎海洋事务发展和海洋治理开展能够平衡进行和动态演化的存在性条件,是导致海洋事务存在多重争端及其衍变发展的诱因。因此,海洋的自然属性和社会属性共同内嵌于海洋事务发展与治理议程的全过程,是各海洋事务主体制定海洋战略和开展海洋实践、实施国际海洋外交和治理海洋事务等过程中需要高度重视的因素,也是海洋政治学的重要研究内容。海洋政治学研究体系首先需要分析海洋的属性定位和影响效应,明确由海洋属性所阐发的海洋发展之政治内涵和要旨,进而开展海洋政治的学理与实践综合研究。

二、何为"海洋政治"

(一)海洋政治之学理层面的分析

海洋政治的学理分析,在西方学界主要表现为海权的实践发展与学理研究,在国内学界主要分为海洋政治的概念界定与要素分析。

权力在一国内政外交之中占有突出的位置和分量,追求权力、保障安全、拓展份额、增强话语等是国际关系实践的重要表现,权力与地位的消长及其所导致的权力与利益的重新分配是国际政治发展的重要因素构成。海洋权力在一国海洋政策、海洋战略、海洋实践中的位置和分量极为突出,海洋实力与位阶的变革及其所导致的权力与利益的重新分割是海洋政治发展的重要构成部分。西方学界对于海洋政治的学理分析大致可以认为是紧密围绕着"海权论"来进行的,这源于海洋政治与海洋权力间超乎想象的紧密联结度。

阿尔弗雷德·塞耶·马汉(Alfred Thayer Mahan)在1890～1905年相继完成了《海权对历史的影响:1660～1783》《海权对法国大革命和帝国的影响:1793～1812》和《海权与1812年战争的关系》等"海权论"三部曲,系统性地构建了海权理论体系。马汉对海权的定义是:在广义上不但包括以武力控制海洋之海军，亦包括平时之商业与航运。为了保证航运的安全和有效地占领殖民地，需要有控制海洋的支配力量，"这样的支配力量只能产生于伟大的海军"，海军通过发动战争获得海洋控制权，同时使敌国失去这个权力，根本目的是保证贸易途径的畅通。马汉认为，海权"对世界历史具有决定性的影响"，对国家的兴衰也具有决定性的影响，获得海权或控制海上要冲的国家掌握着历史的主动权。以英法为例，"许多世纪以来，英国商业的发展、领土的安全、富裕帝国的存在和作为世界大国的地位，都可以直接追溯到英国海上力量的崛起"，而法国"大陆扩张的错误政策吞噬了国家的资源并使其受到严重损害……它无力防卫其殖民地和商业，使国家的财源被切断"，从而走向衰败。历史上强国地位的更替，实质是海权的易手，"海权包括凭借海洋或通过海洋能够使一个民族成为伟大民族的一切本质，是国家兴衰的决定性因素"。①

中国学者也对海洋政治开展了诸多探讨。一方面，中国学界对海洋政治的概念进行了深入分析。刘中民认为，国际海洋政治是指主权国家之间围绕海洋权力、海洋权利和海洋利益而发生的矛盾斗争与协调合作等所有政治活动的总和，构成了国际政治和国际关系的重要组成部分。国际海洋政治的核心是海洋权力的分配与权利的分享（合理的或不合理的）。② 巩建华认为，从理论上讲，海洋政治就是一个国家或地区围绕着特定的海洋利益，通过夺取或者运用海洋权力来维护和实现本国或本地区的海洋利益，处理和协调与特定海洋利益相关的一种社会关系。③ 江红义、周理认为，海洋政治的过程就是国家通过自身积极主动的行为战略使海洋由"公有地"转变为国家或国际组织对海洋的某些区域享有特定管辖权甚至拥有完全主权的过程。海洋政治的核心问题就是国家与海洋权益的关系问题，其目的是国家如何通过积极有效的行为战略稳定实现和拓展国家的海洋利益。④ 胡波认为，国际海洋政治顾名思义就是指发生于海洋空间或与海洋相关的国际

---

① ［美］马汉：《海权论》，一兵译，同心出版社 2012 年版，第 55 页。

② 参见刘中民：《中国国际问题研究视域中的国际海洋政治研究述评》，《太平洋学报》2009 年第 6 期。

③ 参见巩建华：《海洋政治分析框架及中国海洋政治战略变迁》，《新东方》2011 年第 6 期。

④ 参见江红义、周理：《关于南海问题研究的回顾与反思——兼论海洋政治分析的基本要点》，《世界经济与政治论坛》2013 年第 4 期。

关系互动。它是主权国家之间围绕海上权力、海洋利益和海洋责任，就海洋控制、海洋发展和海洋治理等问题而发生的斗争与合作。[①] 张景全、吴昊认为，海洋政治顾名思义主要是发生于海洋领域及其延展区域的全部国际关系互动、国际矛盾协调、国际规范确立等，各主体围绕海洋控制、利用与管理等处理其矛盾、建构其关系、框定其格局，与国际事务的整体发展有着多层联系。[②]

另一方面，中国学界对海洋政治的构成要素进行了深入分析。林建华认为，海洋政治是从大航海时代开始的，以对海洋权益的发现、占有和保持为目的的政治活动的总和。其中，海洋意识、航海技能和海洋收益是制约海洋政治发展的三大关键要素。海洋意识是海洋政治发展的思想动因，是海洋政治发展的精神推动力。航海技能（包括海洋知识）是海洋政治发展的双重保障。15 世纪末，随着西欧生产力的发展，天文、地理、航海以及造船技术日新月异，为远洋航海及开辟新航路创造了必要和可能的条件，也为海洋政治的形成提供了条件。以新式帆船为代表的交通工具虽然不是产生世界历史和海洋政治原生的、第一性的因素，却也是必不可少的条件。海洋收益是海洋政治发展的动力，是各国从事海洋政治的最直接驱动力。后来，林建华又进一步分析了海洋政治意识的构成要素及其作用，认为海洋政治意识主要包含海洋崛起意识、海洋主权意识、海洋战略意识、海洋参与意识等部分。[③] 海洋崛起意识就是一个民族国家在借助和依托海洋成长为世界强国过程中对海洋所具有的不可替代作用的强烈感受和深刻认识。海洋主权是在国家管辖海域内所享有的领土主权、军事存在和活动权、行政权和司法管辖权、海洋资源开发权、海洋空间利用权、海洋污染管辖权以及海洋科学研究权等。[④] 海洋战略是由政府主导的、得到全社会认可和广泛参与的国家长期发展战略，即以促进国家的崛起和兴盛为目标的向海洋发展的道路，它涉及政治、经济、社会、民族精神等国家发展的多个层面，具有长期性、战略性

---

① 参见胡波：《国际海洋政治发展趋势与中国的战略抉择》，《国际问题研究》2017 年第 2 期。

② 参见张景全、吴昊：《海洋话语与国际秩序转变》，《南洋问题研究》2021 年第 1 期。

③ 参见林建华：《海洋政治构成要素分析》，《黑龙江社会科学》2015 年第 1 期。

④ 参见黄少安：《海洋主权、海洋产权与海权维护》，《理论学刊》2012 年第 9 期。

和指导性。[1] 海洋政治意识辨识具有促进对海洋政治意识等相关问题的研究、提升全社会对海洋政治意识功能的认识、奠定建设海洋强国的思想基础等作用。[2]

综合上述观点，笔者认为，海权至少包括国际法范畴的海洋权利和政治学范畴的海洋权力。海权在形式上是国际海洋法对一个主权国家海洋权利资格的确认；在本质上是主权国家在特定海域展示主体资格，以有效维护海洋权利的军事力量为核心的国家能力。海权是指主权国家在公海、国际海域、国际海底区域、领海、毗连区、专属经济区内，借助海洋军事力量、海洋科技能力、海洋文化优势，保障国家海洋权利、维护国家海洋利益、增强国家海洋话语的国家能力。海权是由海洋权力（sea power）、海洋权利（sea rights）和海洋利益（sea interests）等基本要素构成：海洋利益是指主权国家在特定海域获得的满足本国需要的资源和财富，海洋权利是国际海洋法和国内海洋法律法规等法律文本所确认和保障的主权国家所主张的海洋利益的法定资格，海洋权力则是主权国家在特定海域为了实现和维护自身的海洋利益而对其他国家的制约和支配力量。维护海洋利益是实现海权的本质要求，保障海洋权利是实现海权的法律前提，强化海洋权力是实现海权的关键所在。

目前，中国海权还远没有达到追求"海洋权力"的阶段，它是一种隶属于中国主权的海洋权利而非海洋权力，更非海洋霸权。目前的现实情况是，中国海洋地缘政治研究缺乏相关学科理论的支撑和整合，难以形成完整的理论体系，并且研究手段也较为单一，缺乏建设性的实证研究。

面对国际政治的"复合型发展"，海洋政治学发展应当强化对国际海洋政治实践的综合、系统研究，探寻海洋政治格局的形成、演化机理，海洋政治与海洋经济、海洋文化、海洋社会、海洋生态之间的紧密关系，海洋政治学研究的历程、现状、特征与愿景；面向国际海洋事务发展与国家海洋强国建设的现实需要，依据海洋事务发展全球化、多元化、复合化的状况，探索中国特色的海洋政治学研究，提高研究成果对国家海洋战略思维和民众海洋意识

---

① 参见刘继贤：《海洋战略环境与对策研究》，解放军出版社1996年版，第3～4页。

② 参见林建华：《论海洋政治意识的认知及其作用》，《晋阳学刊》2017年第3期。

的促动作用，提升国家海洋事业体系的创造性和完整性，提振国家海洋外交实践的灵活度和延展性，从而更好地为国家海洋方略的制定和实施提供全方位、多角度、务实性的服务支撑。

（二）海洋政治之实践层面的分析

海洋政治的实践自古有之，经历了一个由简单到复杂的发展过程，海洋控制、海洋发展和海洋治理三大主题的次第出现与人类社会发展程度密切相关。海洋政治大致经历了权力政治至上，权力与利益政治均衡分布，权力、利益和责任政治全面发展三个阶段。[①] 由于海洋资源能源的重要性日渐凸显、海洋战略通道的价值不断提升，因此控制海洋成为国家制定海洋战略和开展海洋实践的首要内容，即控制海洋是海洋政治的初始要旨。历史上，地中海及其周边海域的海上权力格局在一定程度上影响了古希腊、古罗马的兴起与衰落；近代以来，随着大航海时代的来临和欧洲殖民主义及帝国主义的大扩张，海洋作为通道愈加重要，控制海上关键通道便可控制全球贸易，甚至间接左右国际格局。

例如，中东地区之所以争端不断，最为重要的原因就是该地区巨量的油气资源以及突出的地缘战略位置。中东沟通着亚、欧、非三大洲以及大西洋和印度洋两大洋，通过苏伊士运河和博斯普鲁斯海峡、霍尔木兹海峡联通黑海、地中海、红海、阿拉伯海，并与里海陆路相通，为“两洋三洲五海”之地，自古以来就是东西方交通枢纽，战略地位极其重要。地下丰富的油气资源和海上便利的交通要道价值等不断抬升着中东地区的地缘重要性和军事战略价值。历史上爆发的五次中东战争均是围绕中东地区突出的资源和地缘价值所展开的争夺：第一次中东战争（1948 年 5 月至 1949 年 7 月），战争双方主要围绕巴勒斯坦和黎巴嫩之间的边界划分问题展开斗争；第二次中东战争（1956 年 10 月至 1956 年 11 月）又称“苏伊士运河战争”，战争双方主要围绕苏伊士运河和蒂朗海峡的航行权问题展开斗争；第三次中东战争（1967 年 6 月），战争双方主要围绕西奈半岛和戈兰高地等战略要地的归属权问题展开斗争；第四次中东战争（1973 年 10 月），战争双方主要围绕苏伊士运河两岸的领土所属权问题展开斗争；第五次中东战争（1982 年 6 月至 1982 年 9

---

① 参见胡波：《国际海洋政治发展趋势与中国的战略抉择》，《国际问题研究》2017 年第 2 期。

月），战争双方主要围绕贝鲁特西区所属权问题展开斗争。可见，五次中东战争在很大程度上都是基于该地区“两洋三洲五海”这一独特的战略位置而开展的多重争夺，控制海洋进而利用其资源和通道等都是历次战争的重要争夺事项，这其中海洋权力至上的色彩极为浓厚，争夺“两洋”和“五海”的控制权和使用权是中东战争参与方的重要追求。

二战后联合国召开的三次海洋法会议，特别是第三次会议充斥着浓厚的海洋政治博弈和利益协商色彩，是全球广泛参与、各方多重博弈、利益协调与妥协的重大海洋政治事件。第一次会议于 1958 年 2 月 24 日至 4 月 27 日在日内瓦举行，参加会议的国家有 87 个。会议通过了有利于少数海洋大国的《领海及毗连区公约》《公海公约》《大陆架公约》和《公海渔业和生物资源保护公约》，九项决议案以及一项《关于强制解决争端的任择签字议定书》。此次会议恰逢美苏冷战开始阶段，各方面都处于酣战态势，国际政治宏观背景决定了此次会议政治博弈的浓重色彩，领海（尤其是领海宽度和毗连渔区问题）、大陆架资源的划分和外部界限的确定、渔业资源的养护方案、弃权原则等都是争议问题。参会各国在 6 海里还是 12 海里领海宽度上进行了多番讨价还价，经过多方利益协调，最终规定国家主权扩展于其陆地领土及其内水以外邻接其海岸的一带海域，称为“领海”；毗连区自测算领海宽度的基线量起不得超过 12 海里等。

第二次会议于 1960 年 3 月 17 日至 4 月 26 日在日内瓦举行，专门讨论各国领海宽度和渔区范围问题。以苏联为首的社会主义国家和以美国为首的西方国家在这一问题上存在多方分歧，由于各方意见不一，会议未达成协议。苏联的提案规定各国有权自行确定不超过 12 海里的领海宽度，如果领海宽度小于 12 海里，可以建立毗连渔区，但领海和毗连渔区宽度总和不得超过 12 海里，该提案在全体委员会议上并未获得通过。美国和加拿大提出 6 海里领海宽度的提案，即 6 海里领海加上保持有限历史捕鱼权利的 6 海里毗连渔区。全体委员会议对此提案的投票情况是 43 票赞成、33 票反对和 12 票弃权，获得通过。但该提案在全体会议上却未获得通过，由于美、加提案并未达成国际协定，因此会议并未解决领海宽度和毗连渔区问题。

第三次会议于 1973 年 12 月召开，至 1982 年 12 月结束，150 多个国家参加，共举行 11 期 16 次会议。在这次会议上，发达国家与发展中国家、海洋大国与其他国家、沿海国家与内陆国家、资源输出国家与资源消费国家都想获取更多的海洋权益,在领海、海峡、大陆架、专属经济区、群岛国、岛屿制度等一系列问题上展开了激烈辩论和多层次的利益妥协。美国、苏联和英国等强烈反对扩大近海管辖权的海洋强国在国内外压力下最终做出妥协,正式宣布支持200海里专属经济区和200海里以外大陆边缘资源的国家管辖权。在深海采矿问题上,以美国为首的发达国家与77国集团在开发制度、开发条件和经济影响等方面存在较大分歧。1982年4月30日,会议通过《联合国海洋法公约》,于1994年11月16日生效。这次会议持续如此长的时间前所未有,斗争程度如此激烈也是前所未有,这是大国博弈、海洋政治激烈斗争的鲜明展现。

从三次海洋法会议的召开过程和会议结果可以看出,尽管过程中存在多重海洋权力争斗和利益争夺,但各方还是尽可能地以会议谈判的形式进行磋商并达成协议,权力与利益政治之间均衡分布的程度已大为提升。如第一次会议所出台的四个公约和一个议定书都是对于先前海洋事务和海洋争端的经验总结,会议所确定的领海宽度的原则规范,对于其后海洋海域划界、海洋争端处理、海洋利益协商等均可以起到正面指引和积极推动的作用;第三次会议在200海里专属经济区和200海里以外大陆边缘资源的国家管辖权上基本达成一致意见,对于国家海洋事务发展有着重大的积极推动作用,同时会议所通过和签署的《联合国海洋法公约》是世界多方海洋权力和利益妥协、协商的结果,在很大程度上推动了国际海洋法的发展和完善,有助于使全球性海洋事务及其治理有法可依。

第二节　海洋叙事的“西风带”

一、海洋叙事“西风带”的实践经纬

(一)地理大发现后葡萄牙、西班牙的海权崛起

15世纪前后,随着欧洲商品货币关系的日益发展,黄金作为交换手段的职能日益重要。荒地的开垦和工业的发展使欧洲出现了资本主义萌芽,欧洲人对外拓展新航路的意愿和能力逐渐提升。欧洲不生产任何香料,所用

香料都由阿拉伯商人自印度、锡兰和东南亚地区船运车载至地中海东岸和黑海之滨，再由意大利商人转运到欧洲，欧洲在阿拉伯商人的香料和奢侈品贸易中长期处于贸易入超地位。为扭转这一境况，欧洲决定开辟新航路以前往东方获取香料。1299 年创作完成的《马可·波罗游记》大大丰富了欧洲人的地理知识，该书对东方世界进行了夸大甚至神话般的描述，激起了欧洲人对东方世界的好奇心，促进了东西方之间的直接交往。彼时的欧洲人已开始广泛使用罗盘和指南针导航，加上造船技术的极大进步、新型多桅帆船和轻便快速大船的出现，在地图绘制技术的助推下，欧洲人开展远洋航行、催动“地理大发现”的技术手段已然齐备。

作为“地理大发现”运动的先驱者，葡萄牙和西班牙两国的海外占领地存在重合部分，进而引发了利益之争。在葡萄牙人沿非洲海岸南下航行到达大西洋的未知海域并发现未知陆地之后，西班牙要求葡萄牙明确所占有的领地。1479 年 9 月，葡、西两国签订《阿尔卡索瓦斯条约》(Treaty of Alcáçovas)，根据条约规定，葡萄牙占有了从加那利群岛向南到几内亚之间已经发现和可能还会发现的岛屿。随后，葡萄牙和西班牙各自的舰队继续探索未知海域：葡萄牙走南线，1487 年，迪亚士(Bartolomeu Dias)受葡萄牙国王若昂二世(João Ⅱ)的委托，率领船队抵达非洲最南端的好望角，发现了进入印度洋的航线；1492 年，哥伦布(Christopher Columbus)受西班牙卡斯蒂利亚女王伊莎贝拉一世(Isabel Ⅰ la Católica)的资助，发现了美洲“新大陆”；1493 年 3 月，哥伦布首航到达“新大陆”归来后，西班牙女王伊莎贝拉一世及其丈夫斐迪南二世(Ferdinand Ⅱ)要求罗马教宗承认西班牙对新大陆的政治占有，葡萄牙国王随即抗议。在教皇亚历山大六世的介入调停下，葡萄牙和西班牙两国于 1494 年签订了《托尔德西里亚斯条约》(Treaty of Tordesillas)，根据条约规定，在佛得角群岛以西 370 里格处划一条连接南北两极的经线，线东已经发现的和将被发现的土地归葡萄牙占有，即非洲、亚洲与南美洲东部(巴西东北的少部分)；线西的归西班牙，即绝大部分美洲大陆、太平洋的岛屿以及当时尚未发现的大陆。这一条约为两国划定了欧洲之外的已知世界上的势力范围，标志着所谓的“全球视野”或“世界体系”的开端，也标志着西欧王国划分全球势力范围的肇始。[①]

通过贸易和赤裸裸的掠夺，1493～1660年，葡萄牙从非洲运走的黄金达276吨；1521～1600年，西班牙从美洲运回本国的黄金为200吨，白银为18000吨[②]，这为其国力和海洋权势的增强提供了充足的物质支持。1519年，麦哲伦（Ferdinand Magellan）在西班牙政府的资助下，开始了人类历史上的第一次环球航行。"地理大发现"使世界开始走向一体化，促进了资本的原始积累。到16世纪，葡萄牙人在非洲、亚洲控制了大片殖民地，在南美洲占据了巴西；西班牙人统治了几乎全部的中南美洲。然而，以商业冒险和殖民扩张建构的海洋霸权并不持久，随着国内外问题的多发和其他海洋国家的崛起，葡西两国的海洋霸权开始衰落。1588年，英国舰队击败西班牙"无敌舰队"，标志着西班牙在大西洋的制海权旁落，英国逐渐成为海上强国。17世纪上半叶，西班牙陷入严重的社会、政治和经济危机，最终丧失了海洋霸权地位。

（二）17世纪初到18世纪的"海上马车夫"时代

1568年的"捣毁圣像运动"揭开了荷兰反抗西班牙统治、争取独立的序幕，史称"尼德兰革命"（1566～1609年）。1602年，荷兰东印度公司成立，1603年其便在新加坡海峡扣押了葡萄牙战船，该事件标志着葡萄牙对通往东南亚的海上贸易航线的垄断权受到了挑战，在欧洲引起了轩然大波。为了给政府做辩护，雨果·格劳秀斯撰写了《劫掠法》（*The Law of Spoils*），此书未能出版，但其中的第12章在1609年以《海洋自由论》（*Mare Liberum*）为名进行了发表，其主要思想为国际法思想的发展、成熟及国际法原则的奠定打下了坚实的基础。[③] 1609年，西班牙和荷兰共和国签订《十二年休战协定》（The Treaty of Twelve Years' Truce），事实上承认了荷兰的独立。1618～1648年"三十年战争"后签订了《威斯特伐利亚和约》（The Peace Treaty of Westphalia），欧洲国家承认荷兰为独立国家，确立了国家主权和

---

① 参见刘小枫：《地理大发现与政治地理学的诞生》，《甘肃社会科学》2018年第5期。

② 参见马克垚：《世界历史》，北京大学出版社1989年版，第389页。

③ 参见马忠法：《〈海洋自由论〉与格老秀斯国际法思想的起源和发展》，《比较法研究》2006年第4期；计秋枫：《格老秀斯〈海洋自由论〉与17世纪初关于海洋法律地位的争论》，《史学月刊》2013年第10期。

平等原则，主权国家成为国际秩序的中心。其后，凭借其先进的墨卡托航海图，荷兰先后把爪哇、锡兰变为殖民地，在印度、澳大利亚等地建立了一系列殖民据点，占领了通往东方最有价值的战略据点毛里求斯和开普敦，西班牙和葡萄牙在东方的商业势力范围逐渐被荷兰所抢占。1670 年，荷兰的船舶吨位数相当于英国、法国、西班牙和葡萄牙四国的总和。[①] 荷兰人依靠本国的海运力量建立起繁荣的转运贸易，经过几番争夺，葡萄牙在东方的大部分殖民地相继落入荷兰人手中，荷兰确立了海上贸易的垄断权。商业的发展带动了金融业的发展，17 世纪，荷兰是世界上最强大的商业帝国，也是世界上最大的金融中心。然而，由于本国资源匮乏，缺乏开展工业革命的基本条件，因此 18 世纪荷兰的海洋霸权逐渐衰落。

（三）"日不落帝国"英国的海洋霸权时代

英法百年战争（1337～1453 年）后，伴随着国内民族主义的兴起，英国开始对欧洲大陆实行"大陆均势"政策，逐渐将本国发展和战略拓展的目光转向大洋，发展海权并拓展海外市场。早在 13 世纪，英国就宣布了对英吉利海峡的主权，将其视为本国拓展海洋贸易通道的重要依托；1651 年，英国颁布了著名的《航海条例》（The Navigation Acts），规定一切在欧洲、非洲和美洲生产的商品只有英国船员驾驶的英国船只才可以运入英国领土，欧洲国家的商品用英国船或用生产国的船才可以运入英国领土。《航海条例》是对有着海上贸易垄断权的荷兰的沉重打击；此后，英荷进行了三次战争（1652～1654 年，1665～1667 年，1672～1674 年），主要的海战有 1652 年的普利茅斯海战、1652～1653 年的纽波特海战、1653 年的波特兰海战等。战争的失败使得荷兰的军事、商业和航运等都遭到严重削弱。

1688 年爆发的"光荣革命"可被视为英国崛起的起点。经过 1688～1697 年九年的大同盟战争，英国在地中海重创法国海军，签订了有利于英国的《里斯维克和约》（Treaty of Ryswick），法国在欧洲的霸权受到削弱；1701～1714 年的西班牙王位继承战争使法国失去了大西洋和地中海的制海权，英国也在 1713 年签订的《乌德勒支条约》（Treaty of Utrecht）中受益最多，由此确立了英国在欧洲的霸权。此后，英国在保证欧洲大陆力量格局基本均

① 参见李永采：《海洋开拓争霸简史》，海洋出版社 1990 年版，第 189～190 页。

衡的同时，主要通过成功的海外扩张稳步壮大力量，其力量触角大大超越了欧洲的范围。[①] 1740～1748 年进行了奥地利王位继承战争，英国于 1744 年向法国宣战，主要从海上打击法国，摧毁了法国大部分的海上力量，尤其是法国绝大多数的三桅巡洋舰和战列舰都被损毁。随后，英法于 1748 年签订了《亚琛和约》(Peace of Aachen)。

1765 年，工业革命在英国率先发生，蒸汽机的使用及其一系列技术革命引发了机器生产的重大飞跃，英国的工业产值获得极大提升。1760～1830 年，英国占欧洲工业产量增长的 2/3，在世界制造业生产中的份额从 1.9%跃升至 9.5%。工业技术对军事和海战的影响力也在大幅提升，铁路、电报、速射火炮、蒸汽动力、装甲战舰成为强大军事力量的决定性标志。[②] 到 1815 年，英国控制了欧洲绝大部分的海外殖民地，控制着海上航路和利润丰厚的转口贸易，在工业化进程中遥遥领先于其他国家。英国人根据数百年来积累的海战经验，把海军视为自成一体的军队，它可按海上情况，独立地制定作战计划，采取机动灵活的战术，使战舰成为移动自如的炮台，在适当的距离用大炮攻击敌舰。[③] 1900 年，英帝国成为亘古未有的大帝国，拥有 3108 万平方千米的土地和占世界 1/4 的人口。皇家海军力量激增，其实力相当于排在其后的几个国家的海军之和。以战舰吨位为例，1900 年英国战舰吨位 106.5 万吨，法国 49.9 万吨，俄国 38.3 万吨，美国 33.3 万吨，英国一国战舰吨位大体上相当于法俄美三国总和；1910 年英国战舰吨位 217.4 万吨，法国 72.5 万吨，美国 82.4 万吨，俄国 40.1 万吨，英国一国战舰吨位大于法美俄三国之和。全球各地都有英国的海军基地和海底电缆通信站，英国还拥有当时最大的商船队，运载着世界上最大贸易国——英国的货物。伦敦金融区的金融服务业使英国成为全球经济最大的投资者、银行家、保险商以及商品交易者。[④] 英国凭借其超强的军事力量和战略成为"日不落帝国"，建立起了超前的全球性海洋霸权地位。

---

① 参见计秋枫：《近代前期英国崛起的历史逻辑》，《中国社会科学》2013 年第 9 期。

② 参见[英]保罗·肯尼迪：《大国的兴衰》(上)，王保存等译，中信出版社 2013 年版，第 148～156 页。

③ 参见[英]屈勒味林：《英国史》，钱瑞升译，中国社会科学出版社 2008 年版，第 282～283 页。

④ 参见[英]保罗·肯尼迪：《大国的兴衰》(上)，王保存等译，中信出版社 2013 年版，第 235、212 页。

此后，在全球工业产值格局中，英国逐渐失去了早期那种一枝独秀的地位，其工业产量在1820～1840年的年平均增长率是4%，1840～1870年的年平均增长率下滑至3%左右，1875～1894年的年平均增长率只略大于1.5%，远低于美、德等国。1880年英国在世界制造业总产量中占有22.9%的比重，但到1913年已锐减至13.6%；1880年英国在世界贸易中所占份额为23.2%，1911～1913年却萎缩至14.1%；在工业实力上，美国和德国已走到了英国的前面。1914年，美国国民总收入已达370亿美元，人口9800万，人均收入337美元；而英国国民总收入110亿美元，人口4500万，人均收入224美元；法国国民总收入60亿美元，人口3900万，人均收入153美元。[①]工业能力的发展滞缓，导致英国在世界海洋权力格局中的地位急剧下降。

（四）美国确立全球性海洋霸权

美国为谋取在世界范围内的扩张，通过多种途径把自己建成了海陆两强的超级大国。[②] 美洲大陆早在17世纪便落入欧洲各国之手，沦为这些国家的海外殖民地。1775年爆发的美国独立战争拉开了美洲独立的序幕，1783年美国独立获得英国承认，之后美国便成为国际社会中的一员。随着第二次工业革命在美国的开展，美国的实力逐渐上升，工业实力不断增强。这一方面促进了美国经济实力的持续提升，尤其是美国经济在世界经济中的比重和份额不断增加；另一方面，钢铁行业的长足进步为美国发展军事力量提供了稳定且充足的物质保障，为提升美国军队特别是海军舰队的作战能力奠定了坚实基础。

1823年12月2日，美国总统詹姆斯·门罗(James Monroe)向国会发表"门罗宣言"(Monroe Doctrine)，被后世概括为"门罗主义"，其内容大致可归纳为"反对欧洲国家再在美洲夺取殖民地""不干涉"和"美洲体系"三个组成部分。在"门罗主义"的旗号下，美国在美洲进行了疯狂的领土扩张。19世纪30～40年代，美国从墨西哥手中夺取得克萨斯；1842～1844年，美国把英国排挤出俄勒冈；1846～1848年，美国总统波尔克(James Knox Polk)发动侵略墨西哥的战争，掠夺了其全部领土的一半以上；1898年，美国在美西战

① 参见[英]保罗·肯尼迪：《大国的兴衰》(上)，王保存等译，中信出版社2013年版，第237～238、254页。

② 参见张椿年：《地理大发现后西方海洋霸权大国的兴衰交替》，《海洋史研究》2014年第1期。

争中获胜，拉开了其大规模海外扩张的序幕。战争改变了美国和世界各国的关系，使美国变成了一个庞大的海上帝国。1899年，美国国务卿海约翰(John Milton Hay)提出“门户开放政策”(Open Door Policy)，美国加入帝国主义瓜分中国的狂潮之中，在中国攫取了大量的经济与政治利益。

在美西战争中声名鹊起的西奥多·罗斯福(Theodore Roosevelt)于1901年9月14日就任美国总统，他受马汉海权思想的影响而大力发展海军，制定了建造200艘军舰的庞大扩军计划，并大量使用蒸汽动力舰艇，实行远洋海军战略。与此同时，美国积极运用“大棒政策”夺取太平洋战略岛屿，开凿并控制巴拿马运河及加勒比海的海上战略基地，拓展全球战略格局。一战伊始，美国并未参战，主要为协约国提供军火装备，军事工业获得极大发展。正如保罗·肯尼迪所论述的：“美国的总体工业潜力和在世界制造业产量中所占的份额，是当时德国的2.5倍。美国能够在三个月这样惊人的短时间里建造出多艘驱逐舰来。”[①]1919年1月18日，巴黎和会在凡尔赛宫召开，各国签署了《凡尔赛和约》；1921年11月12日，华盛顿会议召开，签署了《四国公约》《限制海军军备条约》《九国公约》等，“凡尔赛—华盛顿秩序”得以确立。二战使得西欧国家进一步衰落，美国的国家实力和国际影响力进一步增强。

美国在二战中及战后世界经济、政治、军事、安全等诸多领域的秩序和制度中均占据优势地位。1944年7月1日，“布雷顿森林会议”召开，确立了美元对国际货币体系的主导权，构建了战后世界货币体系新秩序；1947年10月30日，《关税及贸易总协定》签订，美国在这一全球性多边贸易机制安排中占据优势地位；1948年7月，“马歇尔计划”正式启动，美国通过对欧洲各国进行广泛的经济援助而掌握了西欧政治经济格局，西欧逐渐成为美国的“庇荫”区域；1949年4月4日，美国与欧洲主要国家及加拿大等国成立军事同盟“北约”，随后不断东扩，成为影响世界进程的重要因素；1946年2月22日，乔治·凯南向美国国会发回深入分析苏联内部社会和对外政策的8000字电文；1947年3月12日，哈里·杜鲁门(Harry Truman)总统的国情咨文提出了以遏制苏联为指导思想的“杜鲁门主义”，“遏制战略”正式形成，

① 参见[英]保罗·肯尼迪：《大国的兴衰》(上)，王保存等译，中信出版社2013年版，第283页。

对20世纪后半叶的世界政治和国际秩序产生了极为深远的影响。此外，美国与韩国、澳大利亚、新西兰、菲律宾等签订了《共同防御条约》，形成了"艾奇逊防线"等多条封锁线，构建起了对欧亚大陆的战略包围。

冷战期间，海洋控制权成为美苏争夺全球霸权的重要组成部分。1986年，时任美国海军部长小约翰·莱曼(John Francis Lehman, Jr.)提出了"海上优势论"，认为美国必须拥有海军优势，它不仅是要对任何一国海军具有优势，而且要对可能出现的几支敌国海军的联合力量具有优势。为确保这种优势，美国的海上战略必须遵循的原则包括：根据国家战略，海军肩负威慑和控制各种国际危机的重任；如果威慑失败，则要阻止敌人利用海洋来攻击美国，不让敌人利用海洋进行运输活动；保证美国及其盟国畅通无阻地利用海洋；确保利用海洋支援陆上作战；确保利用海洋把战场推向敌人一方，并在对美国有利的条件下结束战争；美国的海洋战略必须是一种全球性理论和前沿战略，必须把美国和"自由世界"各国的兵力完全结合成一个整体。莱曼提出了"600艘舰艇建造计划"[①]，提出要控制曼德海峡、霍尔木兹海峡、马六甲海峡、苏伊士运河等世界上16条海上战略要道并极力推动实施。在全球两极秩序中，区域安全关系反映了美苏两个超级大国的竞争，并且受其塑造。[②] 两极秩序基本上是美国占据战略主动权，世界上其他区域，特别是亚太地区、环大西洋区域的安全和海上国际关系基本上以美国的意愿和态度作为参照，美国构筑了世界历史上规模最大的军事同盟体系和国际制度体系。[③]

冷战结束以来，国际海洋地缘政治发生了重大变化。苏联解体后，美国和苏联之间对制海权的争夺不复存在，全球范围内没有任何一支海军可以与美国海军在远洋作战能力上一较高下，美国海军可以牢牢地控制大洋。已握有海洋控制权的美国，将目标转向以控制海洋为基础，从海上干预地区事务。美国要保持在欧亚大陆的战略主导地位，防止任何其他大国在欧亚

---

① 参见[美]小约翰·莱曼：《制海权：建设600艘舰艇的海军》，方宝定译，海军军事学术研究所，1991年，第147～171页。

② 参见[加拿大]阿米塔·阿查亚：《重新思考世界政治中的权力、制度与观念》，白云真、宋亦明译，上海人民出版社2019年版，第104页。

③ 参见张景全：《反常与回归：美国当前的对外战略》，《人民论坛》2018年第11期。

大陆占据主导地位，进而达成美国海洋安全战略的最终目的——控制世界。为此，美国提出了“由海向陆”战略，将矛头直指对手的近海、沿岸甚至是陆地纵深，压缩对手的海上防御纵深，迫使其在沿海甚至是沿岸应战，利用技术优势进行美军擅长的“非接触性战争”，从而希望以微小的代价取得战争的胜利。[①] 1992 年 9 月，美国海军颁布的《由海向陆——为美国海军进入 21 世纪做准备》(From the Sea: Preparing the Naval Service for the 21st Century)战略白皮书拉开了美国海军战略转型的序幕，其主要内容包括：由“独立实施大规模海战”转变为“从海上支援陆军、空军的联合作战”，由“在海上作战”转变为“从海上出击”，由“前沿部署”转变为“前沿存在”，由“打海上大战”转变为“对付地区冲突”。[②] 2017 年 1 月 9 日，美国国防部发布了全新的海军水面舰艇部队战略白皮书《重返海洋控制》(Return to Sea Control)，强调美国海军要通过推行“云杀伤”新型作战理念实施新的“海洋控制”战略，重新建立冷战时期的绝对制海权。[③]

二、海洋政治全球化的时期

(一)《杜鲁门公告》的出台及其国际影响

1945 年 9 月 28 日，美国总统杜鲁门同时发布和签署了关于沿海区域自然资源管辖权的两项公告和两项行政命令，分别宣称“邻接美国海岸的公海底下的大陆架底土和海床的自然资源属于美国，并受美国管辖和控制”，“在邻接美国海岸的公海区域建立渔业保护区”，史称《杜鲁门公告》(Truman Proclamations)，其对世界海洋政治、国际海洋法和美国海洋政策及外交政策的发展均具有重大影响和意义。这是美国实用主义外交原则在海洋领域的体现。美国认为深海海底采矿是一种公海自由。历史上，某些国家曾谋求对临海的公海海床渔业资源等的专享权和专属开发权，后也得到国际社会的默许而成为既成事实，这助推了美国拓展在海洋领域的谋求权。美国

① 参见夏立平、云新雷：《论构建中国特色新海权观》，《社会科学》2018 年第 1 期。

② U.S. Department of the Navy, “From the Sea: Preparing the Naval Service for the 21st Century”, 1992-9, http://aerospace.wpengine.netdna-cdn.com/wp-content/uploads/2018/04/From-the-Sea-Navy-Sep92.pdf.

③ U.S. Navy Surface forces, “Surface Force Strategy: Return to Sea Control”, 2017-1-9, https://media.defense.gov/2020/May/18/2002302052/-1/-1/1/SURFACEFORCESTRATEGY-RETURNTOSEACONTROL.PDF.

认为，大陆架政策的合理性和公正性可以从以下方面得以反映：(1)从地质和地形学角度而言，大陆架是沿海国大陆块的延伸，因而附属于沿海国；(2)大陆架底土和海床的自然资源常常形成水坑和矿床的一部分，并从沿海国内陆向海延伸；(3)基于利用或保护大陆架底土和海床的自然资源的目的而采取措施的效果取决于沿海国的合作和保护；(4)自我保护促使沿海国密切关注其海岸外的活动；(5)对大陆架底土和海床的自然资源进行谨慎保护和实际利用，取决于政府出台明确政策，界定其管辖权地位；(6)一国政府对其海岸所邻接的资源行使管辖权和控制权是合乎逻辑的。[①] 随后，美国分别向加拿大、墨西哥、英国、荷兰、挪威、法国、苏联、冰岛、丹麦、古巴和葡萄牙呈送了政策声明副本，并开展磋商工作。上述国家反应各异，部分国家也未明确反对，此举极大助长了美国进一步开展行动的野心和积极性。

《杜鲁门公告》在国际社会上引起了轩然大波。首先，“大陆架”从一个地理学上的概念成为一个国际法上的概念，大陆架界限可以由相关国家依据公平原则进行确定，公平原则后来也被《联合国海洋法公约》(United Nations Convention on the Law of the Sea)确定和使用。其次，大陆架公告是海洋国家第一次提出大陆架权利主张，成为海洋政治发展的一个里程碑。公告承认占有和邻接原则的合法性，这就给其他国家效仿美国以依据同样原则表达大陆架主权权利主张和资源开发优先权等提供了“便利”，引发了全球范围内的海洋权利主张扩张的热潮，不断冲击公海航行自由原则，导致3海里领海界限体制失效，引发了全球性的海洋政治动荡。1945年10月29日，墨西哥也发布了类似的公告，提出“大陆架是各大陆国家的组成部分”，规定墨西哥大陆架外界固定在200米等深线附近；其后，阿根廷、巴拿马、智利、秘鲁、牙买加、巴西和印度等多国发布类似宣言，各国规定的范围有所差异，提法各有不同，由此引发了全球性的“蓝色圈地运动”。

(二)《联合国海洋法公约》开启海洋政治新时期

《联合国海洋法公约》标志着国际海洋法已发展到一个新的历史阶段，也表明世界海洋政治新时代逐渐到来。《联合国海洋法公约》主要包括序言

---

① “Explanatory Statement on the Proper Utilization and Development of Natural Resources of the Subsoil and Sea Bed of the Continental Shelf”, *FRUS*, 1945, Vol.Ⅱ, pp.1499-1502.

和17部分(共320条),另外还有9个附件。客观地说,这部法律是人类历史上迄今为止最为全面、最为完整的海洋法典,其对海洋法几乎所有的领域都进行了规定,包括诸如确立12海里领海宽度、24海里毗连区、200海里专属经济区、大陆架、国际海底区域、公海、群岛制度、岛屿制度、海洋环境保护、海洋科学研究以及发生争端的解决方法等一系列有关海洋的概念和法律制度。《联合国海洋法公约》是国际社会关注海洋权益和海洋秩序的基本文件,确立了人类利用和管理海洋的基本法律框架,标志着海洋新秩序的建立,被誉为"海洋宪章"(Constitution for Oceans)。[①] 首先,其明确了"区域"(The Area)及其资源是人类的共同继承财产,任何国家不应对"区域"的任何部分或其资源主张行使主权或主权权利,任何国家、自然人或法人也不应将"区域"或其资源的任何部分据为己有。其次,国际海底管理局(International Seabed Authority)成立,专门管理国际海底区域的资源及其事务,管理局代表全人类,按照管理局的规则、规章和程序,对国际海底区域予以安排和控制。[②] 最后,该公约明确了"和平"利用区域的原则,"平行开发制度"是妥协折衷的产物,对于国际社会共同开发利用国际海底区域及其资源具有重大的指导意义。此外,联合国大陆架界限委员会(UN Commission on the Limits of the Continental Shelf)成立,其职能包括:(1)审议沿海国提出的关于扩展到200海里以外的大陆架外部界限的资料和其他材料,并按照《联合国海洋法公约》第67条和1980年8月29日第三次联合国海洋法会议通过的谅解声明提出建议;(2)在编制这些资料期间,应有关沿海国的请求,提供科学和技术咨询意见。[③] 国际海底区域概念的界定、国际海底管理局的设置以及大陆架界限委员会的设置等对世界海洋政治的影响巨大,世界范围内出现了控制海洋、划定海洋权势范围和开发利用海洋资源的新热潮,各国均加强了本国的海洋制度建设,基于国际法的海洋政治新时期逐渐到来。

首先,为了更好地适应《联合国海洋法公约》所带来的海洋政治新时期,

---

① T. B. Koh, "A Constitution for the Oceans", in UN, *The Law of the Sea—Official Text of the United Nations Convention on the Law of the Sea with Annexes and Index*, New York, 1983, p.xxiii.

② 参见《联合国海洋法公约》第十一部分,第二节。

③ 参见《联合国海洋法公约》附件二。

各国和国际组织纷纷调整其海洋政策和海洋实践。联合国成立了“关于海洋法和海洋事务非正式磋商进程组织”，每年全面审议《联合国海洋法公约》的执行情况，并为联大决策提供建议。其他涉海组织也开始组织评估《联合国海洋法公约》对其产生的影响，并以此对其政策和计划进行重新安排。各国也纷纷审查本国的海洋政策和实践开展情况，着手制定或更新本国的海洋发展战略。譬如，美国、加拿大等国纷纷制定出台国家层面的海洋基本法，以更为系统地统领其本国的海洋实践。加拿大在 1996 年颁行的《海洋法》、美国在 2000 年颁行的《2000 年海洋法案》、韩国在 2002 年颁行的《海洋渔业开发框架法》、日本在 2007 年颁行的《海洋基本法》、英国在 2009 年颁行的《海洋与海岸带使用法》，均带有“海洋基本法”的性质。

(1)1996 年加拿大颁行的《海洋法》(Ocean Act)。该法主旨为按照《联合国海洋法公约》宣布加拿大海区，制定并实施国家海洋管理战略，强化并阐明加拿大的海洋管理责任。该法是世界上第一部综合性的国内海洋法律，共 109 款条文，分为 4 个部分：第 4～27 条为确定加拿大的海域，第 28～39 条为明确海洋管理战略，第 40～51 条是确定部长的权力、义务和职能，第 52～109 条是颁布实施后相关法律废除和修订的内容。[①] 加拿大《海洋法》规定了与《联合国海洋法公约》基本一致的领海、毗连区、专属经济区和大陆架制度，为该国建立了综合海岸带及海洋管理的现代法律框架，既有先进的理念，也有具体的制度，其法律地位高于其他海洋方面的单项法律，被视为加拿大的“海洋宪章”。[②]

(2)2000 年美国颁行的《2000 年海洋法案》(Ocean Act of 2000)。该法共七部分内容：第一部分为明确本法标题“2000 年海洋法案”。第二部分是目的和目标，即设立海洋管理委员会，就协调问题提出建议以及全面的国家海洋政策。第三部分是关于海洋政策委员会的相关内容，提出设立美国海洋政策委员会，负责制定《国家海洋报告》。该报告的目的为促进保护生命和财产，管理海洋和沿海资源，保护海洋环境和防止海洋污染，加强海上贸易，扩大人类对海洋环境的认识，对保障能源和粮食安全的技术进行投资，

---

① “Oceans Act”, 1996-12-18, https://laws-lois.justice.gc.ca/PDF/O-2.4.pdf.

② 参见朱建庚：《〈加拿大海洋法〉及其对中国的借鉴意义》，《海洋开发与管理》2010 年第4 期。

加强政府机构之间的密切合作,确保美国在海洋和沿海活动方面的领导地位。第四部分是美国的国家海洋政策,如美国负责任地使用和管理管辖海域和沿海区域的能源资源,并对开展国际合作等提出建议。第五部分是两年一次的报告。从2001年9月开始,总统需要每两年向国会提交一份关于海洋资金投入、项目进展和活动开展等的详细清单。第六部分是基本定义部分,对"海洋环境""海洋和海岸资源"和"海洋政策委员会"做出了概念界定。第七部分是生效日期,该法案于2000年6月6日在参议院通过,并自2001年1月20日起生效。①

(3)2002年韩国颁行的《海洋渔业开发框架法》(Framework Act on Marine Fishery Development)。该法共有35款条文,分为3个部分:第1~6条是总则部分,即明确立法宗旨、与其他法案的关系、政府的义务和海洋渔业发展的基本规划;第7~11条是关于设立海洋管理综合协调机构的部分,明确韩国"海洋与渔业发展委员会"的职责和事项等;第12~35条是关于海洋开发制度的部分,即明确海洋环境保护制度、海洋安全管理制度、海洋资源开发利用制度、海洋产业培育制度、海洋渔业发展制度等方面的具体规范。②

(4)2007年日本颁行的《海洋基本法》。日本于1996年获批准加入《联合国海洋法公约》,成为海域面积世界排名第六的海洋大国,日本海洋领域的科研机构和专家学者也由此开始思考国家海洋管理的应有方略。2000年日本经团联发表的《21世纪的海洋大设计》、2002年日本财团制定的《海洋与日本:21世纪日本海洋政策建议书》等文件,呼吁日本制定海洋基本法,推进海洋综合管理,改革条块分割的行政弊端。然而这些提案在当时并未提上议事日程。2006年3月17日,日本自民党将"海洋权益特别委员会"改组为"海洋政策特别委员会",迈出了研究制定《海洋基本法》等综合性海洋政策的步伐。③ 2007年4月,日本《海洋基本法》正式出台,该法共有40款条文,正文38条,附则2条,分为5个部分:第1~15条是总则,即明确立法目

① "Ocean Act of 2000", 2000-8-7, https://govinfo.library.unt.edu/oceancommission/documents/oceanact.pdf.

② "Framework Act on Marine Fishery Development", 2002-5-13, https://elaw.klri.re.kr/eng_mobile/viewer.do? hseq=51443&type=part&key=42.

③ 参见胡德坤、江月:《日本〈海洋基本法〉框架下的政策进展研究》,《武汉大学学报(人文科学版)》2016年第6期。

的、基本原则；第 16 条为海洋基本计划，即明确制定海洋政策的基本方针，政府需有计划地综合实施海洋政策，其他推进海洋政策的相应措施等；第 17～28条是海洋管理的基本政策，包括促进开发和利用海洋资源，保护海洋环境，推动开发专属经济区，保障海洋运输，确保海洋安全，加强海洋勘测，推动海洋科研发展，促进海洋产业发展，海岸带综合管理，保护孤岛，保障和促进国际合作，增进公众对海洋的认识等内容；第 29～38 条是关于建立综合海洋政策本部的内容，即明确其职能和相关政策；最后是附则。①

(5)2009 年英国颁行的《海洋与海岸带准入法》(Marine and Coastal Access Act 2009)。该法共有 325 款条文，分为 11 个部分：第 1～40 条是明确海洋管理组织，第 41～43 条是界定专属经济区，第 44～64 条是提出海洋规划，第 65～115 条是海洋许可证，第 116～148 条是规定自然养护的有关内容，第 149～193 条是近海渔业管理，第 194～234 条是渔业相关内容，第235～295 条是关于执行的相关条例，第 296～310 条是近海管理，第 311～315 条是一些杂项，第 316～325 条是补充规定。②

其次，各国纷纷调整海洋管理体制，实施海洋综合管理和统一、整体的海洋维权及执法。美国依据其《2000 年海洋法案》成立了国家海洋委员会，作为国家层面综合协调的海洋管理部门。2010 年 7 月 19 日，美国总统奥巴马发布行政命令，政府在中央层面设立由 27 个部委、机构和办公室组成的国家海洋委员会，负责制定协调、统一、透明、高效的国家政策，委员会主席由环境质量理事会和科学技术政策局共同担任；该委员会直属总统行政办公厅，属联邦政府内阁级别，是美国海洋管理高水平的政策导向的权威部门。国家海洋委员会的主要职能是：全面负责实施《国家海洋政策》，就实施过程中产生的问题向总统提出建议；统筹协调联邦政府的部际海洋事务，为进一步贯彻《国家海洋政策》制定全国战略行动计划；负责海洋和海洋空间规划的组织及实施；协助行政管理与预算局编制全国年度海洋预算；负责国际海洋问题的协调。国家海洋委员会由以下办事机构组成：指导委员会、部际海洋资源管理政策委员会、部际海洋科学技术政策委员会、管理协调委员

① 参见金永明：《日本最新海洋法制与政策概论》，《东方法学》2009 年第 6 期。

② "Marine and Coastal Access Act 2009", https://www.legislation.gov.uk/ukpga/2009/23/contents.

会、海洋研究与资源顾问小组等。[①] 此外,美国还设立了国家海洋和大气管理局(NOAA)作为海洋管理及科研的职能部门,其直属的业务职能部门有国家海洋服务局(NOS),国家海洋渔业局(NMFS),国家气象局(NWS),国家环境卫星、数据与信息服务署(NESDIS),海洋大气研究署(OAR)等。

日本专门成立了综合海洋政策本部,实施海洋综合管理,集中推进海洋政策的实施。《海洋基本法》确立了日本海洋政策的推进体制,包括两个主要部分:一是设置由首相兼任本部长的综合海洋政策本部,二是规定由综合海洋政策本部主导制定《海洋基本计划》并推动计划的实施。《海洋基本计划》包括政府海洋政策的基本方针和政府各部门的具体职责,每 5 年做一次修改。这之后日本每一期《海洋基本计划》都是按照《海洋基本法》的规定,每 5 年进行一次制定和修订。[②]

加拿大《海洋法》将渔业和海洋部确立为唯一的国家海洋综合管理机构,统一负责全国的海洋管理工作,并成立海洋事务机构委员会作为执法协调机构。海洋与渔业部(FOC)于 1979 年成立,是加拿大的海洋与渔业事务主管部门,负责发展及执行海洋及内陆水域的经济、生态和科技等相关政策与方案,其任务包括保护和持续利用加拿大的渔业资源,提供安全有效的海洋服务,促进海洋贸易与开发。2004 年,为了推动《海洋法》及"加拿大海洋战略"的实施,加拿大成立了国家海洋与产业委员会,成员包括来自运输部、渔业与海洋部、产业部、国家贸易部的 4 位副部长,以及 9 位来自航运、港口、国内与国际航运公司、海洋服务公司的代表,负责国家相关海洋政策的指导与管理咨询工作。[③]

韩国海洋水产部于 1996 年设立,将原属于海运港湾厅、水产厅、科学技术处、农林水产部、环境部、建设交通部等部门分担的海洋管理职能综合在一起,是韩国海洋管理体制史上一件里程碑式的事件。海洋水产部的设置意味着韩国实现了海洋管理综合体制,成为世界上较早实行海洋综合管理

① 参见孙迎春:《公共部门协作治理改革的新趋势——以美国国家海洋政策协同框架为例》,《中国行政管理》2011 年第 4 期。

② 参见吴昊:《中日韩海洋安全事务与合作》,《江南社会学院学报》2020 年第 2 期。

③ 参见赵嵌嵌:《中外海洋管理体制比较研究》,上海海洋大学博士学位论文,2012 年。

体制的国家。[①] 海洋水产部于1999年7月确定了21世纪韩国海洋发展战略的方向、推进体制、推进日程等，设立了以副部长为首的计划团，并组成了以各业务局长为组长，政府官员、学术界专家为组员的工作组；同年8月组建了由学术界、产业界、舆论界等各界专家31人组成的咨询委员会；同年9月形成了海洋开发、海洋环境、海岸带管理、海洋安全、海运、港口、水产、渔业资源管理、国际合作9个部门的草案，并由这些草案共同组成了《21世纪的海洋发展战略的基本框架》。韩国21世纪海洋发展战略提出了创造有生命力的海洋国土、发展以高科技为基础的海洋产业、保持海洋资源的可持续开发三大基本目标。[②]

俄罗斯于2004年6月11日成立了由政府总理、国防部长及各涉海部门高级官员组成的海洋委员会，充分协调各部门对海洋资源、海洋战略、海洋军事、海洋国防、海洋外交和海洋交通等领域的有效管理，从而在最大范围内确保俄罗斯的国家利益。[③] 海洋委员会下设多个跨部门委员会和一个常设秘书处，包括海运和河运委员会、海洋生物资源开发委员会、矿产和能源资源开发委员会、海洋科研委员会、海洋军事行动委员会、国家海洋政策和项目落实委员会、海洋法委员会、帆船舰队部门间委员会、潜水事务委员会。海洋委员会的主要任务是确保落实每一版《俄罗斯联邦海洋学说》规定的任务，研究国家海洋政策及其相关问题，并提出相应的解决方案。[④]

在综合海洋管理部门的统筹和引导下，上述几国的海洋管理事务得以有序、顺利地开展，海洋执法及时，执法效率高效，海洋维权到位，海洋战略得以顺利实施，海洋利益得以切实拓展。

诚然，作为协调、调和与妥协的产物，《联合国海洋法公约》在其具体概念和机制规定上存在不足与缺憾，一方面其并没有明确界定什么是“历史性海湾”(historic bays)、“历史性水域”(historic waters)或“历史性权利”(historic title)，使得各国对于历史性权利的法理依据也存在较大争议，多依据

① 参见魏志江、陈卓、叶浩豪：《试论韩国海洋管理体制及其对中国的启示》，《当代韩国》2013年第4期。

② 参见刘洪滨：《韩国21世纪的海洋发展战略》，《太平洋学报》2007年第3期。

③ 参见李双建、于保华、魏婷：《世界主要海洋国家海洋综合管理及对我国的借鉴》，《海洋开发与管理》2012年第5期。

④ 参见万青松、陈雪：《试析俄罗斯海洋管理体制》，《欧亚经济》2014年第1期。

本国发展实际、力量情况与战略需求提出不同的历史性权利的主张，也开展了程度不同且成效各异的司法实践，由此导致国际海洋事务理念与实践的差异化明显；另一方面，其既没有对“岛屿”“岩礁”做出明确的界定，也没有对“维持人类居住或其本身的经济生活”规定具体的标准，因而造成了理论和实践中的诸多分歧和复杂竞争。各国根据利益拓展的需要，对其意图占有的岛屿或岛礁的法律地位进行单方面的界定，从而对专属经济区和大陆架的权利基础进行有利于本国的界定和解读，许多海域划界和岛屿主权争端都与此密切相关。此外，该公约还有其他缺憾和不足，这些缺憾和不足是导致国际社会海洋争端和海洋权益争夺的重要原因；但从另一个角度出发，这又推动着全球海洋秩序向着更加公正合理的方向发展，由此形成了以国际法为规范的国际海洋秩序，对全球海洋事务及其治理产生了深远影响。

三、海洋叙事“西风带”的学理经纬

西方开启了大航海时代，西方在经略海洋方面获得了无与伦比的“成功”。作为对这种海洋实践的认知，海洋政治的一系列概念、理论体系基本上都来自西方话语。海洋政治西方叙事可大致分成海洋政治学理叙事和海洋政治实践叙事。在西方叙事的背景下，从“陆权”到“海权”，从“新月地带”到“边缘地带”，从“地缘政治学”到“批判地缘政治学”，从“海陆冲突论”到“海洋国家联盟论”，从“控制海洋中心位置”到“控制海洋关键航道”，从“海军制胜”到“空海一体战”，西方叙事几乎涵盖了海洋政治的方方面面。这些概念、理论已成为海洋政治研究无法回避的话语，建构着海洋政治研究，也建构着海洋政治实践。

（一）“国家有机体论”

弗里德里希·拉采尔（Friedrich Ratzel）在1897年出版的《政治地理学》（*Politische Geopolitik*）一书中，首次对政治地理学做了系统的研究，并提出了“国家有机体”说，他也被誉为“政治地理学之父”。[①] 拉采尔继承了地理学

---

① 参见方旭：《作为政治客体的生命：德国地缘政治学派的一个视角》，《湖北民族学院学报》2018年第5期；傅正：《政治地理学与清末的文明史观》，《上海大学学报（社会科学版）》2019年第2期；袁剑：《近代西方“边疆”概念及其阐释路径：以拉策尔、寇松为例》，《北方民族大学学报（哲学社会科学版）》2015年第2期。

先驱李特尔(Carl Ritter)、斯宾塞(Herbert Spencer)和沙佛尔(Albert Schaffle)等人的研究，首创了“人类地理学”(anthropogeography)的概念，把地理学、人类学和政治学综合到一起，把人、国家和世界作为有机体进行研究，把国家视为一种具有一定空间且会增大、缩小并最终消亡的生命有机体，认为强大国家只有在不断扩张中才能生存。拉采尔的观点对后世产生了深远影响，并由此派生出一门新的学科——政治地理学(politics geography)。[①]

拉采尔把达尔文进化论中的“有机体”概念引入对国家的研究上，认为国家是一个有空间性的有机体，是人民和土地的统一，具有生长、扩张和衰亡的生命周期；空间是重要的政治力量，国家必然要为保卫和扩大生存空间而斗争，斗争是国家生活的根本特征。和生物进化过程中所遵循的“物竞天择，适者生存”一样，国家为了生存和强大必然要扩张其领土，世界性强国必须占有足够数量的土地，尤其是战略要地。世界强权力量的瓦解和替代过程是历史的重要组成部分，反映在政治地图上就是不同尺度的国家相互组合，国家的衰落就是由于对空间观念淡薄所致。国家演变的历史就是政治领域斗争的历史，政治领域也逐渐由陆上拓展到海上，海陆战略要地成为国家的重要追求。

此外，国家生长必须遵循七个法则：(1)国家的空间随人口的膨胀而生长，人口增长是国家扩张领域的一个强有力的因素；(2)国家领域应随其他方面，诸如商业和交通的发展而扩张；(3)国家通过并入较小的领土单元而生长；(4)边界是国家的“边缘器官”，是国家实力的“显示器”；(5)国家在扩张领域过程中往往寻求最富有政治价值的土地；(6)一国领域扩张的动力来自其他更发达的国家；(7)领土扩张的趋势是在转换过程中发展和增长的。[②]拉采尔的“国家生长七法则”对于其后的国家政策制定和实践开展产生了极为深远的影响，为其后“陆权论”和“海权论”的发展奠定了充分的学理基础，提供了充足的知识养分。

(二)陆权论

“陆权论”由哈尔福德·麦金德(Halford Mackinder)在1904年出版的

---

① 参见许勤华：《评批判性地缘政治学》，《世界经济与政治》2006年第1期。

② 参见王恩涌等：《政治地理学》，高等教育出版社1998年版，第7～8页。

《历史的地理枢纽》和1919年出版的《民主的理想与现实》中系统提出，该理论强调陆权的重要性和陆上国际力量分布的绝对价值取向，以及大陆因素对于国际关系及其结构的影响。在《历史的地理枢纽》中，麦金德提出了“枢纽地带”的概念，认为世界资源及其战略潜力的不均衡分布是造成战争的基本原因，在世界政治中存在一个恒定的“枢纽地带”，欧亚陆地中心的内陆和北冰洋水系的遥远地区是世界政治的枢纽，包括从东欧平原一直延伸到西伯利亚平原的宽阔地带，中国北方/西北地区和蒙古的大部分位于其中，特别是新疆和蒙古西部。[①] 德国、奥地利、土耳其、印度和中国共同构成一个巨大的“内新月形地带”，英国、南非、澳大利亚、美国、加拿大和日本共同构成了“外新月形地带”。麦金德在《民主的理想与现实》中进一步提出了“心脏地带”和“世界岛”的概念，“心脏地带”取代了“枢纽地带”的概念，极大地扩充了地理范围，与“世界岛”一起成为“大陆心脏地带”学说的两个理论支点。欧亚大陆上的世界有两个“心脏地带”：一个是亚洲的多山地区，另一个是东欧。东欧是欧亚大陆的唯一通道，是联结黑海和波罗的海、易北河和亚得里亚海的中心。[②]

麦金德有句名言在西方战略界和地缘政治学界广泛流传——“谁统治了东欧，谁就统治了大陆腹地；谁统治了大陆腹地，谁就统治了世界岛；谁统治了世界岛，谁就统治世界”[③]。英国学者杰弗里·帕克（Geoffrey Parker）认为，麦金德的基本地缘政治主张是，世界历史基本上是陆上人和海上人之间反复斗争的过程，换言之，世界的历史可以从地缘政治理论的角度解释为海权和陆权的对抗。帕克在《地缘政治学：过去、现在和未来》中对这种对抗进行了历史的回顾和有力的分析。按照麦金德的逻辑，两个对抗的主角始终存在力量的此消彼长，两者之间始终存在一种固有的均势，因此任何一方都无法获得对另一方的绝对优势地位。它们各自都具有某种优势，它们可以重建均势。[④]

---

① 参见[英]杰弗里·帕克：《二十世纪的西方地理政治思想》，解放军出版社1992年版，第25页。

② 参见[英]麦金德：《民主的理想与现实》，武原译，商务印书馆1965年版，第71～81页。

③ [英]哈·麦金德：《历史的地理枢纽》，林尔蔚、陈江译，商务印书馆2007年版，第14页。

④ 参见[英]杰弗里·帕克：《地缘政治学：过去、现在和未来》，刘从德译，新华出版社2003年版，第31页。

（三）海权论

“海权论”的发展以马汉作为起点，奠定了海权论的基本要素和架构，经科贝特、戈尔什科夫和普雷斯科特的后续研究，相关学理体系逐步得到发展完善。

1.马汉“海权论”三部曲

马汉在1890～1905年相继完成了《海权对历史的影响：1660～1783》《海权对法国大革命和帝国的影响：1793～1812》和《海权与1812年战争的关系》，系统提出并论述了“海权论”。马汉认为，海权拥有毋庸置疑的国际政治权力价值，虽然长期以来占领陆地空间和掠夺陆地资源被视为国家权力和声望的象征，但在那些海洋国家看来，这与占据海洋空间和获得海上利益相比要逊色得多。它们所得到的历史告诫是，衡量国家繁荣和强大的主要标志是能否获得海权。由于大陆地块都被海洋所包围，由于海上活动相对陆上活动的确定优势，因此海权比陆权更便于控制世界。

马汉指出，就影响一个国家海上实力并决定它能否取得海权的主要因素而言，有以下六个指标值得重视：国家所处的地理位置；形态构成，其中包括与此相关的天然生产力与气候；领土范围；人口数量；国民特征；政府特征，其中包括国家机构。

(1)地理位置。一个国家地理位置的优越与否，会直接提升或者分散这个国家的海上力量。一个国家的地理位置优越不但有利于集中它的军事力量，而且还有助于在抵御敌人的进攻时提供作战的中心位置和良好的基地等战略优势。

(2)形态构成。一个临海国家的海岸线就是它的一条边界，这道海岸线越是能够提供通向远处的通道，这个国家的民众就越愿意通过它与世界其他地方进行友好的往来交流。一个优良的港口所要具备的先决条件是宽大和水深，这也是这个地区力量和财富的来源，如果这些港口还位于河流的入海口的话，那么这些港口的价值还会增长，这也便于集中开展一个国家的国内贸易。如果一个国家不仅由海洋组成其边界，或者海洋把这个国家包围起来，还把这个国家分割成两个或者两个以上部分的话，那么控制海洋就不仅是民众最关心的问题，还是涉及国家生死存亡的大计。

(3)领土范围。影响一个国家海权发展的领土范围不单单是指一个国家总体面积的平方千米数，还应加上该国家海岸线的长度和港口特点。

(4)人口数量。人口数量与领土范围密切相关，其不单单是指从事海洋事业的人口数量，还要加上那些船舰上的水手、雇佣工以及生产海军物资的人员。

(5)国民特征。如果说海权是建立在一种和平与广泛的贸易基础上，那么多商业追求的习惯性必然是一个民族称霸海洋的显著特点。一个民族只有十分崇尚和喜好商品贸易，并且产生这种为交换而进行的生产活动，那么这个民族的国民特征就对海权的建立至关重要。如果一个民族拥有了这些特征，并拥有优越的海岸线，那么即使遭遇海上的种种危险和对海洋的反感，都不会抵消这个国家的民众离开本国去追求财富的欲望。

在各个海洋大国里，由民族特征而引发的社会舆论对国家的商品贸易有着深远影响。此外，一个民族依靠自身才干建立起来的殖民地，或者说基于一个国家全民的强烈需要而建立起来的殖民地，它的基础是无比坚固的。当一个国家的贸易和海权能够良好发展时，其殖民地也会健康发展。殖民地的发展进程主要取决于开拓者的民族特征，而不是这个国家对殖民地的关注程度。

(6)政府特征。政府重视海洋，正视海权发展的长期性，制定实施正确的海洋战略，开展正确的海洋活动才有利于本国海洋实力的增强。一个鲜明的例子便是法国：法国的地理位置具备了拥有海上霸权的优越条件，但法国却奉行大陆扩张政策，消耗了大量的国家钱财，商业和殖民地也受到严重损害，海上交通频频被英国截断。法国国王路易十四(Louis XIV)[①]完全抛弃了海洋利益，国内商业贸易和海上航运业也发展得一塌糊涂，到执政末期，法国海军实际上已荡然无存。

马汉认为，在海权的前三个条件中，海岸线的长度和港口的质量起着很大的作用，它们比领土范围更重要。同时，所谓“海权”不仅包括海洋上的军事力量，也包括和平时期的贸易与航运能力。[②] 在马汉看来，陆权强国和海

① 路易十四，法国波旁王朝国王，1643～1715年在位。在位期间先后发动遗产战争(1667～1668年)、法荷战争(1672～1678年)、奥格斯堡同盟战争(1688～1697年)，法国在法荷战争之后开始称霸欧洲，奥格斯堡同盟战争之后法国的欧洲霸权受到削弱，但保住了欧洲陆上强国的地位。

② 参见[美]马汉：《海权论》，一兵译，同心出版社2012年版，第19～64页。

权强国之间的对抗具有历史的惯性，并且表现出了固有的特点，例如俄国地处欧亚大陆“心脏地带”的位置，使它“特别偏爱实行领土占领”，“凭借自身的军事力量，俄国在海权范围外为所欲为”。而海权强国则偏爱采取渐进的方式或以贸易等温和方式攫取自己的利益。[①] 总之，海洋是国家走向强大的必由之路和生命线；谁能够保持强大的海权，谁就能掌握和控制欧亚大陆地区内部的均势，从而对陆权保持一定的优势地位；强大的海军力量、便捷的商业和航运能力以及遍及世界的殖民地，是保持海权的基本条件。

2.海权论的快速发展

马汉之后的海权理论家也对发展和优化海权论做出了卓越贡献。英国著名战略家朱利安·科贝特(Julian Corbett)所创立的海洋战略学派开辟了20世纪英国海权理论的新天地，在很大程度上丰富和发展了海权理论。科贝特分别从国家战略、军事战略、海军战略的高度，严密地对英国的海洋战略进行了推理和论证；各级战略之间相互支持、相互呼应，形成一个密不可分的有机整体，并在国家战略的指导下考虑军事战略和海军战略。科贝特的海洋战略观创造性地提出了海陆联合作战、将海军的威力从海洋延伸到陆地的主张。科贝特在《海军战略的若干原则》中指出：“英国或者海洋国家的战争模式，是运用有限战争的方式来实现无限战争的目标，来配合我们的盟友在大陆上的大规模作战……”[②]而且，《海军战略的若干原则》还基于英、法海战案例，归纳出海军战略思想的若干原则，其中海洋国家对大陆国家“离岸平衡”的思想在今天依然是海洋霸权国笃信不移的一项战略原则。

20世纪70年代中期后，苏联开始推行全球战略。此时，戈尔什科夫出任苏联国防部副部长兼海军总司令。为配合苏联的全球争霸战略并为大力发展海军提供理论依据，戈尔什科夫十分重视海权理论和海军学术的研究。在总结世界重大海战和苏联30多年海军建设经验的基础上，他出版了《战争年代与和平时期的海军》和《国家的海上威力》两部专著，从国力与霸权的角度考察海权，把海权看作一个国家实施对外政策的工具和夺取霸权的重要手段。戈尔什科夫指出，作为一个强国，苏联必须建立一支强大的海军以

① 参见[美]马汉：《海权论》，一兵译，同心出版社2012年版，第155～156页。

② Julian S. Corbett, *Some Principles of Maritime Strategy*, Annapolis: Naval Institute Press, 1988, pp.66,189.

支持国家的建设；在一定条件下，海洋战场可能成为主要战场，海军可以改变武装斗争的进程甚至结局；海军的兴衰与国家的兴衰紧密相关，一个海上大国的崛起必须要有一支强大的海军做后盾，没有强大海军的国家不能长期成为强国。[①]

此外，有不少学者总结了海权在国际格局发展演变中的重要作用。J. R. V. 普雷斯科特(J. R.V. Prescott)在《海洋政治地理》中指出，海洋对探险活动、对殖民地的掠夺、对商业财富的取得以及对海洋战略的运用等的影响作用，在各个时代都吸引着人们的关注。这种关注集中主要是因为各国对这些海域提出了明确的主张，又因为最大量的海洋财富来自这些海域，而且能发展海洋运输业。海洋在决定国家政策中的作用、海洋对民族特征的影响、海洋地形的政治意义、内陆国及其进入海洋的通路以及海洋法五个方面是政治地理学家们感兴趣的问题。[②] 乔治·莫德尔斯基(George Modelski)、威廉·汤姆森(William R. Thompson)在《世界政治中的海权：1494～1993》中提出，16 世纪以来，在为期约 100 年的每个长周期中都会出现一个海上霸权国，其存在对维持国际秩序起到了决定性的作用，如 16 世纪的葡萄牙、17 世纪的荷兰、18～19 世纪的英国、20 世纪的美国，两位学者将世界体系中的大国兴衰看作“海权国”和“陆权国”之间的博弈。在全球战争中，世界领导国率领的海洋联盟总是以压倒性优势击败大陆挑战者联盟。在过去 500 年的时间里，能够称得上是世界大国的只有 9 个国家：葡萄牙、西班牙、英国、法国、荷兰、俄罗斯(苏联)、美国、德国和日本，这些国家至少曾经拥有世界战舰总量的 10%。其中，只有葡萄牙、荷兰、英国和美国能够成为世界霸权国，因为它们曾经拥有的战舰占同时代世界大国战舰总量的一半以上，或者海军军费开支占世界海军军费开支的一半以上。[③]

(四)边缘地带论

美国国际政治学家尼古拉斯·斯皮克曼(Nicholas Spykman)提出了

① 参见[苏]谢·格·戈尔什科夫：《战争年代与和平时期的海军》，生活·读书·新知三联书店 1974 年版；[苏]谢·格·戈尔什科夫：《国家的海上威力》，生活·读书·新知三联书店 1977 年版。

② 参见[澳]J. R. V. 普雷斯科特：《海洋政治地理》，王铁崖、邵津译，商务印书馆 1978 年版，第 13～17页。

③ George Modelski, William R. Thompson, *Seapower in Global Politics*, 1494-1993, London: Palgrave Macmillan UK, 1988, pp.6-30.

“陆缘说”和“边缘地带论”。斯皮克曼把处于欧亚大陆“心脏地带”与海洋之间的边缘地区(例如欧洲沿海地区、中东阿拉伯沙漠地带、亚洲季风区等地区)称作“边缘地带”。“欧亚大陆的边缘地带必须被视作是位于大陆心脏地带和边缘海之间的一片中间区域。在海上势力和陆上势力起冲突时,这片区域能够成为一片巨大的缓冲地带。”“只有通过外交政策手段,使欧亚大陆的欧洲和远东地区无法出现一个具有压倒性优势的统治势力,我们国家的独立和安全才能够保持。”[①]一个国家为了实现战略扩张的需要,总要寻求进入海上的通道,支配接近交通要道的战略要点,控制大陆的“边缘地带”。一个国家的基本防御问题是来自陆军力量还是海军力量,以及与其产生联系的他国是来自海外还是陆上近邻,将由许多不同的因素决定,如其边界线的长度、其所处的世界性和区域性位置,及其地形和气候因素。如果说旧世界的强权政治需要一个口号的话,那么这个口号就一定是:谁控制了边缘地带,谁就统治了欧亚大陆;谁统治了欧亚大陆,谁就掌握了整个世界的命运。[②]

斯皮克曼主张,世界的实力中心包括北美洲大西洋沿岸地区、欧洲沿海地区和欧亚大陆远东沿海地区,第四个是相对次要的地区,即在将来可能会出现实力增长的印度。正是海上力量的出现,才能够将欧亚大陆看作一个整体单元,并控制着新、旧世界之间的关系。欧亚大陆的边缘地带必须被视作位于大陆“心脏地带”和边缘海之间的一片中间区域。在海上势力和陆上势力起冲突时,这片区域能够成为一片巨大的缓冲地带。[③] 斯皮克曼揭示的历史上曾经反复出现的国际权势冲突模式实际上有两种:一是海权与陆权的对抗,即海洋国家及边缘地区盟友与心脏地带国家及边缘地区盟友间的对抗;二是海洋国家与心脏地带国家联手与边缘地区某个强国对抗。这其中究竟哪一种模式将占据上风主要取决于某一时期边缘地区内部的权力分布状况。

---

① [美]尼古拉斯·斯皮克曼:《和平地理学:边缘地带的战略》,俞海杰译,上海人民出版社2016年版,第54～58、79～80页。

② 参见[美]尼古拉斯·斯皮克曼:《和平地理学:边缘地带的战略》,俞海杰译,上海人民出版社2016年版,第58、112页。

③ 参见[美]尼古拉斯·斯皮克曼:《和平地理学:边缘地带的战略》,俞海杰译,上海人民出版社2016年版,第46～62页。

（五）二战后的海权研究

索尔·科恩(Saul Cohen)的海洋地缘政治思想是二战后海权研究的代表。科恩在其1963年首次出版的著作《分裂世界的地理与政治》中提出了“多级世界”模式，把全球分成两种等级的类型区：第一等级是全球性的，称为“地缘战略区”；第二等级是区域性的，称为“地缘政治区”，包含在第一等级中。[①] 科恩在2009年出版的《地缘政治学——国际关系的地理学》一书中对两者的界定进行了调整。[②]

科恩认为，“地缘战略区”是全球范围内区位、往来、贸易指向以及文化和思想意识相互关系的一种表达，其具备大到足够拥有全球影响的特点与功能，服务于重要大国以及它们的势力范围所包括地区的战略需要。区分“地缘战略区”的首要因素是其依靠“海洋性”或“大陆性”而形成的程度。当今世界，有三个“地缘战略区”已经形成：大西洋与太平洋贸易依赖海洋区、欧亚大陆俄罗斯心脏地带以及混合型大陆兼海洋的东亚区。大多数“地缘政治区”是“地缘战略区”的一部分，有一些可能是处于地缘战略区之间或在其之外。“地缘政治区”是由地理相邻性以及政治、文化、军事互动相连接，可能的话还由历史迁移、民族融合以及共同的国家诞生历史而连接。[③]

科恩将“地缘战略区”分为依赖贸易的海洋世界和欧亚大陆世界两类。依赖贸易的海洋世界分为四个“地缘政治区”，即盎格鲁美洲和加勒比、欧洲沿海国家和马格里布诸国、南美洲和撒哈拉以南的非洲、亚洲沿海地带和大洋洲地区。欧亚大陆世界目前只有位于“心脏地带”的俄罗斯一个“地缘政治区”；东亚地缘战略区分成两个“地缘政治区”，即中国大陆和印度支那；南亚是独立于上述三个地缘战略区之外的一个“地缘战略区”，它的长期前景是演变成一个覆盖印度洋流域的“地缘战略区”。欧亚大陆还有两个特殊地区——东南亚和中东两个地区，科恩称之为“破碎地带”(shatter belts)并将其定义为“战略导向地区”，其既在内部深刻分裂，又夹在地缘战略区大国的

① Saul Bernard Cohen, *Geography and Politics in a World Divided*, 2nd Edition, New York: Random House, 1963.

② 参见［美］索尔·科恩：《地缘政治学——国际关系的地理学》，严春松译，上海社会科学院出版社2011年版，第41～49页。

③ 参见［美］索尔·科恩：《地缘政治学——国际关系的地理学》，严春松译，上海社会科学院出版社2011年版，第45页。

竞争之中。这两个地区由于自然条件的分割性，加上历史和经济的发展缺乏统一的地理核心，殖民时期遭列强瓜分，因此内部难以实现较大地理范围的统一；外部由于美苏争夺和插足，政治不稳定，因此不同集团和国家之间的矛盾与冲突不断发生，这是“破碎地带”的基本特征。每一个地理政治区域可由一个大国亦可由一批较小的国家组成，实际的分界线不一定是特定的国界线。各个地理政治区域都有自己的政治、经济、社会和文化特征，来确保区域内部的凝聚力并为一体化提供依据；同时，每个区域也有各自的地理政治结构及其定居地和内陆区，定居地是人口和经济往来的中心，内陆区是原料的来源地，还可能是未来的开发区。科恩认为，世界各国的相互共处不仅是可能的，而且是必须的，其大前提是，全球政治体系在各等级之间和较大区域之间的关系特征上具有一种类似生态学意义上的动态平衡。①

（六）从地缘政治学到批判地缘政治学

1.地缘政治学的发展历程

“地缘政治学”(geopolitics)一词由瑞典政治学家鲁道夫·契伦(Rudolf Kjellén)于1916年出版的《国家有机体》(*Staten Som Lifsorm*)中首次提出，含义为“把国家作为地理的有机体或一个空间现象来认识的科学”，“对于健全的空间有机体来说，通过领土扩张而增强它的力量是自然合理的”②。德国地缘政治学之父卡尔·豪斯浩弗(Karl Haushofer)认为地缘政治学是新的、关乎本国利益的国家科学，是一种关于空间决定一切政治过程的学说，它以地理尤其是政治地理作为广泛基础。③ 英国学者杰弗里·帕克在《二十世纪的西方地理政治思想》中写道：“到1900年，非洲、亚洲和拉丁美洲的好些地区已被瓜分成为欧美帝国主义势力的殖民地或势力范围，他们支配着世界，但到处潜伏着危机。当地理学家对世界各地的土地与人口资源进行清查工作时，地理政治学思想就开始逐步形成。”传统的地缘政治一般被认

① Saul Bernard Cohen, *Geography and Politics in a World Divided*, 2nd Edition, New York: Oxford University Press, 1973, pp.59-89.

② Rudolf Kjellén, *Staten Som Lifsorm*, Stockholm: Hugo Gebers, 1916. 转引自[英]杰弗里·帕克：《二十世纪的西方地理政治思想》，李亦鸣、徐小杰、张荣忠译，解放军出版社1992年版，第57页。

③ Andrew Gyorgy, *Geopolitics*, Berkerey: University of California Press, 1944, p.183. 转引自[美]索尔·科恩：《地缘政治学——国际关系的地理学》，严春松译，上海社会科学院出版社2011年版，第14页。

为是一种“关于国际政治权力与地理关系的认识，其观点根据地理环境的改变而改变”，或是一种“从空间或地理中心的观点对国际局势背景进行研究”的整体认识。[①] 地缘政治学是一门科学和艺术，其目的是通过对一个国家的形态学的观察和它的组成部分的相互作用来认识一个国家的动态运转情况。德国地缘政治学的倡导者们宣称，地缘政治学是一种科学方法，是一种以编排地理资料去开发地理空间的世界思想，它兼用推理方法和直觉方法——科学加艺术的方法——来求得结论。[②]

对于地缘政治学的分类，国外学界有这样一种分法，即分为帝国主义地缘政治学、冷战地缘政治学、新世界秩序地缘政治学、环境地缘政治学和反地缘政治学。[③] 前两者被划归传统地缘政治学(traditional geopolitics)，后三者被划归新地缘政治学(neo-geopolitics)。[④] 传统地缘政治学阐述了国际政治的三个假设：一个国家随着实力增强，其对地缘的控制力必然膨胀，注定要向外扩张，即“扩张性”；国际政治权力是由国家所处的自然地理条件决定的，它规定着国际冲突的性质，即“对抗性”；无论陆权还是海权的扩张，最终目的都是通过扩张与控制获取绝对优势，即“霸权性”。[⑤]

2.批判性地缘政治学的发展

批判性地缘政治学的代表人物奥特瓦赛尔(Gearóid Ó Tuathail)认为，地缘政治学“没有一种单一的、包容一切的含义或特征”，它“并不是一个具有内在含义的术语，而只是一个极为暧昧和不确定的概念”。[⑥] 批判性地缘政治学并不排斥传统的领导者在国家治理意义上的有关地缘政治的见解，不过是使之得以补充和拓宽，并将其理解为一种宽泛的社会与文化现象。由于杰出人物和普通大众用不同的方法看待地缘政治，因此形成了三种不

---

① 参见[英]杰弗里·帕克：《二十世纪的西方地理政治思想》，李亦鸣、徐小杰、张荣忠译，解放军出版社1992年版，第2页。

② 参见[英]杰弗里·帕克：《二十世纪的西方地理政治思想》，李亦鸣、徐小杰、张荣忠译，解放军出版社1992年版，第61页。

③ Gearóid Ó Tuathail, Simon Dalby, Paul Routledge, *The Geopolitics Reader*, London and New York: Routledge, 1998, p.5.

④ Gearóid Ó Tuathail, *Critical Geopolitics*, London: Routledge, 1996, pp.57-59.

⑤ 参见苏浩：《地缘重心与世界政治的支点》，《现代国际关系》2004年第4期。

⑥ 参见[英]杰弗里·帕克：《地缘政治学：过去、现在和未来》，刘从德译，新华出版社2003年版，第211页。

同的地缘政治理论类型：实用型（practical geopolitics）、学术型（formal geopolitics）和大众型（popular geopolitics）。各种类型的地缘政治学说都有其独特的产生、流传、运用的渠道和范围。奥特瓦赛尔认为，如果把地缘政治看作是社会—文化现象，那么它就有着多样和普遍的学理基础，它应该既是像国家安全那样“高级的”，又是像经济事务和日常生活那样“低级的”；既是像促使政府行动的象征性目标等能够看见的，又是像那些为军事行动辩护的言论一样散漫的；既是像外交政策中永远的宗教主题那样传统的，又是像信息管理和网络战争那样后现代的。[①] 批判性地缘政治学家认为，“民族—国家”（nation-state）的演进过程可分为四个阶段：前农业、农业、工业和后工业，不同历史阶段的地缘政治有不同的特性。传统地缘政治学反映的是工业国家即现代社会的地缘政治，而批判性地缘政治学则反映的是后现代社会即后工业国家的地缘政治。工业国家的地缘政治要素包括以现代工业为核心的资本主义体系、地图、领地、种族图景和宇宙空间等；而后工业国家的地缘政治要素则包括以后现代信息工业为中心的资本主义、信息网络、计算机、遥感探测、网络图景和媒体空间等。[②]

综上可见，海洋政治研究在很长一段时间内一直嵌入西方地缘政治学的发展进程中，同时也在不断演化发展，是地缘政治学之于海权和海事方面的论述。学理发展表明，地缘政治学先后出现的比较有代表性的地缘政治理论，即拉采尔的“国家有机体论”、麦金德的“陆权论”、马汉的“海权论”和斯皮克曼的“边缘地带论”等，均对海洋的战略价值、海军的重要意义、海战的深远影响等有相应的论述，对彼时和其后的海洋政治实践产生了深远影响。

第三节　海洋政治发展的新态势

随着海洋事务的全球化发展，“泛海洋论”逐渐取代“海陆冲突论”而成

---

① Gearóid Ó Tuathail, Simon Dalby, *Rethinking Geopolitics*, London and New York: Routledge, 1998, p.5.

② Gearóid Ó Tuathail, Simon Dalby, *Rethinking Geopolitics*, London and New York: Routledge, 1998, p.26.

为海洋战略的主流。“海陆冲突论”一直在海洋战略的设计和实践中被广泛沿用，即海权国家的大战略设计与陆权国家有明确区分，且这两者之间的战略选择和关系发展往往走向冲突。随着海陆之间的联动日渐密切，对海洋战略的研究也发生了新转变。

一、海洋事务主体多元化

当今世界正经历“百年未有之大变局”，政治多极化、经济全球化、文化多样化和社会信息化潮流不可逆转。西方国家的综合实力相对明显下降，维持现有国际秩序的能力和意愿不断走低；新兴国家经济实力持续提升，对于推动国际关系与国际秩序改革的诉求和努力逐渐增强，是推动国际关系与国际秩序调整重构的重要力量。世界行为体之间呈现出“多中心化”甚至“去中心化”趋势，延续许久的以西方发达国家为中心、以亚非拉发展中国家为边缘的体系正在发生重大转变，当今世界的国际秩序变得更为多元且复合。[①] 与此同时，世界各国纷纷出台本国新的海洋战略并付诸实践，海洋权力分散的态势明显，海洋政治参与主体日渐多元化。

（一）越来越多的国家先后颁布或更新其国家海洋战略，积极拓展海洋实践

美国加强了在关键海域的军事存在，将战略聚焦于印太区域。2015 年 3 月，美国再版《21 世纪海权合作战略》，强调在关键区域保持军事存在的必要性，注重与盟国的海洋军事合作。2019 年 6 月，特朗普政府发布《印太战略报告》(Indo-Pacific Strategy Report)[②]，美国“印太战略”正式出台，提出要通过重建卓越的美国军力、依靠盟友与伙伴承担应对共同威胁的责任以维持和平；确保主要地区力量维持有利于美国的平衡，改善国际秩序使其最有利于美国的安全与繁荣。美国对其军事部署亦进行了重大调整，把 60％的海军舰艇、55％的陆军部队和 2/3 的海军陆战队作战力量部署到印太，海军

---

① 参见[美]奥兰·扬：《复合系统：人类世的全球治理》，杨剑、孙凯译，上海人民出版社 2019 年版，第 1～12 页。

② The Deparment of Defense, “Indo-Pacific Strategy Report: Preparedness, Partnerships, and Promoting a Networked Region”, 2019-6-1, https://assets.documentcloud.org/documents/6111634/DOD-INDO-PACIFIC-STRATEGY-REPORT-JUNE-2019.pdf.

舰艇总数也计划从270多艘增加到350多艘，通过加强军力确保美国在印太乃至全球海域的存在感。

“乌克兰危机”爆发以来，美欧等国在政治、经济、外交等方面持续对俄施压和制裁，俄罗斯在全球范围内所面临的地缘政治环境发生深刻变化，所以俄罗斯将战略目标聚焦于海洋，意图扩展海洋战略空间。早在2014年5月，俄罗斯就颁布了《关于俄罗斯联邦北极地区陆地领土总统令》，重新定义了俄罗斯的北极地区，并将限定范围退缩至北极圈以北，同时不断加紧对北极地区的勘测，强化在北极地区的主权诉求；2015年发布的《俄罗斯联邦海洋学说》再次强调了俄国家海洋活动的战略目标，即维护地缘政治环境，助推经济社会发展，保持在世界大洋的军事影响力；2017年普京总统签署的《2030年前国家军事海洋活动政策基本原则》是确定俄罗斯国家海洋政策及其实施机制的基本文件，是俄海军进行海洋军事活动和武器装备建设的顶层指导性文件，确定了俄罗斯的海洋利益、面临的海上安全威胁、海洋政策的方向以及海军建设的重点。

欧盟在2009年发布《欧盟海洋综合政策的国际扩展》，2012年颁布《蓝色增长：海洋和海岸可持续增长的机会》，2014年颁布《欧盟海洋安全战略》，2016年颁布《国际海洋治理：我们海洋的未来议程》以及《欧盟全球外交和安全战略》等，首次提出“国际海洋治理”的概念，确定国家管辖范围外生物多样性议题、北极事务和东亚海洋事务是其优先选项。2014年的《欧盟海洋安全战略》和2016年的《欧盟全球外交和安全战略》确认了欧盟在海洋安全中的全球性角色。2022年，欧盟发布《为可持续蓝色星球设定航向——欧盟国际海洋治理议程》和《到2025年的最后一站——2022年行动计划：实现海洋能源战略目标》，明确欧盟在最近几年的战略任务，指导其国际海洋治理实践。

（二）非国家行为体海洋战略的谋划和实践在日渐加强

联合国、联合国大陆架界限委员会、联合国环境规划署、国际海事组织、国际海底管理局、北极理事会、巴伦支海欧洲北极理事会、北约、北极海岸警卫队论坛等全球性或地区性国际组织，在全球或地区海洋事务中的作用和角色越来越重要，其海洋战略实施强度和利益诉求愈发显著。譬如，1996年成立的北极理事会是目前北极地区最重要的政府间国际组织。2013年1月

21日，北极理事会秘书处在挪威特罗姆瑟市正式成立，标志着北极理事会由政府间论坛转变为正式的政府间国际组织；同年5月15日，意大利、中国、印度、日本、韩国和新加坡成为理事会正式观察员国。北极理事会的参与事务主体逐渐多元化、全球化，并相继颁布了《北极海空搜救协议》《北极海洋油污预防与反应合作协定》《加强国际北极科学合作协议》等多项规范北极事务及其治理的文件，其作用和机制正在不断强化。随着海洋主体利益诉求和空间要求日渐多样化、复杂化，海洋战略与实践的考量因素不断增多，海洋世界多极化趋势凸显，海洋政治实践也进入新的发展阶段。

（三）海洋事务各主体之间的战略竞合关系愈发显著

过去很长一段时间，全球海洋事务最大的特点是传统海洋强国开展海洋要道控制、海上力量角逐与海洋霸权竞争及海外殖民地争夺。随着新兴国家海洋实力的发展，其与传统海洋强国之间在海洋实力上的差距逐渐拉近，新兴国家参与全球海洋事务的能力和意愿不断增强，但差距依然存在。所以，当今全球海洋治理格局依然是传统海洋强国占据主导地位，新兴国家处于不断崛起的进程与态势中。

与此同时，美国一方面建构和拓展由其主导的海洋同盟体系，全力促动体系内部双多边安全合作，建立网络安全架构，明确表示希望海洋盟友能够承担更多的安全风险，提供更多的公共产品；然而另一方面，美国对新兴国家正当合理的海洋利益诉求、国际海洋新秩序的建构必要和呼声选择视而不见，不愿将新兴国家的发展诉求纳入全球海洋治理体系之内，不愿承担国际海洋新秩序建构的风险和成本，更不愿在全球海洋治理的实践进程中丧失主导权和优势地位。随着国家实力的增强，新兴国家的海洋意识和拓展海洋权益的意愿也在不断增强，开展实践行动的积极性不断提升，对于全球海洋安全治理体系重塑的要求不断增加。而由于缺乏信息、治理意愿和信任，新兴国家呈现出不主动合作和低水平无效合作的状态，严重影响了全球海洋热点问题的有效解决和新兴治理需求的满足。①

① 参见张景全、吴昊：《全球海洋安全治理：机遇、挑战与行动》，《东亚评论》2020年第2期。

二、海洋事务议题领域多样化

（一）从海洋事务的地理范围来看，海洋政治涵盖的地理范围基本实现全球覆盖

在经济全球化、区域一体化不断深入发展的背景下，南北两极在战略、经济、科研、环保、航道、资源等方面的价值不断提升，受到国际社会的普遍关注。北极问题已超出北极国家间问题和区域问题的范畴，涉及北极域外国家的利益和国际社会的整体利益，攸关人类生存与发展的共同命运。北极事务及其治理的结构性和制度性话语权的争夺日渐激烈，成为影响国际秩序稳定均衡的重要区域。

南极事务及其治理亦已成为全球治理格局的重要构成。自1959年《南极条约》签订以来，通过后续一系列的谈判和协商，以《南极条约》为核心的条约体系逐步确立。1980年《南极海洋生物资源养护公约》签订，并设立专门的秘书处来处理行政事务，南极海洋生物养护机制保障着南大洋海洋生物的养护与利用并行。近年来，南极旅游热逐渐升温，南极旅游的运营及其治理正在成为全球治理的重要事项。极地问题已成为全球海洋事务的重要内容，极地政治已成为世界政治的重要组成部分。

此外，海洋政治的范畴已经逐渐延伸至深海，深海大规模探索及开发逐渐进入各海洋大国的发展与科技议程中，深海油气矿产资源勘探调查继续深入，深海生物基因资源愈益获得各海洋大国的关注。深海是保障社会经济可持续发展的潜在战略基地和全人类共有共享的资源宝库，是开发能源资源的重要场域，是实现科技创新发展与进步的新场所，是保障国家安全和可持续发展的重要领域，也是推动全球海洋治理和践行“海洋命运共同体”的重要场域。而国际体系的无政府性催化了国家之间的资源竞争，国家管辖范围外海域，特别是深海区域的油气矿产资源生物基因资源等领域国际法规范缺位、治理机制碎片化、治理工具缺失化的无规制状况十分突出，海洋国家在深海区域的竞争呈现日渐激化的态势。在深海资源开发上，国际权力格局的主导方或海洋科技发展的优势方往往占据着深海资源开发的主导权，存在无序竞争和霸权开发现象。在资源利益分配上，深海资源开发具有十分明显的技术和资金指向

性，在开放竞争的环境下，发达国家占尽优势，造成了深海资源利益分配不公平的现象。在资源治理秩序上，有的国家惯性地积极开发深海能源资源，却私利地不承担深海资源养护的责任和义务，给深海生物多样性、能源资源可持续性开发利用等带来了显著的恶劣影响。

（二）从海洋政治议题来看，海洋政治议题领域的多样化、差异化愈发明显

军事因素在海洋政治中的分量和影响正在下降，海洋经济和科技发展的比重和价值正在提升，高新技术、信息化和大数据手段在海洋领域的作用正在加强。智能技术的深度介入促使全球海洋事务发生一系列新变化，海洋事务网络化倾向不断凸显。伴随着经济全球化的发展，以智能技术为基础的全球性“全覆盖型”网络布局逐渐形成，全球经济、政治、军事、文化等诸多领域的多方面要素在世界范围内开始了新的流动，全球海洋事务亦是如此。随着智能技术和手段深度介入海洋能源资源开发与利用、海洋战略要道控制与使用、海洋生态环境研究与保护等诸多领域，海洋正在以网络化的数字形式呈现出来，“数字海洋”态势愈发显著。由此，人类的生产和生活、资源和信息、感知和诉求等正在超越海陆界限，数字化、网络化的全球性联动逐渐成为现实。

随着国家海洋活动逐渐由近海向远洋拓展，国家管辖范围外海域的治理和发展问题成为国家海洋战略和实践的重要内容。目前，科学界和实务界尚未就国家管辖外海域问题及其治理达成一致共识，对治理的现状和治理改善的紧迫度存在不同认识。国际社会也逐渐认识到原则性的观念共识与不具有强制约束力的软法不足以妥善处理多重竞争，不足以形成完善且稳定的资源开发与利用机制，也不利于这些区域海洋事务的正常开展。在联合国及其专门机构的努力下，“国家管辖范围以外区域海洋生物多样性（BBNJ）的养护和可持续利用国际协定”谈判、“国际海底资源开发规章”制定等重要国际海洋立法已步入稳步推进的正轨，成为全球海洋事务和国际海洋关系的重要事项。

近些年，各国对海洋治理领域规则制定和议题设置方面的重视度和参与度不断加强，规则竞争的态势持续强化。对海洋国家而言，针对海洋制度性权力、规则性竞争与合作式治理的共识与追求，使得共生性未来已逐渐成

为共同所需。在全球海洋世界中，制度建立和维系的重要性愈发凸显，制度性权力成为全球海洋权力争夺的关键部分；全球海洋事务竞争愈发聚焦于规则，规则竞争成为新形势下的重要战略目标；各国海洋战略和实践愈发重视海洋话语权的份额提升与格局拓展，并积极追求与本国海洋实力发展和海洋贡献相匹配的制度性海洋话语权。海上新安全威胁正在骤增，“海洋共同命运”已成为基本现实和未来追求。随着海盗、海上恐怖主义袭击、海上跨国犯罪、海洋生态危机以及海上卫生疫病等海洋非传统安全问题的发生频度和强度不断增加，其全球性后果不断显现。海洋问题本身具有独特性、开放性和边界模糊性，海洋领域的新安全问题正危及人类生存，亟待国际社会共同努力予以化解。各主体在新安全问题上面临着不断增加的共同挑战，大战略设计中的合作安全、共生安全、共同命运的理念与实践也在不断强化，促使新的海洋观萌生，进而建立基于人类共同生存的全球海洋治理秩序，催动“治海”时代的到来。

第二章　海洋政治学的研究概况

梳理和总结海洋政治学的研究概况是学理研究的前提需要。通过溯源海洋政治的历史与现实,可以更全面地分析海洋政治实践发展的基本态势。通过论证国际政治体系中的海洋政治研究,可以更客观地认识海洋政治对于全球事务及其治理的重要意义,明确海洋政治学理研究的现实必要。通过辨析海洋观与海洋政治发展的关系机理,可以更系统地把握海洋政治实践的发展演变轨迹,可以更为合理地搭建海洋政治学研究的逻辑架构。

第一节　海洋政治的历史与现实

从历史和现实的综合视角出发,可以更为全面且系统地了解海洋政治的全貌。海洋政治的历史是海洋政治的发展历程和基本规律,海洋政治的现实是海洋政治的当今态势和发展趋向。所以,本节从时间中的海洋政治与实践中的海洋政治两个层面入手,详细开展针对海洋政治历史与现实的相关论述。

一、时间中的海洋政治

探索时间中的海洋政治,主要是了解其发展历程和基本规律。历史是过去的时间,无论什么事物都是从历史经过而来,历史决定了任何事物的当下面貌,决定了当下的行动兴趣和偏好,提供了行动和制度互动的背景,同时还包括了偶然性变量。在世界演变和政治发展中,从历史角度分析政治衍化很有必要,历史对于政治参与者、政治能动者、政治影响者发挥着重要的导向作用。人们至少可以通过三种方式来寻找历史作为能动者和变迁根源的基本路向:(1)历史使“现在”改变性质。对于研究者来说,如何发现历史改变现在性质的路径是分析政治制度变化的关键。(2)历史是“曾经”的替代性愿景和“时间”的来源。历史提供了丰富的选择,每一种选择都有其背景和关系,追溯这种结构关系和过程是研究者的使命。(3)历史帮助人们细分当代的政治地形学。当代的政治地形结构可以从历史演变中追溯出其关键动力和变量,从而帮助人们触摸到社会变革背后的原动力结构。[①]

1998年,政治学家保罗·皮尔森(Paul Pierson)在美国政治科学学会年会上提交的论文提出,我们不能只关注“是什么”,而且也需要关注“什么时候”。[②] 在2004年出版的《时间中的政治》一书中,皮尔森进一步将“时间”进行了具体化。他认为,路径依赖、关键节点、顺序、事件、持续时长、时机以及非意图后果等均是历史时间的基本要素,许多社会科学的研究仅仅是“快照”(snapshot)而不是“影像”(moving pictures),许多历史研究是虚假的。[③] 其实,皮尔森强调的是社会科学研究“历史回溯”的重要性和“较长时段”考察的必要性。所以,要研究历史中的海洋政治,需要对海洋政治在某个历史阶段和时态背景下的具体案例进行分析,并说明具体事件所产生的较长时段影响。本节选取美国“门户开放”政策的制定、出台、实施和影响开展研究,以兹证明历史中海洋政治发展演变的时机性和时段性。

美国“门户开放”政策的提出,与19世纪后期的国际形势,特别是东亚地区的形势变动以及美国经济实力的增长关系密切。19世纪末20世纪初是国际社会风云变幻的特殊时期,大部分资本主义国家相继完成了由自由资本主义向垄断资本主义的发展阶段过渡,再生产和资本集中垄断统治也发展到了新高度,其基本特征为:银行资本和世界资本合二为一形成金融资本,进而演变成金融寡头;由商品输出阶段过渡到资本输出阶段;瓜分世界的资本家国际垄断同盟逐渐形成;老牌资本主义列强将世界领土分割

---

① Victoria Hattam, “History, Agency, and Political Change”, *Polity*, Vol.32, No.3, 2000, pp.333-338.

② Paul Pierson, “Not Just What, but When: Timing and Sequence in Political Processes”, *Studies in American Political Development*, Vol.14, No.1, 2000, pp.72-92.

③ Paul Pierson, *Politics in Time: History, Institutions, and Social Analysis*, New Jersey: Princeton University Press, 2004, pp.54-79.

完毕。[①]

19世纪末，美国的“西进运动”基本结束，同时大陆扩张接近尾声，伴随着本国经济的长足增长，美国的侵略野心日渐膨胀，海外扩张被提到了政府议事日程的前列。美国首先把侵略矛头指向太平洋地区，中国则是它的首要目标。根据自身强大的经济实力和国际局势，美国适时推出“门户开放”政策，通过1899年和1900年的两次“门户开放”照会，美国提出了“机会均等”和“保全中国”等原则。“国家利益对一个国家的外交政策发挥着决定性作用，是‘世界政治的主要推动力’。”[②]美国的“门户开放”政策就是在国家利益的根本推动下，依据自身实际和当时的国际状况得以提出并实施，其基本目的为：商业目标是扩大美国的海外市场，政治目标是确立美国的世界大国地位，外交目标是谋求更大的外交自主权。这是美国基于当时的国际形势和自身的实力状况而制定的最为切实可行的政策目标。

首先来看扩大美国的海外市场的商业目标。美国在提出“门户开放”政策之前未曾单独发动对中国的侵略战争，一直在其他列强的侵华战争中充当帮凶，已在华掠夺了相当大的权益，只是这些权益并不稳定，频繁遭到中国政府和人民的抵制，更面临其他帝国主义列强的遏制。19世纪70～80年代，美孚石油公司长期把持中国煤油市场，但随着沙俄对中国劫掠程度的加深，这种美国独占的局面逐步在19世纪90年代被沙俄打破。美国在华利益受损使其必须采取适合自身的灵活策略，“门户开放”政策由此应运而生。其最大经济目标是凭借美国的经济实力和在华优势，在经济上与其他列强进行利益博弈，争夺包括中国在内的亚洲市场。“门户开放”政策实施后，美国对华贸易额实现飞速增长，尤以棉纺织品最为突出。1896～1900年美国每年输华棉布146000000码，对华年出口棉货值约11718000美元；1901～1905年每年输华棉布1250000000码，年均货值增至24069000美元，1905年和1906年美国的对华棉货贸易达到顶峰。[③] 由此可见，“门户开放”政策实施后美国的海外市场得以迅速扩大。1902～1948年美国对华投资见表2-1。

---

① 参见《列宁全集》第27卷，人民出版社1990年版，第67页。

② 倪世雄等：《当代西方国际关系理论》，复旦大学出版社2012年版，第258页。

③ 参见林坚：《远渡重洋——中美贸易二百年（1784～1999）》，厦门大学出版社2003年版，第99页。

表 2-1 1902～1948 年美国对华投资 单位:百万美元

	企业投资	政府借款	总额
1902 年	17.6	2.2	19.7
1914 年	42.0	7.3	49.3
1931 年	155.1	41.7	196.8
1936 年	299.3	43.4	342.7
1945 年	308.1	695.4	1003.5
1948 年	337.2	1056.1	1393.3

资料来源:魏子初:《帝国主义在华投资》,人民出版社 1951 年版,第 41～45 页;吴承明:《帝国主义在旧中国的投资》,人民出版社 1995 年版,第 45 页。

其次来看确立美国的世界大国地位的政治目标。19 世纪末,随着经济实力的增强,美国的政治野心也逐渐增长。但与当时水涨船高的经济实力不相符的是,美国在帝国主义列强中的地位与话语权并不突出。20 世纪初,各列强在亚洲划分势力范围,美国没有直接与之争夺,而是通过"门户开放"的方式迂回作战。中国的市场在看似"平等"的前提下向各国敞开,其实是向着美国本国利益最大化的基本方向发展。

从 1899 年和 1900 年两次"门户开放"照会的基本原则便可清晰窥探美国的基本政治目标。1899 年 9 月和 11 月的第一次照会中,美国提出在华"机会均等"原则,主张中国市场应对世界开放,反对列强损害其在华既得利益,在中国的势力范围和租借地的关税、会费、铁路货运不能因民族不同而有待遇差别,中国政府应按条约、按规定征收。① 从第一次照会的基本内容可以看出,美国实行"门户开放"就是要打破以往帝国主义列强瓜分中国的局面,从"分一杯羹"到"吃一锅粥",由此提升其国际地位。1900 年中国发生反帝反封建的义和团运动,帝国主义列强组成八国联军前来镇压,美国以大国的身份参与到镇压行动中。1900 年 7 月 3 日,美国向英、德、俄、法、日、意六国发出照会,即"门户开放"第二次照会。此次照会中美国提出"使中国获得永久的和平与安全,保持中国领土完整与行政独立,保护各友邦受条约与国际法所保障的一切权利,并维护全世界在中国全境进行平等公正贸易的

① 参见王绳祖:《国际关系史(17 世纪中叶至 1945 年)》,法律出版社 1986 年版,第 223 页。

原则”，与前次照会相比增添了“保持中国领土与行政完整”的新内容。美国的真实意图并不是“保全”中国，而是在“保持中国领土与行政完整”的外衣掩护下使列强在华均势得以维持，以便美国趁机挤入列强在华的势力范围，保持和扩大其在华利益。通过两次照会，“门户开放”政策得以提出并落实，美国的大国政治目标逐步实现。

最后来看谋求更大的外交自主权的外交目标。“‘门户开放’政策是美国在孤立主义外交原则的指导下，协调列强在远东的国际关系、谋求对外扩张、争取远东国家事务首席发言权的早期外交政策”[①]，即基于美国的亚太战略，谋求更大的外交自主权的外交目标。通过两次照会，美国得以加入世界列强侵略扩张的队列，在亚太格局中占据了独特位置。例如，中国东北原来是俄国的独占势力范围，“门户开放”之后这一局面被打破。1900 年 7 月，俄国军队占领了中国东北、外蒙古、新疆，企图垄断道路、矿石和其他特权，遭到英、美、日等列强的强烈反对；1902 年 2 月 1 日，美国发出抗议照会，指责俄国的行动破坏了中国的主权完整，违背了美国“门户开放”政策的有关原则，损害了美国的在华利益。此后，美俄两国达成了在中国东北工业机会均等的默契，美国的势力由此进入东北。此后，以中国为跳板，通过一步步的外交实践，美国的势力范围得以覆盖整个亚太。由此可见，通过梳理美国“门户开放”政策的制定和实施，可以大致了解海洋政治实践在 19 世纪末 20 世纪初的基本情况，从而大致回溯时间中的海洋政治。

二、实践中的海洋政治

国际实践研究是国际关系研究中的一项新议程，它以实践为本体，超越了范式间不可通约的原则和二元对立的思维方式，联通了施动者与结构、物质与理念、反思性与背景性、变化与稳定。[②] 作为国际关系的长久存在，实践有以下几点特征：其一，实践是行动的实施。实践是做事情的过程，它只存在于自身的展开和过程之中。实践不是冥思苦想，不同于个人的偏好或信念，也不同于话语与制度。其二，实践是有规律的行动。类似的行动在一定

---

① 孙国军：《论美国对华外交史中的“门户开放”政策》，《郧阳师范高等师范专科学校学报》2006 年第 2 期。

② 参见方曙兵：《国际实践研究：国际政治理论研究的新议程》，《国外社会科学》2018 年第 2 期。

的时间和空间中反复发生。它并不意味着机械重复，但体现了行动基本特征的延续性。其三，实践是具有社会意义并能够为社会所识别的适当绩效行动。能为社会所识别，意味着某个群体对行动是否适当具有相似的认知，他们根据这样的认知诠释行动；具有社会意义，意味着实践通常是一种群体性活动，它存在着可以识别和认定实践活动的公众或听众。其四，实践使得话语世界与物质世界紧密联系，不可分离。实践的展开需要以物质资源作为基础，实践在物质世界中发生并可改变物质世界；实践也是充满意义的，是行动中的文化。通过社会互动，为了使实践得到清楚的理解，实践者必须通过论争、磋商、沟通等话语行动确立实践活动的意义。[①] 所以，从行动实施出发，总结有规律的实践行动，发挥应有的社会意义，促进世界多维多域的紧密联系，这是实践活动的基本追求和任务目标。

有鉴于此，实践中的海洋政治，特别是海洋政治的新近发展情况需要海洋政治学研究开展动态跟踪并及时捕捉，这也成为海洋政治学研究持续开展的现实动因。印太地区的海洋政治发展是海洋政治实践研究的代表性案例，海洋政治在印太地区的发展主要表现为印太周边国家的印太政策出台、印太实践开展，印太地区的战略互动愈发频繁，利益竞争愈发显现和复杂化等。近年来，印度、日本和澳大利亚等印太周边国家纷纷出台印太政策文件，设定基本的战略目标和利益诉求，印太战略实践之覆盖面和延展度不断提升，连带效果逐渐显现，提升了印太的地缘关键性、战略重要性和安全竞争性。

从20世纪90年代起，印度逐渐将目光从南亚地区转移到包括东南亚在内的“大周边”(Extended Neighborhood)领域，并且在介入的地区范围和合作领域上呈现出扩大化趋势。特别是2014年印度将“向东看”(Look East Policy)政策升级为“东向行动”(Act East)政策[②]，凸显了其突破印度洋禁

---

① 参见[加]伊曼纽尔·阿德勒、文森特·波略特主编：《国际实践》，秦亚青、孙吉胜、魏玲译，上海人民出版社2015年版，第7～8页。

② Gurudas Das, Joshua C. Thomas, *Look East to Act East Policy: Implications for India's Northeast*, Taylor and Francis, 2016; Amitendu Palit, "India's Act East Policy and Implications for Southeast Asia", *Southeast Asian Affairs*, 2016, pp.81-92; Isabelle Saint-Mézard, "India's Act East Policy: Strategic Implications for the Indian Ocean", *Journal of the Indian Ocean Region*, Vol.12, No.2, 2016, pp.177-190.

锢、向太平洋投射海上战略影响以保护海外利益、彰显大国声威的战略愿望。2015年印度发布的《确保安全的海洋:印度海上安全战略》提出"海洋已成为国际贸易的首要渠道,也成为全球经济的核心要素。海洋与海底日渐成为主要的资源来源地,成为各国发展与繁荣的关键贡献者。海上权力成为国家实力的重要组成部分,也是国家发展的关键推动因素",明确了印度的海洋地理位置、与海上邻国的关系和海洋经济活动是决定印度海洋安全的关键因素。印度海军致力于做印度洋的"净安全提供者",并监视"次要海上利益区"的态势与动向。① 在国际环境变化与自身安全忧虑加剧的情势下,印度的印度洋战略正在发生新的转向。印度逐渐对美、日、澳等国介入印度洋持开放态度,并向其开放安达曼群岛和尼科巴群岛的军事基地,意图借助联盟体系的力量,塑造相对有利的国际环境,追求国际地位的提升,谋求印度洋安全治理话语权②,而不再局限于追求其近邻利益。莫迪执政后,印度提高了参与美日澳印四边互动及推动印太战略发展的决心,印度印太战略和实践正在加快推进中。③

2007年8月,时任日本首相安倍晋三访问印度,并首次提出日本版的印太战略。他指出,"太平洋和印度洋正成为自由与繁荣之海,带来富有活力的联系,一个打破地理疆界的'扩大的亚洲'已经明确出现","日印两国作为价值观相同的民主国家应当深化合作,促进更为广泛的亚洲的自由和繁荣"。④ 2017年,"自由开放的印太战略"作为日本"俯瞰地球仪外交"的基本内容,被写进日本外务省发布的《外交蓝皮书》。日本的战略目标是以日美同盟为主导,积极构建印太海上安全新秩序,配合美国及其主导的"印太秩序"。⑤ 2018年11月,在第21次东盟首脑会议期间,安倍晋三强调为维持和强化印太战略,日本将继续和东盟紧密合作。日本通过实施"自由开放的印

---

① Ministry of Defense (Navy), "Ensuring Secure Seas: Indian Maritime Security Strategy", 2015-12-10, https://www.indiannavy.nic.in/sites/default/files/Indian_Maritime_Security_Strategy_Document_25Jan16.pdf.

② 参见朱翠萍:《莫迪政府的印度洋战略新动向:驱动因素与局限性》,《南亚研究》2020年第4期。

③ 参见杨思灵、任吉蕾:《美日印澳(QUAD):从松散协调到同盟行为体》,《南亚研究》2022年第1期。

④ Abe Shinzo, "Confluence of the Two Seas", Ministry of Foreign Affairs of Japan, 2007-8-22, https://www.mofa.go.jp/region/asia-paci/pmv0708/speech-2.html.

⑤ 参见葛建华:《试析日本的"印太战略"》,《日本学刊》2018年第1期。

太战略”，积极地塑造外部环境，发展和运用自身的防卫力量，拓展“印太”的盟友和伙伴关系，强化了日本地缘身份再建构过程中的“海洋国家”属性，着眼于更大的战略期盼。[①] 2018 年 11 月 6 日，安倍晋三在与马来西亚总理举行会谈期间首次将“印太战略”改为“印太构想”，此前过于强调竞争与对抗的“印太战略”开始向重视协调与合作的方向发展。菅义伟政府执政后总体上延续了前政府“印太构想”的主要理念和政策框架，但在部分领域及具体执行层面有所调整和改变，如强调“和平繁荣的印太”以淡化“印太构想”的斗争性与对抗性，提升经济安全因素的重要性，并通过维护东盟在印太的“中心地位”以更好地拉拢东盟各国，这给印太地区的战略格局和实践互动带来了新的因素。[②] 岸田文雄政府基本上延续安倍晋三和菅义伟时期的政策。

澳大利亚政府在 2013 年发布的《国防白皮书》中首次将其所处区域界定为“印太”。[③] 此后发布的 2016 年版《国防白皮书》、2017 年版《外交政策白皮书》等重要战略文件都延续了这一定位，“印太”取代“亚太”成为澳大利亚思考其国际角色和国家安全的主要概念框架。[④] 特别是 2017 年《外交政策白皮书》明确提出“我们将‘印度-太平洋’定义为从东印度洋到太平洋，由包括印度、东北亚和美国在内的由东南亚连接的区域”。对澳大利亚安全与繁荣至关重要的五大目标中，居首位的是“促进一个开放的、包容的和繁荣的印太地区，并确保所有国家的权利都得到尊重”。澳大利亚将美澳同盟视为走向印太的核心，认为如果没有美国强有力的政治、经济和安全参与，该地区的权力转移可能会更快，澳大利亚将更难实现自己所寻求的地区秩序。[⑤]

美国高度重视印太地区的战略价值和地缘意义。2017 年 12 月，特朗普

---

① 参见宋德星、黄钊：《日本“印太”战略的生成机理及其战略效能探析》，《世界经济与政治》2019 年第 11 期。

② 参见朱清秀：《后安倍时代日本的“印太构想”将何去何从》，《日本问题研究》2021 年第 6 期。

③ Department of Defense, “2013 Defense White Paper”, 2013-5-3, https://defence.gov.au/Whitepaper/2013/docs/WP_2013_web.pdf.

④ Department of Defense, “2016 Defense White Paper”, 2016-2-25, https://www.defence.gov.au/WhitePaper/Docs/2016-Defence-White-Paper.pdf; Australian Government, “2017 Foreign Policy White Paper”, 2017-11-23, https://www.dfat.gov.au/sites/default/files/2017-foreign-policy-white-paper.pdf.

⑤ Australian Government, “2017 Foreign Policy White Paper”, 2017-11-23, https://www.dfat.gov.au/sites/default/files/2017-foreign-policy-white-paper.pdf.

政府发布执政后的首份《美国国家安全战略》(National Security Strategy of the United States of America)报告，强调印太地区对美国的重要性，并将印太地区定义为“从印度洋西海岸至美国东海岸的广大区域，这是世界上人口数量最多、经济最具活力的地区”[①]。2019 年 6 月，美国国防部出台《印太战略报告》(Indo-Pacific Strategy Report)，明确提出“印太地区是对美国未来最重要的地区”，当前美国在印太地区的战略愿景是建立“自由开放”的地区秩序，从而保障这一地区国家的主权、独立和领土完整。该报告提出了美国在印太地区面临的危胁，还列举了恐怖主义、毒品、人口与野生动物贩运、海盗、流行病、武器扩散、自然灾害等若干“跨国威胁”。[②] 2022 年 2 月 11 日，拜登政府发布《美国的印太战略》(Indo-Pacific Strategy of The United States)，认为印太地区面临来自地区强国的挑战，美国不得不进一步强化对印太地区的关注和投入，以便负责任地管理地区秩序，并与相关国家竞争。该报告为美国在印太地区制定了五大战略构想，分别是推进自由开放的印太地区、在区域内外建立关系、推动地区繁荣、加强印太地区安全以及在区域内形成抵御跨国威胁的能力等。该报告提出美国将在未来 1～2 年执行 10 项核心计划，主要包括为印太地区提供新资源，领导印太经济框架，加强军事威慑，发挥“四方安全对话机制”(QUAD)的关键作用，建立安全、可信赖的区域数字基础设施等。[③] 通过国家层面的战略引导，美国得以持续开展印太海洋实践。

美国政府希望通过印太战略“促动日本、澳大利亚、印度等国在印太地区承担更多责任，并增强盟友和伙伴之间的相互协作，将原本辐辏式的美国同盟体系打造为盟友和伙伴结成的网状安全架构”[④]。2017 年 11 月，在马尼拉举行的“东盟峰会”期间，美国总统特朗普、印度总理莫迪、日本首相安倍

---

① The White House, “National Security Strategy of the United States of America”, 2017-12-18, https://www.whitehouse.gov/wp-content/uploads/2017/12/NSS-Final-12-18-2017-0905.pdf.

② The Deparment of Defense, “Indo-Pacific Strategy Report: Preparedness, Partnerships, and Promoting a Networked Region”, 2019-6-1, https://assets. documentcloud. org/documents/6111634/DOD-INDO-PACIFIC-STRATEGY-REPORT-JUNE-2019.pdf.

③ The White House, “Indo-Pacific Strategy of The United States”, 2022-2-11, https://www.whitehouse.gov/wp-content/uploads/2022/02/U.S.-Indo-Pacific-Strategy.pdf.

④ Dan Blumenthal, “China's Worldwide Military Expansion”, 2018-5-17, https://docs. house.gov/meetings/IG/IG00/20180517/108298/HHRG-115-IG00-Wstate-Blu-menthalD-20180517.pdf.

晋三和澳大利亚总理特恩布尔与会并分别会面，讨论话题包括以规则为基础的亚洲秩序、航行与飞越自由、互联互通和印太安全等，强调在印太的共同关切和共同利益。① 美日澳印“四边安全对话机制”使其在安全、政治和经济领域的合作朝着实心化、制度化的方向迈出了关键步伐，并逐渐演化为美国通过印太战略抵近遏制中国的行动框架。② 2021 年 3 月 12 日，美日澳印四国领导人举行线上峰会，商讨四国在印太及其他地区的事务和战略，在会后的联合宣言中表明“我们应该在印太的安全和秩序稳定中做出积极努力，促进印太的和平、稳定、安全与繁荣”③。2021 年 9 月 24 日，美日澳印领导人首次线下峰会在华盛顿举行，四国领导人在联合声明中表示：“我们继续倡导遵守以《联合国海洋法公约》为代表的国际法，加强合作以共同维护基于规则的印太海洋秩序。”④2022 年 5 月 24 日，四国领导人在日本东京再次举行峰会，正式推出“印太海域感知伙伴关系”(IPMDA)，致力于提升前端海域态势感知综合能力，帮助地区盟友和伙伴提升海域态势感知能力，在一些共同议题领域开展双多边合作，积极推动“海洋安全倡议”。⑤ 可见，美日澳印正在不断加强战略互动和实践互助，并积极拉拢其盟国和伙伴国构筑印太秩序体系，既给印太地区的海洋政治局势和海洋治理态势带来了新的因素和持续发展的新实践，又给全球层面的海洋政治实践和海洋秩序发展等带来了新变数和动态演化的新现实。

第二节　国际政治体系中的海洋政治研究

海洋事务是全球事务的重要构成部分，其发展演变与人类社会发展进

① “Quadrilateral security dialogue: India, Australia, Japan, US hold talks on Indo-Pacific cooperation”, 2017-11-12, https://timesofindia.indiatimes.com/india/quadrilateral-security-dialogue-india-australia-japan-us-hold-talks-on-indo-pacific-cooperation/articleshow/[illegible]

② 参见翟福生:《美日印澳“四边机制”与中国周边安全》,《印度洋经济体研究》2022 年第 2 期。

③ The White House, “Quad Leaders’ Joint Statement: ‘The Spirit of the Quad’”, 2021-3-12, https://www.whitehouse.gov/briefing-room/statements-releases/2021/03/12/quad-leaders-joint-statement-the-spirit-of-the-quad/.

④ The White House, “Joint Statement from Quad Leaders”, 2021-9-24, https://www.whitehouse.gov/briefing-room/statements-releases/2021/09/24/joint-statement-from-quad-leaders/.

⑤ The White House, “Quad Joint Leaders’ Statement”, 2022-5-24, https://www.whitehouse.gov/briefing-room/statements-releases/2022/05/24/quad-joint-leaders-statement/.

程和生产力进步联系紧密。海洋政治是国际政治的重要构成部分，是国际政治在海洋这一场域内汇聚并由认识海洋、控制海洋、利用海洋、治理海洋等事务所阐发的政治事项。所以，海洋政治研究应当且必须嵌入国际政治体系的发展和演变之中，从而进行全面且深刻的研究。海洋政治的发展与全球海洋治理的演变有着密切关系，全球海洋治理是全球治理在海洋场域的重要表现，海洋政治与全球治理之间的关系和相互影响是海洋政治研究的重要内容。

全球治理是为顺应世界多极化趋势和民主化浪潮而提出的，旨在对全球政治经济事务进行共同管理的探索和实践。1995 年，“全球治理委员会”(Commission on Global Governance)发布了题为《天涯成比邻》(Our Global Neighborhood)的报告，该报告对“治理”做出了迄今为止最为经典的定义：“治理是各种各样的个人、团体——公共的或个人的——处理其共同事务的总和。这是一个持续的过程，通过这一过程，各种互相冲突和不同的利益可望得到调和，并采取合作行动。这个过程包括授予公认的团体或权力机关强制执行的权力，以及达成得到人民或团体同意或者认为符合他们的利益的协议。”[①]詹姆斯·罗西瑙(James N. Rosenau)在其主编的全球治理理论的奠基之作——《没有政府的治理》一书中，通过比较“治理”(governance)与“统治”(government)来界定治理。他指出：“与统治相比，治理是一种内涵更为丰富的现象。它既包括政府机制，同时也包括非正式、非政府的机制，随着治理范围的扩大，各色人等和各类组织得以借助这些机制满足各自的需要并实现各自的愿望。”[②]戴维·赫尔德(David Held)认为：“全球治理不仅意味着正式的制度和组织——国家机构、政府间合作等——制定(或不制定)和维持管理世界秩序的规则和规范，而且意味着所有的其他组织和压力团体——从多国公司、跨国社会运动到众多的非政府组织——都追求对跨国规则和权威体系产生影响的目标和对象。”[③]俞可平认为：“全球治理是使各国政府、国际组织、各国公民为最大限度地增加共同利益而进行民主协商

---

① [瑞典]英瓦尔·卡尔松、[圭]什里达特·兰法尔主编：《天涯成比邻——全球治理委员会的报告》，赵仲强、李正凌译，中国对外翻译出版公司 1995 年版，第 2 页。

② [美]詹姆斯·N. 罗西瑙：《没有政府的治理》，张胜军等译，江西人民出版社 2001 年版，第 5 页。

③ [英]戴维·赫尔德等：《全球大变革》，杨雪冬等译，社会科学文献出版社 2001 年版，第 70 页。

与合作，其核心内容应当是健全和发展一整套维护全人类安全、和平、发展、福利、平等和人权的新的国际政治经济秩序，包括处理国际政治经济问题的全球规则和制度。”[①]蔡拓则把全球治理视为“以人类整体论和共同利益论为价值导向的，多元行为体平等对话、协商合作，共同应对全球变革和全球问题挑战的一种新的管理人类公共事务的规则、机制、方法和活动”[②]。陈志敏认为：“全球治理是国际体系中以主权国家为核心的各个行为体的共同合作，通过正式的制度和非正式的安排，协调各自利益和政策，以应对全球化时代人类社会所面对的各种跨国和国际挑战，并支持各个国家实现国家治理水平提升的活动。”[③]

由此可见，全球治理体现了人类认识和处理国际问题的新特点和新趋势：第一，全球治理参与主体由国家行为体扩展到非国家行为体，多种行为体共存于全球治理进程之中，并能互为补充，彼此达成积极效应；第二，全球治理的对象或内容逐渐超越传统政治问题和疆界范畴，涉及所有关乎人类生产生活的一系列问题；第三，治理的方式或手段从强制性、等级制管理转向平等性、协商性、自愿性和网络化管理；第四，治理的理念更加包容且多元，凸显倡导人类社会的整体利益、共同利益和可持续发展。

实际上，与全球治理发展趋势相伴随的是，海洋政治的发展也呈现出新的特点和趋势：第一，海洋政治的参与主体由国家行为体扩展到非国家行为体（国际组织、企业、科学家群体、个人、海洋生命和非生命），多种行为体共存并互为补充；第二，海洋政治议题逐渐超越传统国际政治问题的类型和场域范畴，涉及所有人类生产生活的问题，海洋事务与人类社会发展之间的多维联动愈发凸显，海洋政治在世界政治中的位阶不断提升；第三，海洋政治各议题的治理方式，从海洋军事能力和海洋战争等刚性对抗的方式转变为海洋科技能力和海洋话语等软平衡的方式，海洋治理中法律和意愿的存在感及有效性不断提升，海洋事务发展的全球化和网格化愈发明显；第四，海洋政治发展和全球海洋治理理念更加包容、多元，倡导海洋场域和事务的协商、合作、和谐、共生。人类在海洋事务上面临的共同性挑战和威胁在增多，

---

① 俞可平：《全球治理引论》，《马克思主义与现实》2002 年第 1 期。

② 蔡拓：《全球治理的中国视角与实践》，《中国社会科学》2004 年第 1 期。

③ 陈志敏：《国家治理、全球治理与世界秩序建构》，《中国社会科学》2016 年第 6 期。

传统的海洋争端依旧存在且或将继续存在一段时间，海洋政治的竞合并存态势愈发显著。

海洋政治主要是发生于海洋领域及其延展区域的全部国际关系互动、国际矛盾协调、国际规范确立等，各主体围绕海洋控制、利用与管理等议题处理其矛盾、建构其关系、框定其格局，与国际事务的整体发展有着多层联系。全球海洋治理是指在全球化的背景下，各主权国家的政府、国际政府间组织、国际非政府组织、跨国企业、个人等主体，通过具有约束力的国际规制和广泛的协商合作来共同解决全球海洋问题，实现全球范围内的人海和谐以及海洋的可持续开发和利用。全球海洋治理既是一种理论，体现为其对治理理论和全球治理理论的继承与扩展；也是一种实践，是国家层面的海洋治理活动在国际层面的延伸。[①] 全球海洋治理的顺利开展是海洋政治平衡发展的现实需要，也是全球善治和人类进步的共同需求。

国际性与政治性是全球海洋治理最重要的两个特征。国际性体现在全球海洋治理涉及世界各国和相关的国际组织、企业，以及普通民众也在不同程度上被卷入全球海洋事务发展及其治理进程之中，全球海洋治理所要解决的问题也是事关人类共同利益、全人类共同的现在和未来的全球海洋问题。政治性则体现为全球海洋治理的实现过程自始至终都充满着谈判、妥协、冲突、合作等政治行为。国际政治事件、国际政治理念、国际政治范式等都在全球海洋治理进程之中发挥不同程度的作用，全球海洋治理的效应深受主权国家的政策取向和国家间政治博弈的影响。国际性与政治性促使全球海洋治理成为海洋政治的核心构成，全球海洋治理的现实状况和未来愿景对于海洋政治实践的发展有着直接且根本的影响。

第三节　海洋观与海洋政治发展

海洋观是人们关于海洋、人海关系、海陆关系、海洋生命与非生命的关系等相关的观念，是人们对海洋与政治、经济、文化、军事等相互影响的综合

① 参见王琪、崔野：《将全球治理引入海洋领域——论全球海洋治理的基本问题与我国的应对策略》，《太平洋学报》2015年第6期。

判断、权衡的认识结果。它以人海关系为核心,以海洋价值认识为主体,并内含着人类认识海洋的思维方式,是世界观与方法论的统一。① 海洋观是人类通过开展海洋实践活动所获得的对海洋本质属性和地位作用的认识,新时代的海洋观是包括海洋国土观、海洋价值观、海洋权益观、海洋安全观、海洋治理观、海洋发展观和海洋秩序观等在内的复合多元的概念。

一、海洋国土观

国土是指一个主权国家管辖范围内的全部疆域,海洋国土是主要包括领土、领海和领空在内的立体空间。进入泛海洋时代,海洋已成为人类除陆地之外最重要的生存空间。1994 年 11 月 16 日《联合国海洋法公约》生效后,沿海国家和岛屿国把领海、毗连区、大陆架和专属经济区等受"特定法律制度限制"的其他管辖海域都纳入国土范畴,由此出现了"海洋国土"的概念,是指沿海国家和群岛国主权管辖范围内的全部海域。根据《联合国海洋法公约》,泛海洋时代的海洋国土可被看作两部分:一是沿海国家管辖区域,包括内海、领海、毗连区、大陆架、专属经济区,以及上述管辖海域的海床和底土及领海上空;二是国家管辖范围外海域,譬如用于国际航行的海峡及群岛水域、公海、国际海底区域等,其能源资源的开发利用、海洋治理事务的开展等都是海洋国土观的延展范围。

二、海洋价值观

人类在开发利用海洋能源资源、治理和改造海洋的实践进程中,随着生产力的不断进步以及人类探索海洋的程度不断提升,人类对于海洋价值的认识和重视也在不断得到凝练、发展和深化,海洋对于人类生存和发展的重要性及价值在随着人类社会的发展而不断得以彰显。合理系统的海洋价值观能够很好地指导、规范海洋实践活动,能够帮助人们更理性客观地认清海洋现实,更务实有效地开展海洋实践。人类对于海洋认识的不断加深、海洋价值观念的日渐丰富,便于人类在海洋实践活动中进行自我认知和反思。

---

① 参见刘新华、秦仪:《海洋观演变论略》,《湖北行政学院学报》2004 年第 2 期;孙立新、赵光强:《中国海洋观的历史变迁》,《理论学刊》2012 年第 1 期;胡素清:《以人海关系为核心的海洋观》,《浙江学刊》2015 年第 1 期。

与人类海洋实践不断深化、海洋战略不断优化等相伴随，海洋价值观也经历了不断深化发展的历程：从对海洋的原始认知，到发掘海洋的渔盐之利和舟楫之便，到彰显海洋作为贸易通道的价值，再到海洋的军事和安全治理问题不断凸显。在泛海洋时代的当下，海洋的政治、经济、军事、安全、通道等多元价值均介入人类生存发展的全过程之中。总之，海洋价值观贯穿于人类海洋认知和海洋实践的进程，并发挥了独特且持续性的推动作用。

三、海洋权益观

国家的海洋权益属于国家主权的范畴，是国家领土向海洋延伸所形成的权利。根据《联合国海洋法公约》，21世纪的海洋权益涵盖专属经济区和大陆架的归属权、海洋资源的享有权、海洋空间的使用权等主权权利和包括获益权在内的广泛权益，主要包括：国家在领海区域享有完全的主权；在毗连区享有安全、海关、财政、卫生等多项管制权；在专属经济区和大陆架享有勘探、开发自然资源的主权权利；在公海享有航海自由、飞越自由、铺设海底电缆和管道的自由、建造人工岛屿和其他基础设施的自由、捕鱼自由、科学研究的自由等国际法规定的权利。泛海洋时代，海洋观与国家整体利益紧密相关，海洋观体现了国家在海洋问题上的共同意志和根本利益——既包括国家现实的海洋利益，又包括国家长远的海洋利益；既包括海洋经济利益，又包括与之紧密联动的政治、军事利益。海洋权益观随着国家海洋生产力水平的发展而变化，同时对国家经济发展产生十分重要的反作用。

四、海洋安全观

海洋安全观主要是对世界海洋安全整体形势和发展变化的总体性认识。海战、海上战略竞争与海上安全竞争等在人类发展史和国际政治演变进程中的作用是极为重要的。特别是冷战时期，超级大国在海上争霸是导致世界海洋局势紧张和局部海域秩序动荡的根本原因。冷战之后，全球性海战的发生概率极低，但区域海洋争端和冲突不断。譬如，叙利亚危机（1986年）和海湾战争（1991年）所引发的中东地区局势动荡延续至今，尚无有效手段以妥善解决。泛海洋时代，海洋安全形势与海洋政治安全、海洋经济安全、海洋军事安全、海洋生态环境安全等问题叠加而变得愈发错综交叉、复杂嬗变。海洋安全领域正愈发复杂化，既包括传统的安全领域，又包括信息、生物、环境灾害等非传统安全领域。国家间在海洋上的战略竞争几乎涉及海洋全域，海洋安全已演变成高度集成的名词。人类对于海洋安全的认知和感触也在不断衍变，依循于海洋安全局势现实，牵发出新海洋安全认知与感触；正确的海洋安全认知与感触能够更好地满足海洋事务的发展需求。

五、海洋治理观

随着人类海洋实践的不断拓展和对海洋认知的不断深化，海洋治理的现实需要也不断凸显。海洋治理是指国家、政府间国际组织、非政府间国际组织、个人等多元主体，以海洋场域内的诸多事务及其发展为主要治理对象，通过理念优化、规范提升、机制完善和实践拓展等来处理海洋问题，谋求海洋发展。海洋治理的表现形式主要分为三个层次：全球海洋治理、国家海洋治理、全民参与海洋治理。全球海洋治理强调涉海国家等海洋事务主体主动制定海洋战略并开展海洋实践，自觉维护海洋生态平衡，相互尊重海洋权益，积极建构国际海洋秩序等，通过协商、合作来共同处理海洋问题，共筑海洋未来。国家海洋治理需要通过建立健全涉海法律制度依法治海，建立健全国家海洋管理机构并完善相应保障体系，形成良性的海洋治理机制。全民参与海洋治理方面，一是随着民众海洋意识的不断增强和海洋治理责任的不断提高，越来越多的民众开始自觉维护海洋权益和保护海洋环境；二是随着民众海洋意识的不断增强，民众的海洋价值诉求愈发现实且直接，给国家海洋战略与实践、国家海洋外交与关系建构等均提出了全新且持续的要求和呼吁，给国家海洋治理带来了推动力。

六、海洋发展观

海洋国土可为国家发展拓展空间，海洋国防可保障国家海洋国土的安全，海洋权益可为国家发展提供权利依托，海洋安全可为国家发展提供安全保障，海洋治理可为国家发展解决现实问题。可见，在前面几个海洋观重要构成要素的积累和保障下，海洋发展内嵌于海洋事业体系的诸多方面，海洋发展是国家海洋战略、政策、实践的最终追求。泛海洋时代，一国海洋事业的发展需要全面妥善考虑国内与国际发展、资源开发与环境保护、当代发展与后续发展、一国发展与全球发展等关系和矛盾，海洋发展观已成为国家发展海洋事业的重要信念因素。海洋能源资源开发能力、海洋生态环保水平、海洋经济可持续发展、海洋科学技术的创新进步等是一国在正确合理的海洋发展观指导下的海洋发展模式。科学的海洋发展观、大力发展海洋科技、拓展海洋经济的内涵、提高海洋经济可持续发展的能力等是国家的重要追求。

七、海洋秩序观

海洋秩序以海洋硬实力和软实力为形成基础，以规则和机制为表现形式，是一种海洋政策合理制定、海洋实践有序开展、海洋争端妥善解决、海洋利益公平分配的整体态势。海洋秩序观是基于实践形成的对海洋秩序的观念偏好与顶层设计，具体表现为对海洋秩序构建主体、功能、实践路径的思考与安排。传统意义上，主权国家是海洋秩序的唯一建构者，是海洋体系的意愿供给者。随着人类生产力的不断增强、海洋实践的不断拓展、海洋世界的不断扩大，国家和非国家行为体都愈发重视海洋以及开展海洋实践，海洋秩序的构建主体愈发多元化、全球化。良性的海洋秩序可以为海洋政治、海洋安全、海洋经济、海洋争端等提供创新思路和模式，其功能发挥是国家战略与实践的必要条件。海洋秩序的实践路径主要有海战、公约、制度等，海洋实力强大的国家出于战略需要而以海战这样直接的形式达成胜利，以签署符合本国战略偏好的公约，建立本国占据主导地位、满足自身发展需求的海洋制度，最终建立本国主导的海洋秩序。

海洋观与海洋政治之间有着极为紧密的关系，是相互塑造和深刻影响的关系。海洋观是主权国家海洋战略施展和海洋实践行动开展的理念依托，国家层面整体性的战略施展和行动对于世界海洋政治格局有着直接性的影响和塑造，影响着海洋政治理念、规范、实践、体系的现在和未来；世界海洋政治实践开展的新近情况和趋势趋向对于国家海洋观的优化和转向有着根本性的影响和塑造，影响着国家海洋实力、政策、实践、外交的现在和未来。所以，海洋观在海洋政治发展过程中发挥着独特作用，应成为海洋政治学研究的重要内容。

第三章　海洋政治学的研究范式

通过回顾和研究海洋政治的历史与现实，通过系统论证国际政治体系中的海洋政治研究，可以明确海洋政治学的发展渊源和蕴含的国际政治色彩，可以为系统论述海洋政治学的研究范式提供必要的基础性条件。海洋政治学的研究范式需明确“海洋政治学”如何由“海洋政治”发展演化而来，在海洋政治实践的基础上阐发学理研究，进行规律总结和现实跟进研究；需明确海洋政治学的研究客体、研究视角和研究特性，对于海洋政治学研究的对象、层次和指向等进行整体论述和全面分析。

第一节　“海洋政治”与“海洋政治学”

在西方主导的海洋实践孕育下，海洋政治诞生了，但目前来看，基本上是有海洋政治但没有海洋政治学。从文献梳理与成果分析中，可以发现关乎海洋政治、内容庞杂的议题，但系统性的海洋政治学还未完整呈现。西方学界出现了大量关于海洋政治的概念与理论，但主要还是归属于海洋政治研究，如“海权论”“边缘地带”“海陆冲突”等理论虽然在海洋政治研究中被广泛使用，但它们依然被视为地缘政治学的理论之一，在学科主体、特性、方法、框架、理论等方面，海洋政治研究离自成体系尚有一定距离。在海洋政治实践不断发展的推动下，海洋政治学的构建迎来了最好的发展时期。海洋政治学的体系构建和优化发展是理论与实践深度结合的现实反映，是新文科发展潮流下的现实必要，是社会科学和自然科学藩篱逐步突破趋势下的学科发展需要。

一、理论与实践深度结合的现实反映

毛泽东同志在《实践论》中写道："认识从实践始，经过实践得到了理论的认识，还须再回到实践去。"[①]从实践过程中得到的理论，最后还需要回到实践中，目的就是验证真理的正确与否。海洋政治需要由"实践"升华到"学理"层面，海洋政治学研究暨海洋政治亦经由实践到理论，而理论研究则反映海洋政治实践进展的现实状况，通过理论研究，可以总结规律并推动实践更好地发展，从而进入持续不断的良性循环过程。海洋政治到海洋政治学是人类社会发展的应然需要。随着海洋事务与人类生存发展之间的联结性不断增强，海洋对于人类的重要性愈发凸显，人类对于海洋的认知愈发深入，对于海洋事务的发展规律和内在机理的研究热情不断提高，海洋政治学理研究的必要性和现实性愈发凸显。从海洋政治到海洋政治学是历史发展的必然、现实发展的应然。

一般而言，社会科学主要有三类研究对象：观念、行动和结果。观念是个体心智活动的产物，可以是对某个事件的感知（或错误感知）、对某个行为体行为的归因、对某个社会结果的（社会或非科学的）解释，抑或是对某个产品的设计。任何超出个人层次的观念性结果都不再仅仅是观念，而是社会结果，即便它包含了诸多甚至纯粹的观念元素。行动是有意识的行为，是由行动者的内在动力和外部环境的互动驱动的，而此刻的外部环境则是之前时刻的产物。社会结果则是指那些由个体行为体与其他个体以及社会系统的其他组成部分（包括物质环境）互动的产物。[②] 海洋政治学完全依循社会科学的研究对象等基本指向，重点研究海洋政治实践和理论发展过程中观念的生成和演化、行动的开展和延续、结果的产生和影响等。

海洋政治学作为人文社会科学的重要构成，既是事实科学又是价值科学。海洋政治学是从全球海洋事务发展及其治理的现实出发，探索全球海洋治理的基本历程、发展规律和演变机理，研究全球海洋事务发展历程中具有重要意义和凸显价值的事件，及其在当时历史阶段所发挥的作用和对当

---

① 《毛泽东选集》第1卷，人民出版社1991年版，第292页。

② 参见唐世平等：《观念 行动 结果：社会科学方法新论》，天津人民出版社2021年版，第2～10页。

下世界事务所产生的影响。海洋政治学研究人类在认识、了解、利用、治理和保护海洋的过程中所制定的政策、开展的活动、签订的条约和建构的体系。此外，海洋政治学亦对国际社会在海洋政治诸领域和各议题上的关系和界定等进行系统研究，进而对世界海洋政治自产生、发展到当下阶段的衍化进行整体研究，以期对人类发展历史，特别是世界海洋政治产生更为精准的认知。

海洋政治学作为人文社会科学的重要学科构成，既是学理研究又是参与实践。在本书后面的章节中，笔者将从研究视角、研究客体、研究特性等方面讲述海洋政治学的研究范式，阐明海洋政治学的研究内容和基本起点；从研究维度、研究方法和中国方案等方面讲述海洋政治学的学科体系，阐明海洋政治学的主要突破和创造提升；从海洋安全理论、海洋战略理论、海洋开发和治理理论等方面讲述海洋政治学的理论体系，以对海洋政治学的理论内容进行整体研究和阐述，明确海洋政治学研究的主干构成和内核部分；从海洋话语的概念和分类、海洋话语在国际秩序衍化中的角色和定位、海洋话语主体和内容在新时代的新变化等方面讲述海洋政治学之要义——海洋话语，以促使海洋政治学研究得以统筹兼顾理念和行动；对中国周边、欧美、东亚海洋战略和亚太海洋博弈等进行案例分析，力图实现学理与实践的紧密结合；最后，总结海洋政治学的重大意义，分析海洋政治学研究与全球海洋治理的关系互动，分析国际海洋新秩序的建构，明确提出海洋政治的中国话语时代正在破晓，海洋政治学的研究将为中国海洋政治话语时代提供实在的学理促动。总之，笔者从实践现实出发，进行系统性的学理研究，力求对海洋政治实践在当今时代和未来更好地发展做出学理层面的积极贡献。

二、新文科发展潮流下的现实必要

2016年5月17日，习近平总书记在哲学社会科学工作座谈会上指出：“哲学社会科学是人们认识世界、改造世界的重要工具，是推动历史发展和社会进步的重要力量，其发展水平反映了一个民族的思维能力、精神品格、文明素质，体现了一个国家的综合国力和国际竞争力。一个国家的发展水平，既取决于自然科学发展水平，也取决于哲学社会科学发展水平。一个没有发达的自然科学的国家不可能走在世界前列，一个没有繁荣的哲学社会科学的国家也不可能走在世界前列。"[①]发展中国特色人文社会科学是中国特色社会主义现代化建设的重要组成部分，是在中国特色社会主义进入新时代的背景下中国新文科建设的战略选择。海洋政治学学科体系的建立和完善，是中国特色人文社会科学在当前阶段的现实选择，也是中国新文科建设的时代任务。

新文科建设要服务于中国应对当今错综复杂的国际国内形势，增强在国际社会的话语表达能力；服务于中国经济社会领域的全面深化改革，解决与人们思想观念、精神价值等有关的重大理论和实践问题。[②] 新文科建设的重点任务，一是建设人文社科内部统合、文理融合的新专业或新方向，二是探索学术型人才培养的本研贯通模式，三是建设新课程，四是探索中国特色哲学社会科学理论体系在新时代的新理论构建方式、内容和路径等。[③] 其中，开发新课程需要致力于开发适应新专业、新方向的专业课程；编写新教材需要依据百年未有之大变局的国际现实和中国特色社会主义新时代的现实背景，补充适合新时代发展需求的新内容。海洋政治学是契合新文科建设现实需求之新学科、新课程的新动作、新建设，是契合国内外海洋事务新发展和海洋治理新现实的新学理研究和新学科体系建设。这一建设符合现实需要，亟待全力构建并持续完善。

海洋政治学研究契合新时代中国海洋政治研究学科化和专业化的需要，是新文科建设的重要任务。目前国内已经出版了一些有关海洋政治的著作，但尚没有以"海洋政治学"为名的研究专著问世。然而，其他的涉海学科，诸如海洋经济学、海洋社会学、海洋法学等已经成为独立分支学科，且已经出现了大量专著和学术论文，学科体系正在不断完善发展。为了完善中国特色海洋综合学科门类体系，海洋政治学学科建设应成为新文科建设的重要组成部分，更应成为中国特色社会主义学科体系发展的重要任务。构建完整的海洋政治学学科体系与理论体系，既可以形成独具特色的海洋政治学学科体系，也可以提升具有中国特色的国际政治理论的研究水平，进而

---

① 《习近平：在哲学社会科学工作座谈会上的讲话（全文）》，2016 年 5 月 17 日，http://www.xinhuanet.com/politics/2016-05/18/c_1118891128.htm.

② 参见王铭玉、张涛：《高校"新文科"建设：概念与行动》，《中国社会科学报》2019 年 3 月 21 日。

③ 参见樊丽明：《"新文科"：时代需求与建设重点》，《中国大学教学》2020 年第 5 期。

实现新时代海洋政治学学理发展的持续化和长远化。

三、社会科学和自然科学藩篱逐步突破趋势下的学科发展

海洋政治学的体系构建，要基于全球海洋问题的发展规律，打破单一研究方法的迷思，克服学科分类的精细化，让自然科学方法与社会科学方法在海洋政治学理论与方法的构建中再次相遇。自然科学与社会科学的交叉与耦合，产生了一系列具有开创性的理论与方法，助推着学术研究的生生不息。然而，新时代的学理发展需要打破社会科学与自然科学的藩篱，在社会科学与自然科学的对接中构建海洋政治学的理论与方法。事实上，海洋政治实践和学理的发展变迁是自然与社会互动的结果，这需要自然科学与社会科学的叠加研究。

在相当长的历史时期内，中国曾经产生过辉煌的自然科技成果，但是在经过漫长的演进后，中国在科技领域在近代被西方远远甩在了后面。英国学者李约瑟(Joseph Needham)在其编撰的《中国科学技术史》中提出了著名的"李约瑟之问"：尽管中国古代对人类科技发展做出了很多重要贡献，但为什么科学和工业革命没有在近代的中国发生？笔者认为，中国封建社会长期重视社会科学轻视自然科学且两者很难有效融合，是导致中国古代产生了丰富的科技成果但无法产生科学与工业革命的重要原因之一。在新时代，中国的自然科学发展与社会科学发展需要走融合之路，海洋政治学为这种融合提供了场域与机遇，契合了中国科学崛起、理性崛起、自信崛起、和平崛起的时代需要。

在新的历史时期，开展科学且持续的海洋政治实践需要进行海洋政治理论与方法创新。海洋政治学研究不仅需要大数据、区块链等高新技术和手段，也需要大学科思维和实践，走自然科学与社会科学结合之路。基于此，海洋政治学融通自然科学和社会科学，其发展具有现实需求性和科学必要性。

第二节　海洋政治学的研究客体

客体问题是任何一个学科或学说都要回答的基本问题。海洋政治学的

研究客体也是海洋政治学学科体系和理论体系需要回答的重要问题，即明确海洋政治学的实践与认识对象是什么。海洋政治学的研究客体不同于传统意义上的海洋政治研究客体，其不仅包括具有主观能动性的客体，也包括介入能动关系且具有自身运行规律的客体，即在海洋活动中系统呈现出行为、认知与感知/状态等不同维度的群体性对象。

不可否认，海洋实践与海洋认知中出现了众多的介入客体，包括国家、组织、人、海洋生物等。但在长期关注个体、强于抽象的西方叙事的塑造下，这些丰富的海洋参与者在海洋政治研究中被淡化了，国家在相当长的历史时期内成为单一研究客体，权力成为核心关注。虽然，当下也存在将人纳入研究客体的趋势，利益成为另一核心关注，但依然无法改变海洋政治研究抽象与单一客体假设的传统，即聚焦于国家与人等具有主观能动性的客体。

无疑，海洋政治学研究客体的群落化，在很大程度上得益于海洋科技的发展。20 世纪 80 年代之前，海洋数据收集主要依靠船载探险与基本的漂流物来完成。进入 21 世纪后，海洋的信息化、网络化和智能化使得海洋呈现出“控制社会”(societies of control)的样态。① 海洋自然与海洋社会的界限被跨越，海洋生命与海洋非生命的区别也将被跨越，海洋政治模式也将进入无差别的生命以及非生命的政治阶段。② 海洋上聚集的不仅仅是过去的商人、渔民、水兵，而且聚集了大量的科学家、技术人员、外交官、企业家、艺术家，这些日益增长的利益集团正在赋予海洋以传统的机构性权力。③ 随着区块链技术的快速发展，凭借其可靠的开放式平台进行数据传递和价值传导，海洋政治的内部融合和外部延展更为便捷，海洋政治学的研究客体更为开放包容且多元。

可见，海洋政治学的研究客体已实现群落化，即国家与组织群落、人与海洋生物群落、海洋非生命群落，这三个群落分别以组织形式、生命形式、非

① John Derber, Anthony Rosati, “A Global Oceanic Data Assimilation System”, *Journal of Physical Oceanography*, Vol.19, No.9, 1989, pp.1333-1347.

② Jessica Lehman, “A Sea of Potential: The Politics of Global Ocean Observations”, *Political Geography*, Vol.55, 2016, pp.113-123.

③ Elizabeth A. Povinelli, “Transgender Creeks and the Three Figures of Power in Late Liberalism”, *Differences*, Vol.26, No.1, 2015, pp.168-187.

生命形式介入海洋以及海洋事务。[①] 海洋政治学研究客体的群落化，源于海洋科技对海洋实践与海洋认知的巨大推动，源于海洋实践与海洋认知中的客体介入拓展，源于西方传统思维、陆地思维逻辑向中国传统思维、海洋思维逻辑的转化，源于海缘政治理念对海洋政治学的融入与升华，符合海洋命运与共的基本现实与"海洋命运共同体"理念的基本诉求。

诚然，陆地思维也存在着群落性，但陆地群落性与海洋群落性存在着巨大差异：由于陆地的固定性、非流动性与权属明确性，导致陆地群落性具有局部性、界限性以及零和性特征；由于海洋的流动性、连续性与权属模糊性，导致海洋群落性是整体的，且海洋存在的三大客体群落内部间、群落与群落间相互影响与依赖的程度远高于陆地，在权力与利益、竞争与合作的判断上呈现出非零和性。

一、国家与组织群落

国家与各类政府间组织与非政府组织构成了海洋政治学研究的制度客体群落。国家与组织介入海洋事务的动因、过程、博弈以及意义是海洋政治学研究的传统关注议题，该客体群落的特征是以组织形式介入海洋以及海洋事务。

国家是人类海洋活动的主要施动者，因其调动资源和制定政策的能力在各研究客体中居于优势地位，能够对海洋以及海洋事务产生最为持久和深远的影响。国家有不断走向海洋、介入海洋事务的意愿，亦有支撑其海洋选择、海洋实践的能力；国家的海洋战略与实践活动在世界政治中占有极大的比重，也是海洋政治学研究最重要的部分。

与此同时，随着全球化的发展，各种政府间组织以及非政府组织在海洋开发、海洋利用、海洋保护、海洋规则制定中的作用显著上升，也成为海洋事务中极为重要的力量。联合国及其专门机构，例如国际海底管理局、大陆架界限委员会和国际海洋法法庭等组织，在海洋以及海洋事务，特别是全球性海洋法律制度的制定和修订、解释和适用、遵守和实施等过程中发挥着愈发重要的作用。

---

① 参见张景全：《"海洋命运共同体"视域下的海洋政治研究》，《人民论坛》2019年第S1期。

可见，国家与组织都是在海洋事务中能够以系统性力量开展实践行动和设定制度与议题的积极施动者，因此两者为一个客体群落。我们既会看到各个国家在海洋场域的战争、冲突与合作，也会看到各种组织在海洋场域的冲突与合作，更会看到国家与组织在海洋场域的互动和博弈。洞察、呈现并分析这些存在，也是海洋政治学研究的必要内容和价值所在之一。

二、人与海洋生物群落

人与海洋生物构成了海洋政治学研究的生命客体群落，在富有活力的海洋政治学研究中扮演着重要角色。海洋政治学将分析人与海洋生物客体群落的形成、演化及其互动机理。该客体群落的特征是以生命形式介入海洋以及海洋事务。

人与海洋生物在生命感知、能量循环、生态共享等方面促成了海洋政治学一个客体群落的形成。人与海洋生物是在海洋、海洋事务以及海洋自然和社会等多层面发展和变化中，受影响最直接、反应最强烈的客体，其生命存在和延续、能量储备与循环等均与海洋态势变迁密切相关，对此人们已经开展了大量的研究。例如，在对澳大利亚西北部珊瑚礁的研究中，科学家便同时考虑了海岸人类活动与珊瑚礁的互动关系，使珊瑚礁区域研究呈现出了人与生物的生命一体化特征。[①] 海洋政治学将根据生命感知、能量循环、生态共享互动的不同阶段，并基于人与海洋生物之间因国家与组织介入引发的不同变化，将人与海洋生物群落的发展分为不同的阶段。

首先是无制度约束的阶段。15 世纪之前，人类的科学技术与航海技能水平较低，广袤的海洋对于人类而言是神秘的存在，对海洋资源的利用也仅限于在近海获取资源。那时，人们对海洋抱有或浪漫或恐惧的想象，在不同民族的神话传说中都可以找到海神或类似身份的存在，人与海洋生物群落没有制度性介入，两者大体处于和谐状态。

其次是弱制度约束的阶段。15 世纪后，随着宽身帆船(Carrack)与快帆船(Caravel)的远洋航行功能愈发齐备，葡萄牙和西班牙等国开辟了新航路，

---

① Moataz N. Kordi, Michael O'Leary, "A Spatial Approach to Improve Coastal Bioregion Management of the North Western Australia", *Ocean & Coastal Management*, Vol.127, 2016, pp.26-42.

人类逐步建立起跨越大陆和海洋的全球性联系。以牛顿发现万有引力定律为代表的科学革命出现之后，人类的科学技术和航海技能得以快速发展；蒸汽革命爆发后，人类生产和实践所需的动力愈发完备，随着蒸汽船舶的推广使用，人类能够对海洋展开进一步的开发与利用，但对海洋的认知依然有限，没有完全意识到海洋丰富的内涵。事实上，直到 19 世纪中叶前，海平面以下的世界对人类而言依然是神秘的，彼时大多数自然学家认为在 300 英寻（约合 548.64 米）以下海洋生物无法生存。① 人类并没有意识到自己对海洋的认知依然不完备，因此将陆地上的开发经验带入海洋事务，将海洋视作获取权力与争夺利益的场域。这一阶段，制度的主要特点是积极调动人类介入海洋事务、影响海洋生物，在人与海洋生物群落中的介入以调动参与导向为主，人与海洋生物群落处于紧张状态。

最后是强制度约束的阶段。20 世纪中叶以来，人类深潜和深钻技术快速发展，深潜器的研制水平和操作技能不断提升，人与海洋生物群落的发展进入新阶段。在能够进行更深的海底探测、开展更大范围海洋生态研究后，人类意识到了自身对海洋的认知模糊性，意识到自身对于海洋的认知依然是有限的，海洋存在着自己的生态平衡和运行规律，将陆地上的治理经验带入海洋会造成严重且未知的后果。因此人类在进行海洋活动时开始学会顾及海洋生物的存在，制度介入转化为调动参与导向与可控介入导向并重，制度约束在两个方向上强化，人与海洋生物群落处于适度紧张状态。

国家与组织群落、人与海洋生物群落存在着紧密而复杂的互动，既造就了既有的海洋政治议题，也创造着新的海洋政治议题。例如，在国家与组织群落、人与海洋生物群落的互动中，海洋空间进入了一个社会化的过程。菲利普·斯坦伯格（Philip E. Steinberg）便认为海洋也是一个社会建构过程。他基于政治经济视野与艺术文化视野，分别探讨了海洋空间与商业资本主义、海洋空间与工业资本主义、海洋空间与后现代资本主义，认为海洋不是空间，而是充斥着社会矛盾、发生着社会改变以及被想象出来的未来社会关

① Helen M. Rozwadowski, *Fathoming the Ocean: The Discovery and Exploration of the Deep Sea*, Cambridge: Belknap Press of Harvard University Press, 2005, p.15.

系填充的地方。[①] 可见,国家与组织群落、人与海洋生物群落在海洋场域的互动,塑造了一个内涵更为丰富且处于不断变动中的海洋政治生态。

三、海洋非生命群落

海洋非生命群落构成了海洋政治学研究的非生命客体群落。该客体群落的特征是以非生命形式介入海洋以及海洋事务。

在海洋政治实践与研究中,海洋非生命长期被忽略,仅被视为辅助变量,造成了海洋非生命物质与现象的缺位。海洋自然非生命涵盖了海水、大陆架、海床、海沟、岛、礁、沙、海风、洋流、大气等海洋自然物质与现象,虽然人类对其进行了大量研究,但往往从自然科学的角度进行探讨。但海洋非生命群落在海洋政治实践和学理研究中的作用和角色也在不断凸显,其对于国家与组织、人与海洋生物这两个群落在海洋以及海洋事务中的参与和生存而言作用举足轻重。

海洋非生命群落的存在有其自身的运行规律,一方面深受前两个群落的影响,同时也深刻影响着前两个群落。这种影响体现为三个方面:其一,这种参与影响平时不易察觉,如海风对礁岩的侵蚀、海洋温度对生物繁殖与生长的影响,但有时又会以突然变化的形式呈现,如海底火山喷发、地震、海啸等;其二,这种参与影响的历史远比其他两个客体群落要长,虽然没有确切的研究成果,但现有的科学能够推断出海洋的形成几乎与地球形成同步,海洋非生命群落的影响在四十余亿年中一直存在;其三,海洋非生命群落对前两个群落的影响极大,甚至能够决定其生存与毁灭,可以被看作是一切海洋事务的终极影响因素。有学者指出,生命与非生命都具有一种潜力,即以不可预见的方式进行自我与对他者实施改变的能力。非生命威胁的潜力如此之大,以至于生命与非生命的区别失去了意义。[②]

---

① Philip E. Steinberg, *The Social Construction of the Ocean*, Cambridge: Cambridge University Press, 2001, p.209.

② Jessica Lehman, "A Sea of Potential: The Politics of Global Ocean Observations", *Political Geography*, Vol.55, 2016, pp.113-123.

第三节 海洋政治学的研究视角

事实上,任何一门学科都以其独特的立意与视野使自身矗立在学科体系与知识体系之中。本节将提出"海缘政治"的概念,并以此确立新时代海洋政治学的研究视角。

一、海缘政治的概念

海缘政治是指海洋客体群落的行为、认知与感知/状态深受海洋的塑造,从而对权力与利益、竞争与合作、生存与毁灭等基本政治问题构成影响。该概念强调将研究客体群落的场域置于海洋,将感知/状态引入分析维度,突破了传统场域的海洋与陆地、行为与认知的概念构建,将思考对象覆盖至生命与非生命,从而使海缘政治成为呈现行为、认知与感知/状态三个维度的全海洋场域理念,其思考平台基于海洋,思考维度涵盖海洋全域。

任何一个学科与学说的构建都需要核心概念的引领,海缘政治是海洋政治学的核心概念之一。基于海洋场域,关注其研究客体的行为、认知与感知/状态,这种思考成为海洋政治学的基本分析框架。海缘政治概念更能突出海洋的塑造与影响,更加关注海洋引发的因果关系与价值判断,有利于海洋政治学的构建。不可否认,海缘政治与传统地缘政治学之海权是非常容易被误读与误解的两个概念。因此,海缘政治与地缘政治学之海权是必须加以区分的一对概念,两者在价值取向上分别偏好于竞合与对抗。

在地缘政治视域下,地理要素固定性与流动性并存,固定性导致所有权权属明确且界限分明,产生非此即彼的零和思维,随之产生对抗偏好。例如,麦金德的"欧亚大陆心脏说"强调陆上霸权最有力的中心是在欧亚大陆的心脏地带,海洋地带处于从属地位,因此必须夺得"心脏地带"。[①] 麦金德的基本政治主张是强调陆地因素和价值对于国际关系发展和国际体系演化的主导作用。麦金德"心脏地带学说"的基本逻辑便是海陆对抗,强调海陆

① H. J. Mackinder, "The Geographical Pivot of History (1904)", *The Geographical Journal*, Vol.170, No.4, 2004, pp.298-321.

之间力量的此消彼长、海陆思维之间的激烈碰撞。随着生产发展和实践深化，海洋的重要性和价值愈发凸显，人类逐渐产生了海权的实践与思想。马汉提出的“海权论”认为，争夺海上主导权对于国家生存和世界命运有着决定性作用，海洋战略价值和海上综合力量对于世界格局演变的意义非常突出。马汉认为：“海权与陆权并不是单独存在的，而是相辅相成的。陆上强国也要向海边扩张，利用海洋为自己服务，反之，海上强国也有必要控制陆地上的居民。”[①]可见，无论是陆地对抗还是海洋对抗，都是基于陆地实践的海权观念的不同呈现，依然是陆地对抗实践与对抗思维的延续。

目前已出台的以《联合国海洋法公约》为代表的国际海洋法，虽然对领海、毗连区、专属经济区和大陆架等进行了明确规定，但是在实践中，相邻国家对争议海域的划分原则存在很大分歧。[②] 美国作为目前全球最具权势的国家却并未批准《联合国海洋法公约》，而是推崇所谓的“海洋航行自由”，建构其所谓的“基于规则的海洋秩序”，使得国际海洋法的积极效应不高，从而导致海洋具有认知模糊性和权属模糊性[③]的社会属性，这与陆地特性的固定性和非连续性存在差异。如果说陆地自然属性的固定性与非连续性以及社会属性的权属明确性容易导致对抗取向，那么海洋自然属性的流动性与连续性以及社会属性的认知模糊性与权属模糊性将产生合作取向——无论是出于主动还是被动的选择。因此，基于海洋场域且同时强调竞争与合作的海缘政治诞生了。海缘政治的提出契合人类海洋实践深化与认知拓展趋势，是具有积极价值取向的概念。

二、海缘政治的缘起

海缘政治的思想沿袭自中国传统哲学中尊重自然、和谐共生的思想。老子言：“人法地，地法天，天法道，道法自然。”[④]董仲舒言：“天亦有喜怒之

---

① [美]马汉：《海权论》，一兵译，同心出版社 2012 年版，第 160 页。

② Christos Kastrisios, Lysandros Tsoulos, “A Cohesive Methodology for the Delimitation of Maritime Zones and Boundaries”, *Ocean & Coastal Management*, Vol.130, 2016, pp.188-195.

③ Paul D'Arcy, “The Lawless Sea? Policy Options for Voluntary Compliance Regimes in Offshore Resource Zones in the Pacific”, *Asia & the Pacific Policy Studies*, Vol.1, No.2, 2014, pp.297-311.

④ （春秋）老子：《道德经》，高文方译，北京联合出版公司 2015 年版，第 50 页。

气，哀乐之心，与人相副。以类合之，天人一也。”[①]天人合一的宇宙观、协和万邦的国际观、和而不同的社会观、人心和善的道德观等是中国和平发展的重要基石。天人合一恰符合人海关系和谐及命运与共的现实，启示并要求我们尊重海洋自然属性、维护海洋生态系统、追求海洋可持续发展，中国话语特色的海缘政治理念鲜明地展现了中国对天人合一的历史传承和当下发展。

荀子言：“天行有常，不为尧存，不为桀亡。应之以治则吉，应之以乱则凶。”[②]人与自然的和谐统一是中国长期以来的重要追求。中国一直践行“既要绿水青山，也要金山银山，宁要绿水青山，不要金山银山，而且绿水青山就是金山银山”的理念，以实际行动正确处理好人与自然的关系，追求人与自然和谐共生。中国积极建设“和谐海洋”，提倡人海关系和谐、国家间海上关系和谐、海洋现在和未来的和谐等。中国话语特色的海缘政治理念充分表明，中国正身体力行地推动全球层面在海洋军事和安全保障、资源和环境保护、海洋科技发展等方面加强合作，共同推动海洋开发和治理的和谐发展。

海缘政治沿袭“上善若水”的思想，追求海洋事务发展及其治理开展的合作共赢。《道德经》有言：“上善若水。水善利万物而不争，处众人之所恶，故几于道。居善地，心善渊，与善仁，言善信，政善治，事善能，动善时。夫唯不争，故无尤。”[③]上善若水追求一种相帮万物而不与之相争的模式。中国在制定对外政策和开展对外实践的进程中，始终奉行和平共处、互利共赢的原则，并形成了“团结互信、平等互利、包容互鉴、合作共赢，不同种族、不同信仰、不同文化背景的国家完全可以共享和平，共同发展”[④]的丝路精神。中国积极推动世界各国在海洋事务上的团结互信，通过合作交流可以推动全球海洋事务更好地发展。世界上有多元、多样性的海洋文化和海洋发展理念，它们各有其独特的内容和存在演化的基本规律，通过包容互鉴可以共同推动世界的发展和进步。

① （汉）董仲舒：《春秋繁露·阴阳义》，凌曙注，中华书局1975年版，第113页。

② （清）王先谦：《荀子集解》，沈啸寰、王星贤点校，中华书局1988年版，第306页

③ （春秋）老子：《道德经》，高文方译，北京联合出版公司2015年版，第14页。

④ 《习近平在哈萨克斯坦纳扎尔巴耶夫大学的演讲》，2013年9月8日，http://www.gov.cn/ldhd/2013-09/08/content_2483565.htm.

海缘政治秉承浓厚的理性自持和积极作为的传统思想。王守仁《传习录》有言，“当行则行，当止则止，当生则生，当死则死，斟酌调停，无非是致其良知，以求自慊而已”[①]，意为顺着良知而行，富有担当、承担责任，多行当行之事；理解自身局限，理性自视、底线而止，少做难为之事。新中国成立以来，中国一直在全面客观地认知本国海洋实力的基础上，在整体系统把握世界海洋格局基本态势的前提下，确立并实施具体、务实的海洋战略和利益诉求，在理性自持的基础上力争全面参与全球海洋事务，并积极为全球海洋治理做出中国的贡献。作为负责任的发展中海洋大国，中国始终做国际海洋法治的维护者、和谐海洋秩序的构建者、海洋可持续发展的推动者。

三、海缘政治特性

海缘政治特性始于海洋属性，即海洋自然属性的流动性与连续性、海洋社会属性的权属模糊性与认知模糊性塑造了海缘政治特性。海缘政治特性具有开放性与共生性、竞合性与未知性。

（一）海缘政治的开放性与共生性

海洋的流动性和连续性塑造了海缘政治的开放性特性。海缘政治的开放性是指海洋场域内一切事物与现象的流动与连续导致其空间与思维都是开放的，对海洋自然现象与海洋活动的参与和回应过程其起点与终点都是非闭合的。例如，人类航海史就是一个由封闭性迈向开放性的过程，人类对海洋的认知由近海逐步拓展至远洋，人类海洋自由思想的发展也是在认识到海洋开放性的基础上曲折发展并逐步获得认同的。海洋场域的流动性与连续性保证了海缘政治的开放性要远比陆缘的“开放性”更纯粹、更真实。随着经济全球化的不断发展和海洋开发的深入推进，开放性的海缘政治思维已深深根植于人类对海洋的认知之中，作为被长期秉持的观念在人类海洋实践活动中广泛体现。

海缘政治的共生性是指海洋内一切事物与现象在流动性与连续性作用下都是一个生息相通、彼此依赖的群落。海洋是一个相连的整体，海洋是生

① （明）王守仁原著、（明）施邦曜辑评：《阳明先生集要》，王晓昕、赵平略点校，中华书局 2008 年版，第 199 页。

命的摇篮，各种生物置身于海洋这一巨大场域中，构成了一个共生的大群落，海洋场域的生物要远比陆地场域的生物存在长久、种类丰富，海缘政治的“共生性”亦比陆缘政治的“共生性”更为广泛、持久。

（二）海缘政治的竞合性与未知性

由于海洋社会属性的权属模糊性，导致海洋场域的权力、利益、生存、发展存在博弈，但由于连续性与流动性的存在，这种博弈不同于传统的零和博弈，而是非零和博弈，即具有竞合性。海洋涉及国家主权、国家利益与国家安全等敏感议题，这些议题往往会引发国家与组织群落内部的竞争现象，诸如国家间的竞争、国家与各种组织的竞争、组织之间的竞争等。在这些海洋传统安全领域，竞争性要大于合作性；而在海洋环境、海洋贸易、能源开发等非传统安全领域，国家与组织群落内部的合作性要明显大于竞争性，无论是维护贸易航线安全还是进行海洋开发和治理，对合作的需求显然是日益优于竞争的冲动。但是，由于海洋社会属性的权属模糊性，海洋场域内的竞合性将广泛而长期地存在。

海洋社会属性的认知模糊性导致海洋场域一切行为、现象的政治影响与后果塑造，在目前以至于可预见的未来，其领域、过程、后果都难以预先知晓，这塑造了海缘政治特性的未知性。海缘政治特性的未知性将海洋场域的时间维度拉长，短时间内人们很难认清海洋场域内的行为与现象的后果；海缘政治特性的未知性将海洋场域的介入客体拓展，任何一种海洋场域内的行为与现象都会产生涟漪效应，从而将更多的客体纳入其中。例如，发生在日本的福岛核泄漏事件，其核污染能够跨越太平洋到达北美；人类废弃的垃圾通过陆地排水系统进入海洋，在加利福尼亚州和夏威夷州之间的海域形成了两个得克萨斯州面积大小的“垃圾岛”，海洋生物吞食这些垃圾，而人类通过食用这些海洋生物将有毒物质再度吸收。有学者认为，海洋塑料正在破坏自然与人类赖以生存的“循环”，与海洋塑料相似的海洋污染也介入了打破“循环”的过程，如果任其发展，将会产生“人类是否能够继续生存下去”这样的伦理问题。[①]

① Audra Mitchell, “Thinking Without the ‘Circle’: Marine Plastic and Global Ethics”, *Political Geography*, Vol.47, No.1, 2015, pp.77-85.

海洋技术的进步助推了人类的海洋实践与认知能力，但这一切又加速着海洋污染与海洋资源枯竭的步伐。菲利普·斯滕伯格(Philip Steinberg)与金伯利·彼得斯(Kimberley Peters)指出："我们经常面对着这样的悖论：任何试图通过把海洋分割成不同的组成部分以了解海洋的行为，只是揭示了海洋作为一个稳定和单一物体所具有的不可知性。"[①]人类基于应对海洋共同威胁的海洋治理理念而积极开展相关实践，在海洋世界谋求社会控制，但在海缘政治未知性的影响之下，充满不确定性的海洋社会控制将被置于不确定性与未知性的风险之中。

第四节　海洋政治学的研究特性

构建中的海洋政治学具有自身的时代性，主要表现为：具有鲜明的政策时代性、理论时代性，具有多元、具体的客体假设性，具有研究的物质复位性，具有研究维度的三维性，具有研究场域的海洋性，具有话语体系的中国性，以及具有国际政治的开放性与包容性。

一、海洋政治学的时代性，表现为具有鲜明的政策时代性

中国已经开启了"坚持陆海统筹，加快建设海洋强国"[②]的伟大时代，这需要我们以坚定而执着的定力展开扎实而稳健的推进，进行海洋政治学的知识生产，发展出中国海洋治理的话语以"谋识"；进行海洋政治学的人才培养，储备中国海洋强国战略的人才以"谋士"；唯有先谋识、谋士，方能"谋域"以坚持陆海统筹；唯此方能"谋势"，建设海洋强国。因此，"坚持陆海统筹，加快建设海洋强国"是一个长期的过程，海洋政治学构建是实现该战略的谋识、谋士、谋域、谋势之举。

---

① Philip Steinberg, Kimberley Peters, "Wet Ontologies, Fluid Spaces: Giving Depth to Volume Through Oceanic Thinking", *Environment and Planning D: Society and Space*, Vol.33, No.2, 2015, pp.247-264.

② 《习近平：决胜全面建成小康社会　夺取新时代中国特色社会主义伟大胜利——在中国共产党第十九次全国代表大会上的报告》，2017年10月27日，http://www.xinhuanet.com//politics/19cpcnc/2017-10/27/c_1121867529.htm.

二、海洋政治学的时代性，表现为具有鲜明的理论时代性

2019年4月23日，在中国人民解放军海军成立70周年多国海军活动上，习近平总书记首提构建“海洋命运共同体”[①]，这一理念对海洋政治实践与海洋政治学研究均具有重大的理论指导意义。在“海洋命运共同体”的视域下，海洋政治实践与海洋政治学将从以国家和人为中心，发展成为以群落生态为中心；海洋政治实践与海洋政治学将从以竞争为中心，发展成为以竞争与合作为中心。“海洋命运共同体”理论占位与价值占位的提升，将使得更多的客体被纳入研究范畴，从而极大地拓展海洋政治学的研究空间，赋予海洋政治学鲜明的理论时代特色。

三、海洋政治学的时代性，表现为从抽象、单一客体假设到具体、多元的客体假设

国内外学术界抽象与单一的研究客体假设传统，来源于西方传统的个体主义强调，个体主义渗透进人文、社会科学的世界里，塑造了抽象与单一研究假设传统。与此同时，陆地的固定性、非流动性，为权力与利益认知的界限性以及权力与利益获取的零和性，提供了最为广阔与真实的存在，这也塑造了抽象与单一研究假设传统。基于海洋的流动性与连续性，基于中国传统哲学文化对集体性的强调，将抽象与单一研究客体转化为具体与多元研究客体群落，将为海洋政治学研究提供广阔的思考空间。

四、海洋政治学的时代性，表现为从物质缺位到物质复位

传统地缘政治学视非生命的存在为分析的一个客观参数，而海缘政治视域下的海洋政治学视非生命群落为国家与组织群落、人与海洋生物群落的同等客体。事实上，这些海洋自然存在深深参与着国家与组织群落、人与海洋生物群落的一切活动，它是以组织形式介入海洋以及以生命形式介入海洋的其他客体群落的生存载体。海洋科技的进步表明，前面提及的海洋

① 《习近平集体会见出席海军成立70周年多国海军活动外方代表团团长》，2019年4月23日，http://www.xinhuanet.com/politics/2019-04/23/c_1124404136.htm.

非生命群落三个参与特点对其他两个客体群落的影响与塑造长期以来被远远低估，于是形成了研究中的物质缺位与客体缺位。因此，将海洋非生命纳入客体群落，就是将研究的物质缺位转化为物质复位，将极大拓展研究疆界。

五、海洋政治学的时代性，表现为从研究维度的二维逻辑到三维逻辑

传统的海洋政治学研究基本以国家与人为研究客体，据此展开分析，这在研究中产生了海洋生物、海洋非生命物质与现象的缺位。通过研究客体复位或者还原，基于海洋生物、海洋非生命物质具有的感知与状态反应，第三种研究维度得以产生，海洋政治学研究便突破了传统的实践与认知的二维研究世界，跨入全新的实践、认知与感知/状态三维研究世界。事实上，感知/状态维度作为第三研究维度，不仅为海洋政治学研究提供了新议题、新方法、新理论，也为海洋政治学研究提供了中国叙事与中国话语的巨大可能。

六、海洋政治学的时代性，表现为研究场域的海洋性

海洋政治学的海缘政治视角决定了其研究场域的海洋性，海洋自然属性与社会属性均在其研究过程和结果之中得以呈现。研究场域的海洋性是指这一场域既包含了物质环境的海洋性，也包括了非物质环境的存在以及与此相连的众多因素的海洋性。传统地缘政治学走过了物质环境的陆地性，也走过了物质环境的海洋。之所以说传统地缘政治学走过了“物质环境的海洋”而非“物质环境的海洋性”，是因为即便在强调海权的海洋中心论者的视野中，海洋也只是一个“被陆地包围的场域”(landlocked field)[①]，海洋只是为陆地获取权力与利益的存在。法哈多(Fajardo)认为，海洋可能与“威斯特伐利亚领土”(Westphalian Territory)无关，但海洋对定义领土至关重要，海洋不仅仅是基本的外部，也是战争、机动与运输的空间。[②] 事实上，绝大多

① David Lambert, Luciana Martins, Miles Ogborn, "Ogborn, Currents, Visions and Voyages: Historical Geographies of the Sea", *Journal of Historical Geography*, Vol.32, No.3, 2006, pp.479-493.

② Kale Bantigue Fajardo, *Filipino Crosscurrents: Oceanographies of Seafaring, Masculinities and Globalization*, Minneapolis: University of Minnesota Press, 2011.

数国家都以陆地为载体，绝对的海权是不存在的。传统地缘政治学之海权视野中的研究场域海洋，是权力与海洋的结合，是政治与海洋利益的结合。海洋政治学研究场域的海洋性，在于将海洋视为一个有内在力量的、有生气的存在，是政治与海洋存在的统一。因此，传统地缘政治学有研究场域的海洋，却无研究场域的海洋性。

七、海洋政治学的时代性，表现为海洋话语的中国性

海洋政治学是任何一个海洋大国的必修学科与必备学科。以往有海洋政治研究，但无海洋政治学；有海洋政治的西方叙事，但无海洋政治的中国叙事。海洋政治学是以中国的思想与行动为引领，构建起具有鲜明特色的海洋政治学。作为当今世界最大的负责任发展中国家，中国处于大有可为的历史机遇期，应当履行与国家实力相匹配、与国际社会期待相契合的国际责任。随着中国国家实力的发展，特别是海洋体系的不断完善和壮大，中国海洋强国战略与实践的全球影响力将不断增强，全球海洋发展与治理需要中国方案和中国贡献，不仅包括海洋物质、海洋科技、海洋经济，更为重要的是海洋学理的中国引领、海洋政治的中国叙事、海洋话语的中国份额以及海洋学科的中国特色。

八、海洋政治学的时代性，表现为国际政治的开放性与包容性

在批判分析西方地缘政治学海权理论的基础上，构建起群落化的研究客体和以海缘政治为研究视角的中国海洋话语体系，不在于彻底排斥或完全否定西方海洋话语体系。海洋政治学基于海洋连续性与流动性的自然属性，基于大多数国家正在直接或者间接卷入海洋事务的基本事实，基于海缘政治的开放性与共生性、竞合性与未知性，更基于中国正在前所未有地走向海洋，应该具有国际政治的开放性与包容性，最终构建起一个共存、共治、共享的海洋命运共同体。

第四章　海洋政治学的学科体系

在海洋政治学研究范式的基础上进行学科体系的构建，旨在搭建海洋政治学的枝干内容，便于开展海洋政治学理论体系等后续研究。包含研究维度、研究方法在内的学科体系是海洋政治学整体构建的重要内在因素，海洋政治学的中国方案是其能够实现优化发展的重要推动性力量。

第一节　海洋政治学的研究维度

一、海洋实践维度

在林林总总、时间漫长的海洋实践中，存在着线性发展的三种实践维度的研究议题，即海洋控制型议题、海洋开发型议题与海洋治理型议题。这三种不同类型的议题构成了海洋政治实践维度的研究对象。基于“海洋命运共同体”视域，实践维度的三类研究对象存在重新解读与进一步研究的空间，主要体现在以下两方面。

一方面，对每一类研究对象的出现时间、出现动因、具体内容、发展趋势、议题影响以及应对策略进行综合分析，具体包括：海洋控制型议题从海洋战争到关键航道、关键海域控制，从南海争端、东海争端到航行自由，从海洋战略到海洋秩序；海洋开发型议题从海洋区域划界到海洋技术开发与应用，从海洋能源开采到海洋矿石开采，从海洋运输到海洋捕捞，从海洋食品到海洋制药；海洋治理型议题从保护海洋环境到打击海上犯罪，从监控海洋气候到防止海洋公地悲剧，不一而足。

另一方面，基于“海洋命运共同体”视域，透过海洋控制型议题、海洋开发型议题与海洋治理型议题具有线性发展特征的表象，议题的规律、背后的旨趣以及解决的思路会有更多的呈现，具体来说有以下三点。

其一，依据功能指向，需要对实践维度的研究议题——海洋控制型议题、海洋开发型议题与海洋治理型议题进行分类，在传统线性发展的表象研究中发现其存在非传统的一面。传统的研究结论认为，海洋控制、海洋开发、海洋治理是一个按照时间顺序先后出现的演化过程，并且议题的性质不断在属性突变中推进，折射出的是海洋政治从权力博弈到利益博弈的变化。然而，由于海洋社会特性的权属模糊与认知模糊，即便是在海洋实践进入治理型议题的当下，全球化导致的以经济为特色的海洋区域化、《联合国海洋法公约》导致的以领土为特色的海洋区域化，加之海洋资源开发的助推以及所谓“航行自由”的搅动，实践维度的海洋控制型议题依然是当今以至于未来相当长一段时间内海洋政治研究的主要问题，海洋控制型议题、海洋开发型议题与海洋治理型议题是一种时间复合型海洋实践议题。海洋政治研究的实践维度从来不是一个线性演进过程，它充满着时间与内容的叠加。

如果说非完全线性发展是海洋政治力学的一面，那么“高级控制议题”与“低级控制议题”则是另一面，两者组合在一起共同构成了海洋政治力学的湍流现象。涉及海洋控制型议题的海洋军事、海洋战略、海洋争端、海洋冲突与海洋战争等都是“高级控制议题”，从过去到现在逐渐呈现出减弱的趋势；涉及海洋控制型议题的北极航道开发、海上犯罪、海域多元安全挑战等“低级控制议题”却呈现出增强的趋势；更值得注意的是“高级控制议题”与“低级控制议题”的相互渗透，如作为“低级控制议题”的海警力量正在越来越多地介入海洋争端这类“高级控制议题”之中。

其二，如果说海洋控制型议题让我们看到了国家与组织客体的角色与功能，那么海洋开发型议题则让更多客体的角色与功能呈现出来。对海洋开发型议题的探讨是海洋政治学的三个客体——国家与组织、人与海洋生物、海洋非生命之间的贯通性构建，也是三个客体逐渐呈现的过程。海洋科技、海洋能源、海洋矿藏、海洋食品与海洋制药等是具有利益指向、蕴含巨大动力的海洋开发型议题，在实践维度上第一次囊括并贯通了国家与组织、人与海洋生物、海洋非生命三个客体。

如果说海洋开发型议题是利益驱动的，那么以其为媒介进行贯通与整合研究时会发现，对某些客体或某一客体而言是利益获取，对某些客体或某一客体而言则是利益受损。长期来看，如果缺乏有节制的输送，那么三个客体最终将陷于共输状态。由此，在长期的所谓“海洋开发”并完成三大客体的呈现与贯通之后，出现的将是三大客体之间的利益紧张甚至对立。

其三，对海洋治理型议题的演化进行逐一分析，会发现其呈现出权力与利益的博弈、国际与国内的博弈，以及海洋责任和海洋伦理之间的博弈。一方面，从理论上而言，海洋治理需要各行为体对共同的海洋挑战进行共同应对，但面对海洋环境、海洋气候等问题，各个国家很难坚持共同负责且又区别分担的原则，一些国家甚至推卸责任。这反映出不同国家在海洋权力与海洋利益上存在长期博弈，如大国与小国、受到海平面升高威胁的国家与未受到威胁的国家存在着博弈；即使在同一国家的内部，也存在着对海洋治理的不同态度。因此，海洋治理是一个牵涉权力与利益、国际与国内关系的实践议题。另一方面，海洋治理也是海洋责任问题与海洋伦理问题。尽管海洋责任是一个古老的话题，如进行海难救助、维护海洋家园等，但由于参与海洋治理的国家、组织、个人存在博弈，因而海洋责任经常被稀释甚至消失。事实上，海洋治理既需要无形的海洋责任约束，也需要有形的海洋制度约束。当无法得到海洋责任与海洋制度的约束及支撑时，海洋治理就无法顺利进行。因此，在海洋治理实践中，制度建设与伦理建设同等重要。

二、海洋认知维度

在不断实践的过程中，海洋文化、海洋思想以及海洋理论逐渐产生，海洋政治研究本身就是实践中的海洋认知。传统的海洋认知维度包括海洋文化与海洋思想，具体研究议题有：海洋考古、海洋民俗、海洋文学、海洋艺术、海洋信仰等。对海洋认知维度进行新探讨，不仅照亮了人类往昔的海洋思想足迹，更能获取启迪现实与未来的海洋认知。基于“海洋命运共同体”视域，海洋定位、功能指向、空间样态、身份伦理等体现出了海洋认知的不同维度。

（一）对海洋定位的认知

人类对海洋定位的认知主要经历了三个阶段：第一阶段，海洋是一种安全的屏障；第二阶段，海洋是一种交通与利益的通道；第三阶段，海洋是人类发展与生存的宝藏。在各个文明区域以及各个国家的最初认知中，受海洋知识与航海能力限制，人们对海洋的定位是既可以保护自己也可以阻碍自己。随着海洋知识、航海能力以及科技能力的拓展与提升，海洋因其连续性与流动性而成为人类获取与输送利益的平台。当前，随着陆地资源的日渐枯竭以及科技能力的突飞猛进，海洋已成为人类文明继续存在与发展的希望之地。

（二）对功能指向的认知

海洋文化、海洋思想与海洋理论的拓展，与海洋实践的进行休戚相关。人类海洋思想与理论的发展经历了三个阶段：海洋控制的思想与理论、海洋开发的思想与理论、海洋治理的思想与理论。海洋控制的思想与理论基于国家的视域，以海权概念为中心，以海洋控制为目标，以对抗与竞争为本质，以海军力量为主要依托，以海洋秩序与海洋规则为辅助支撑；海洋开发的思想与理论基于国家与人的视域，以权力与利益概念为中心，以获取海洋资源为目标，以竞合为本质，以海洋科技与海洋规则为主要依托，以海军力量为辅助支撑；海洋治理的思想与理论基于人类整体的视域，以责任概念为中心，以人类生存为目标，以合作与分担为本质，以海洋责任机制为主要依托。

（三）对空间样态的认知

海洋空间样态的认知大体经历了以下几个阶段：混沌阶段、平面阶段、平面向立体转化阶段、平面化与立体化并存阶段、立体化阶段。人类对海洋的最初认知是混沌的，海洋被认为是一个模糊的存在。随着航海能力的发展，人们航行于海洋中，海洋的平台功能与平台样式呈现出来，逐渐成为一个平面存在。人类海洋活动的日益扩展使得海洋的平面存在开始向立体存在转化，海洋之下的世界逐渐被人类探索。当前，随着海洋开发需求的不断加大，海洋逐渐成为一个平面与立体并存的存在。未来，随着人类海洋探索的逐渐扩展，海洋空间样态的立体化阶段将会真正到来。

（四）对身份伦理的认知

人类对于海洋身份伦理的认知主要经历了如下几个阶段：海洋是完全的外部空间，存在着朴素的海洋伦理认知；海洋由完全外部空间向可利用的外部空间转化，海洋伦理有所褪色；海洋的外部空间性进一步降低，海洋伦理进一步褪色；海洋的外部空间性与内部空间性并存，海洋伦理在跌入低谷后开始有所反弹;海洋不再具有外部空间性,仅具有内部空间性,海洋伦理回潮。由此可见,海洋身份认知与海洋伦理定位彼此紧密互动。最初,在人类的认知中,海洋是神秘的存在,因而对其的思考是敬畏的,此时海洋的身份是完全的外部存在;此后,随着认知能力的不断提高,人类对海洋思考的敬畏性有所降低,海洋由完全的外部空间向可利用的外部空间转化。而人类控制与开发海洋能力的提升,使得海洋成为谋求权力与获取利益的存在,海洋伦理不断衰退;当前,海洋的过度开发与利用使得人类的海洋伦理认知开始触底反弹,迫使人类不仅关注国家与自身,也把目光投向海洋生物、海洋非生命,海洋伦理开始回归。

三、海洋感知/状态维度

海洋感知/状态维度研究是指对海洋生物、无生命物质与现象之间进行相互感知和状态反应的研究,其内涵包括进行相互感知和状态反应的对象,感知/状态议题的系统化、社会化、政治化过程,感知/状态的反应流向,感知/状态的现实呈现与潜在呈现,感知/状态对实践与认知维度的影响等。

(一)感知/状态的对象

海洋生物不具有认知能力,但具有感知能力;海洋无生命物质与现象既不具有认知能力,也不具有感知能力,但具有状态反应,这使得感知/状态构成了一个拥有巨大研究潜力且内容极为丰富的研究领域。涉及感知/状态的传统议题包括海洋生物学、海洋气象学、海洋物理学、海洋化学、海洋地质学等。基于"海洋命运共同体"视域,有必要对这些传统议题进行社会化与政治化建构,使其进入海洋政治的研究范畴。例如,达尔文的《物种起源》一书不仅将生物与非生命物质的感知/状态研究引入社会学领域,而且将其演化为一种政治命题——"物竞天择,适者生存"。可见,海洋生物与海洋非生命的感知/状态反应,对人类社会演进与世界政治发展具有深远的塑造功能。基于"海洋命运共同体"视域,将感知/状态维度呈现出来并开展系统研究,紧密跟踪并科学分析海洋生物与海洋非生命感知/状态反应的社会化与政治化进程,是一个具有战略意义的系统工程。

(二)感知/状态的反应流向

感知/状态之间存在一定的反应流向,如人与海洋生物对海洋非生命物质与现象做出感知,海洋非生命物质与现象对人与海洋生物做出状态反应。同时,人与海洋生物之间存在互动的感知流向,海洋非生命物质与现象之间存在着互动的状态反应流向。不同感知/状态的流向图谱呈现出不同的政治意义。

(三)感知/状态的现实呈现与潜在呈现

感知/状态的现实呈现是指人与海洋生物对海洋非生命物质与现象做出感知,诸如感知海洋气候变化、海平面上升、海洋板块变化等;海洋非生命物质与现象对人与海洋生物不断做出状态反应,诸如海洋污染引发气候异常,海洋能源开采引发海洋板块与地壳变动等。而感知/状态研究的政治意义,正是把海洋灾难、海洋污染、海洋生物危机、海平面升高等越来越令人不安的研究对象呈现出来。当然,由于人类实践与认知的有限性,可以确定的是,许多感知/状态的呈现是潜在的。具有现实性呈现与潜在性呈现的感知/状态研究不仅为海洋政治研究提供了丰富的素材与动力,也对生存在大部分表面被海水覆盖的地球上的生命提出了政治命题,对海洋实践维度研究与海洋认知维度研究具有重要影响。

“海洋命运共同体”的提出,揭示了传统海洋政治研究的客体缺位与维度缺位问题。运用“海洋命运共同体”视域推进海洋政治研究将极大拓展海洋政治研究的客体,从而拓宽海洋政治研究的维度。拓展后的客体包括国家与组织、人与海洋生物、海洋非生命,拓宽后的研究维度包括实践维度、认知维度以及感知/状态维度。基于“海洋命运共同体”视域的研究维度拓展,将为海洋政治的理论认知与具体实践提供更为广阔的动力与空间。[①]

第二节　海洋政治学的研究方法

身处大变革、大发展时代,面对层出不穷的新问题、新现象,应不断开拓研究新领域,不断对理论和方法进行创新。社会科学、政治学要发挥作用,解决重大实践问题,通过调查研究不断改进和创新研究方法,并运用新方法

① 参见张景全:《“海洋命运共同体”视域下的海洋政治研究》,《人民论坛》2019 年第 S1 期。

提升社会科学以及政治学的研究水平。① 海洋政治学作为新时代人文社科大发展的重要构成，需要采取综合、系统的研究方法构建学科研究体系的基本内容，满足海洋政治学研究议题的基本诉求，同时依据海洋事务发展及其治理开展的最新实际而进行及时的调整和丰富完善。

一、文献研究法

解决何为海洋政治学的问题，需要充分吸收先前研究成果的精华部分，转化成海洋政治学概念确立和创新所需要的养分；充分思考先前研究成果的不足或需要提升之处，启示海洋政治学概念完善和优化的方向及任务。迄今为止，国内外学者针对海洋问题的研究已经形成了大量成果，这为海洋政治学研究奠定了丰富的文献基础。因此，需首先对现有成果做进一步的系统搜集、整理与分析，丰富研究的思路。文献研究法会渗透到海洋政治学研究的各个环节，通过细密而科学的文献解析，努力将前辈同仁的涉海认知成果转化为海洋政治学构建的智力资源。本书所参考的文献资料主要来自政府文件、官方网站、国内外出版物、国内外重要的期刊数据库、国内外重要的涉海智库、著名的工作论文网站等。政府官网包含中国政府网、新华网、人民网、外交部网站、自然资源部(海洋局)网站、国家海洋信息中心、沿海省市政府网站等，期刊数据库网站包含中国知网、万方数据库、社会科学引文索引(SSCI)、Web of science 等，有些数据则主要借助百度学术、Google 学术检索、Bing 学术检索等间接获得。此外，笔者建议在条件许可的前提下，国内各涉海高校和各科研机构在现有海洋专门类图书资料和电子资料的基础上，建立中国特色的海洋政治学信息资料库，并以纸质的大型档案馆和动态更新的电子数据库的形式综合建立。

二、比较研究法

解决海洋政治学怎样进行科学研究和学科发展的问题，需要采取大战略的思维和纵深比较的方法。将比较分析法运用到海缘政治与海权概念、

① 参见房宁:《政治学为什么需要田野调查》,《华中师范大学学报(人文社会科学版)》2021 年第 1 期。

海洋政治学各客体群落、海洋政治学子理论的相应解析之中，可以看到不同的行为体群落和不同的文化区域的海洋实践、认知与感知/状态存在着多元且重要的差异性与联系性。当前，世界各国都愈发重视海洋事务，持续出台海洋政策，积极开展海洋实践活动。基于此，通过比较研究方法来横向比较不同国家、不同政策、不同实践的不同诉求和倾向，可以更好地了解和掌握全球海洋治理理念与实践的实际情况，顺利开展学理研究，进行实践参与。

三、历史研究法

所谓"历史研究法"，就是借助于对相关社会历史过程的史料分析和整理，以探求研究对象本身的发展过程和人类历史发展规律。海洋政治学有其自身的生成过程与发展规律，将历史研究法运用到海洋政治学各个环节的研究之中，可以在呈现海洋政治学的视角、客体、特性、方法、维度、对象、理论体系及其实践意义之时进行纵深探讨。纵向比较海洋政治学不同的客体群落于不同的历史发展阶段在海洋政治之中的角色、定位和行动，可以更好地了解海洋政治的历史和现在，更为整体性和完整性地开展学理研究。特别是笔者在进行"海洋政治的历史与现实"这一部分的研究时便充分应用历史研究法，通过纵向比较和系统分析，研究了海洋政治的发展历程和基本规律、海洋政治的当今态势和发展趋向，进而从时间和实践两个层面研究了海洋政治的历史与现实。笔者还运用历史研究法来追溯海洋话语在国际秩序转变历程中的定位和角色，分析海洋话语在地理大发现时期、威斯特伐利亚秩序时期、维也纳秩序时期、凡尔赛-华盛顿秩序时期、雅尔塔秩序时期和国际秩序新时期的角色定位和效应发挥，通过历史回溯来总结规律和进行整体研究。所以，历史研究法是海洋政治学研究的重要研究方法，契合了对海洋政治开展经验总结和实践拓展的现实需要。

四、跨学科研究法

当前，学科交叉已成潮流，更是海洋政治学学科体系确立和发展的现实所需。海洋政治学在视角确立与研究思路上的学术选择，是基于海洋场域自身的物质特性而开展相应的研究。事实上，海洋场域的任何状态都越来越具有政治意义，海洋政治学视野中的海洋场域是一个跨学科、跨群际的场景。例如,化石燃料的过量使用导致二氧化碳被海水过量吸收,进而导致“海水酸化→大量带壳生物死亡→珊瑚大量死亡→海洋生态危机→人类生存危机”等一系列后果。因此,把以海洋场域的物质、现象为研究对象的海洋科学研究纳入政治学与社会学的社会科学建构,对于构建具有创新性的海洋政治学意义重大。

海洋政治学是一个系统综合的研究学科,需要通过学科交叉来进行具体研究,依据具体问题的实际而采用最为适用的研究视角。海洋政治学在开展理念和战略层面的研究时需要运用政治学、战略学等研究视角和方法,特别是中国有关国际海洋政治的理念,需要充分运用政治学的学科思维和模式来系统全面地分析政治主体和现实政治问题,灵活运用战略学对全球主要海洋国家的海洋政治决策、海洋政治行为等进行系统梳理和分类研究,进而研判不同国家的利益诉求、战略制定和实践开展。国际海洋政治发展和全球海洋治理正迎来新的战略机遇期,中国参与全球海洋治理也迎来了最好的机遇期,所以需要灵活运用战略学的基本理论、行动思维和实践模式,从国家顶层做好战略设计和框架设定,联动国家治理和国际治理,为全球海洋治理和国际海洋政治实践做出积极推动。开展海洋政治学研究,涉及政治与外交、海洋政治理论体系、海洋秩序构建与未来等问题时,需要应用国际关系、外交学等研究视角和方法。海洋政治学理论体系的研究需要依循国际关系的研究视角,从地缘、资源、战略、权力和利益等多层面开展分析界定;在进行全球海洋治理近况的相关研究时,需要从国家治理、区域治理和全球治理的关系和联动的角度来进行,灵活运用国家政治和外交的相关思维模式;在分析海洋治理困境解决、治理成效提升、治理远景明朗的过程中,需要注重民众层面的交流互动,充分运用社会学等学科视角和方法,促进全球海洋治理能够在多个层面改善近况,谋求更好的未来发展。

五、个案研究与整体研究、理论研究与实践研究相结合

解决海洋政治学如何构建的问题需要个案研究与整体研究相结合的研究方法。海洋议题丰富而庞杂,对现在与未来的影响广泛而深刻。因此需要将个案研究与整体研究相结合,对已经发生、正在发生与将要发生的海洋问题进行细密而系统的分析。特别是在开展海洋政治学研究议题、研究客

体等研究时，需要进行明确的个案研究和整体研究。不同的海洋政治客体其存续发展的基本规律和基本需求是不同的，不同的客体现实状况不同，需要具体问题具体分析。应当从系统层面进行个案研究，并通过个案研究来探析整体层面的发展演变规律和面临的问题，进而更为系统地进行海洋政治学的议题研究。

同时，海洋政治学研究既具有创新性的学理意义，也拥有具体的现实价值，需要将理论研究与现实研究相结合，谋求在理论构建与对策制定方面体现中国特色与时代特色。由于海洋政治学研究议题的整体性与研究态度的包容性，需要对其进行系统观察与研究。从“海洋政治研究”到“海洋政治学研究”，在传统“研”的基础上进行“学”的提升，在研究方法上需要对海洋政治学的概念和理论进行理论与实践紧密结合式的分析。在海洋政治学的整个研究历程中要保持体系的完整性与逻辑性，全程都需要坚持研究方法的科学性和严谨性，从实践中来，再回到实践中去，这样海洋政治学研究的理论和现实价值才能更为凸显，海洋政治学学科体系的构建才更有着力点和支撑点，发展前景也将更加明朗。

总之，海洋政治学研究要在政治学、法学、社会学与海洋科学的跨学科交叉，个案研究与整体研究相结合，纵向分析与横向分析相结合的基础上，对海洋政治学的中国话语构建展开探讨。

第三节 海洋政治学的中国方案

海洋政治学以其研究思维的群落性、研究议题的整体性、研究时段的长期性、研究态度的包容性、研究取向的伦理性，展现了海洋话语体系构建的中国方案。长期以来，海洋话语被打上了深刻的西方烙印。从《伯罗奔尼撒战争史》中的海洋霸权到近代海权观，再到当下广泛使用的概念、理论体系，都是西方话语体系的产物，东方的海洋话语一直被忽视。在历史长河中，中国人开发、利用海洋的事迹比比皆是，早在2500多年前的春秋时期，齐景公便在渤海和黄海海域留下了航行记录。在漫长的与海共生的历史中，中国人培养了“海纳百川，有容乃大”的海洋情怀与“和平、合作、和谐”的海洋观，并在“一带一路”倡议的实施中砥砺前行。

本书提出带有中国话语特色的海缘政治理念，尝试开启中国海洋认知的话语构建。在概念上，完成从地缘政治之海权到海缘政治的转化；在场域上，完成从以陆为主或以陆思海到海洋全场域的转化；在研究客体上，完成从抽象与单一客体向具体与多元客体群落的转化；在分析维度上，完成从行为、认知二维到行为、认知、感知/状态三维的转化。海洋政治学作为海洋话语的中国方案，具有鲜明的自身特色。

一、研究思维的群落性

国家与组织群落、人与海洋生物群落、海洋非生命群落这三大客体群落不仅确立了研究客体的群落化，也促成了群落思维的形成。海洋群落思维与中国集体思维传统相吻合，从而极大地拓展了海洋政治学的研究范畴。此外，诚如本书前面所论述的那样，海洋群落思维与陆地思维不同，陆地思维在于客体之间的冲突与对立、利益之间的界限与零和，海洋政治学的群落思维在于客体的多元与具体、考量路径的多维与立体、功效取向的和谐与整体。这对海洋政治学研究的开展以及“海洋命运共同体”的构建具有一定的理论与现实意义。

二、研究议题的整体性

任何学科的研究议题均包罗万象，但由于海洋的流动性与连续性，海洋政治学研究客体的群落性，海缘政治的开放性与共生性、竞合性与未知性，从而使海洋政治学的研究议题具备了议题领域的整体性以及议题功效的整体性，这与中国体系化思维传统相吻合。

具有流动性与连续性的海洋，孕育了地球上唯一具有地表整体性的场域，为群落（而非仅仅为个体）创造了基本的存在。在具有群落性特征的地理环境与具有群落性特征的行为、认知、感知/状态反应环境的双重塑造下，将群落性存在与群落性思维在海洋政治实践与海洋政治学研究中呈现出来，导致发生在海洋场域的一切现象，其议题产生、演化、效能与结果都是整体的。研究议题的整体性要求我们在海洋政治学研究中，对林林总总的海洋安全、海洋战略、海洋开发、海洋治理等议题在分别研究的基础上进行综合研究，以呈现其整体性内涵与意义。

三、研究时段的长期性

在海洋场域发生或存在于任何时间段、时间点的事物与现象，均具有过去、当下以及未来的时空影响，海洋政治学研究时段的长期性是其特性之一，与中国宏观思维与长时段思维传统相吻合。

“政治科学是以历史为依据的”[①]，历史的长时段也一直被政治学所钟情。但需要指出的是，海洋场域时间维度的两翼都具有独特性。根据目前的科学认知，生命最早诞生于海洋，迄今为止发现的最古老的生物化石距今已有30多亿年，而生命从海洋走向陆地是在以亿计数的年份之后。随着科学技术的发展，人类在掌控了陆地场域上的大部分地区后，将目光投向依然存在未知性的海洋。因此，海洋场域在时间维度的两端都是漫长的，这也决定了海洋政治学研究时段的长期性。另外，由于研究议题的整体性，将不同议题置于不同的时间段内，会发现议题的性质、内涵、功能具有不同的意义。同时，人类想要掌握海洋事物的变化及其影响，比掌控陆地要困难得多，这也需要在海洋开发、海洋治理实践中保持长时段的思维。

四、研究态度的包容性

海洋是一个依然存在大量未知的场域，是人类在地球上最后的避难所。因此，已经习惯于站在陆地上思考并对地球上的陆地进行了史诗般“破坏性建设”的人类，在构建全新的海洋政治学时，需要以研究态度的包容性，去克服传统地缘政治学的冲突悲剧，这与中国包容、“和合”的思维传统相吻合。

就其传统而言，地缘政治学的海权是消极的、悲观的，这一方面体现在它对海洋等地理要素的依赖性塑造上，另一方面体现在它对海洋权力与利益零和博弈的宿命性认知上。尽管批判地缘政治学发出了“地理不是一种自然给予而是权力与知识关系”的声音，在现实主义主色调中加入了一抹建构主义成分，但它依然没有撼动以国家为中心的研究单位，依然专注于权力与空间。在批判地缘政治学的视野里，麦金德的“地理枢纽”与“欧亚心脏地

① [德]弗里德里希·李斯特：《政治经济学的国民体系》，陈万煦译，商务印书馆1983年版，第117页。

带”等论说反映的不过是英国全球帝国野心的焦虑与兴奋。[①] 因此，基于海缘政治的共生性与海洋政治学研究客体的群落性，海洋政治学在研究态度上选择了包容性，这为海洋政治学确立了一种积极的价值偏好。

五、研究取向的伦理性

构建海洋伦理是海洋实践的需要。海洋实践正在把海洋场域的一切存在与现象纳入其中，群落性思维也是这种实践的产物。在经历并积累了大量的海洋冲突议题与海洋争端议题之后，基于权力与利益的地缘政治思维也将海洋生存议题推到了人类面前。因此，海洋政治学强调海洋伦理，让权力与利益的诉求得到伦理的约束，让海洋政治学的政治要义从权力、利益迈向权力、利益与伦理，这与中国伦理思维传统和海洋政治实践需求相契合。

中国传统哲学文化为海洋政治学提供了丰富的素材，并与海洋政治学研究客体的群落性、研究议题的整体性、研究时段的长期性、研究态度的包容性以及研究取向的伦理性等高度契合。这为海洋政治学在研究中开展中国叙事、赋予海洋政治学研究以中国话语等提供了可能，更为中国构建“海洋命运共同体”提供了智慧源泉。在海洋实践中设定伦理的边界，才有可能缓解海洋公域悲剧的不断发生。如果说地缘政治学之政治要义在于权力与利益的获取和利用，那么海洋政治学之政治要义就在于兼顾权力、利益与伦理。其伦理性在赋予海洋政治学研究以鲜明的时代性和中国话语特色的同时，也体现了海洋政治学研究的终极关怀。

---

① Gearóid Ó Tuathail, *Critical Geopolitics: The Politics of Writing Global Space*, Minneapolis: University of Minnesota Press, 1996, p.33.

第五章 海洋政治学的理论体系

在研究范式和学科体系的基础之上，我们得以系统地提出海洋政治学理论体系。总的来看，海洋政治学的理论体系主要包括海洋安全系列理论、海洋战略系列理论、海洋开发与治理系列理论。海洋安全理论是指涉海洋安全事务、认知和实践等层面的系列理论，包括海洋安全观、海洋区域化与安全化悖论等主要内容。海洋战略理论是指涉海洋政策制定和实施、海洋实践部署和拓展等层面的系列理论，包括有限性海陆双向战略、“泛海洋论”与泛海洋时代等主要内容。海洋开发与治理理论是指涉海洋能源资源开发和生态环境保护、海洋当代开发与海洋未来发展等层面的系列理论，包括海洋治理困境论和海洋伦理论等主要内容。海洋政治学理论体系可以最大程度地凸显海洋政治学的研究必要性和内容重要性，提振海洋政治学的时代性和中国话语特色，有助于更好地对照海洋政治实践的发展现实，更好地回应海洋学理推进的发展方向。

第一节 海洋安全系列理论

一、海洋安全观

基于海缘政治视域审视海洋政治学研究，笔者发现，以往海洋政治学研究存在客体缺位和维度缺位的问题。鉴于此，本书从国家与组织、人与海洋生物、海洋非生命三大群落出发，探究海洋安全的客体及其身份自主、功能完整和既有价值不受威胁，并据此提出评估特定区域海洋安全的指标体系。

近些年来，海洋安全形势与海洋政治安全、海洋经济安全、海洋军事安全、海洋生态环境安全等问题叠加而愈发错综交叉、复杂嬗变。海洋安全形势正在复杂化，既包括传统安全事务，又包括信息、生物、环境灾害等非传统安全事项。各个国家在海洋上的战略竞争几乎涉及海洋全域，“海洋安全”已演变成一个高度集成的名词。人类对于海洋安全的认知和感触也在不断演变，依循于海洋安全局势现实，引发出新海洋安全认知与感触，毫无疑问，正确的海洋安全认知能够更好地服务于海洋事务的发展需求。

在此，笔者需要指明的是，理想状态下的海洋安全观是国家与组织、人与海洋生物、海洋非生命三大群落的身份自主、功能完整和既有价值既不受威胁又可以不断发展；理想状态下的海洋安全关系是全球层面的海洋安全合作可以开展，海洋互利共赢局面可以实现，海洋共同命运可以实践和维护。现实情况下的海洋安全关系是传统海洋强国的海洋话语和实践强度明显高于海洋新兴国家，西方国家维护自身已有海洋权势、约束他国海洋权势的目的性非常明显。从全球层面来看，海洋体系内部的权势争夺和利益竞争非常复杂、层次鲜明；各国海洋安全政策和实践上的差异比较明显，海洋安全理念聚合面临着多元压力，海洋安全合作开展的程度亟待加强。在本节中，笔者将在整体分析全球海洋安全治理新机遇和新挑战的基础上，明确全球海洋安全态势的基本状况，并以中美海洋安全观之间的差异和实践所产生的影响作为案例，系统阐明海洋安全观的现实境况。

（一）全球海洋安全治理的新机遇、新挑战

1.全球海洋安全治理面临的新机遇

当今世界正经历的“百年未有之大变局”是深刻的，带有突破性、转折性和综合性特征，涉及层面非常复杂。① 全球治理也在力量对比格局、发展范式选择、利益诉求考量和高新科技发展应用等方面，呈现出不同以往的新特征与新态势。全球海洋安全治理也是如此，其内涵和外延、理论与实践不断拓展，迎来了新的发展机遇，主要表现为以下方面。

第一，海洋安全治理逐渐包含国家与组织、人与海洋生物、海洋非生命等多元维度。2019 年 4 月 23 日，习近平总书记在青岛集体会见应邀出席中

---

① 参见张蕴岭：《对“百年之大变局”的分析与思考》，《山东大学学报（哲学社会科学版）》2019 年第 5 期。

国人民解放军海军成立70周年多国海军活动的外方代表团团长时，首次提出“海洋命运共同体”重要理念。[①] 在这一视域下，为了共存、共治与共享关系的维系，海洋场域内的一切存在都被纳入其中，极大拓展了客体范畴。在海洋场域内，实现共存、共治与共享，需要国家与人审慎地处理与派生组织的关系，因为这些派生组织正在以前所未有的广度和深度在海洋场域内同国家与人展开合作和竞争；在海洋场域内，实现共存、共治与共享，需要国家与人审慎地处理与其他生命的关系，因为这些生命为国家与人提供着物质和精神供给；在海洋场域内，实现共存、共治与共享，需要国家与人审慎地处理与非生命的关系，因为这些非生命为人类提供了最基本的活动载体。[②] 海洋客体的拓展，特别是海洋生命与非生命群落，将成为全球海洋安全治理的重要客体和考量因素，客体在内部释放影响和感知的同时向外施加影响，塑造全新的海洋治理态势。

第二，新兴国家在全球海洋治理中的角色和诉求不断提升。在海洋意识不断觉醒和国家实力不断增强的牵引下，新兴国家在海洋治理领域的权力意识也在不断加强。新兴国家非常关注海洋的战略重要性，积极参与全球海洋安全治理，并以合适的方式表达利益诉求。譬如，随着韩国海洋实力由弱转强，韩国海权观经历了从海洋弱小国家海权观到谋求建设海洋强国海权观的逻辑转换，参与全球海洋事务的领域在扩展、程度在加深。[③] 新兴国家参与全球海洋安全治理是为了维护和拓展本国的海洋安全利益，寻求全球海洋安全伙伴[④]，并为促进全球海洋安全秩序的稳定做出自己的贡献。这丰富了全球海洋安全治理的力量构成、意愿组合、秩序重塑与方式选择。新兴国家为全球海洋治理提供了更为充足的治理助力和力量支撑，对海洋安全事务发展的意愿诉求可推动全球海洋世界变得更加多元、包容，对国际海洋秩序重塑的努力与尝试可促进国际海洋新秩序的建构，依据国际局势和本国国情而选择的海洋治理方式可为全球海洋安全治理提供更多可供选

---

① 《习近平集体会见出席海军成立70周年多国海军活动外方代表团团长》，2019年4月23日，http://www.xinhuanet.com/politics/2019-04/23/c_1124404136.htm.

② 参见张景全：《“海洋命运共同体”视域下的海洋政治研究》，《人民论坛》2019年第S1期。

③ 参见李雪威：《韩国海权观：力的谋求与逻辑转换》，《东北亚论坛》2018年第2期。

④ 参见葛红亮：《新兴国家参与全球海洋安全治理的贡献和不足》，《战略决策研究》2020年第1期。

择的实践方案。

第三，海上新安全威胁骤增。海洋本身具有独特性和开放性，海洋领域的安全问题正威胁着人类的生存，亟待国际社会共同努力解决。近年来，海盗、海上恐怖主义袭击、海上跨国犯罪、海洋生态危机以及海上卫生疫病等海洋非传统安全问题的发生频度不断上升。由此，各主体在新安全问题上面临着不断增多的共同挑战，合作安全、共生安全、共同命运的理念与实践不断强化。各国需要建立新的认知，促使新的海洋观萌生，建立基于人类共同生存的全球海洋治理秩序，共创人类共同命运的全球海洋治理未来。

第四，在全球海洋安全治理发展的实践中，制度性权力已逐渐成为各方的基本追求，规则性竞争已逐渐成为各方的战略目标，合作式治理已逐渐成为各方的普遍共识，共生性未来已逐渐成为各方的共同需要。在全球海洋世界中，制度建立和维系的作用愈发凸显，制度性权力已成为全球海洋权力争夺的关键部分。当前，全球海洋安全事务中的各项争夺大多聚焦于规则，规则竞争成为新形势下的重要战略目标。随着海上共同的安全威胁和挑战不断增多，各方在全球海洋安全治理中更加相互依赖，合作以应对共同问题、合作以治理全球事务逐渐成为各方的普遍共识。当今的海洋世界是多元多样、和谐共生的世界，各方在海洋上的命运和未来逐渐联结在一起，共生未来、共同命运已成为基本现实，这为全球海洋安全治理提出了新要求，带来了新动能。

第五，中国在全球海洋安全治理中的角色和作用逐渐强化。中国参与全球海洋安全治理，既是中国国家大战略实施的重要构成和现实任务，也是全球海洋安全治理得以顺利开展和取得实际成效的需要。首先，中国参与全球海洋安全治理的国内基础良好。近年来，中国的海洋综合实力全面发展，海洋经济、科技和军事等海洋硬实力获得极大进步，海洋话语、海洋发展主张、海洋治理方案等海洋软实力的发展也可圈可点。中国有能力、有意愿提供全球海洋安全治理所需的公共产品、制度支撑和方案选择。其次，中国参与全球海洋安全治理的政治身份契合。中国是联合国安理会常任理事国，也是全球经济总量第二的国家和世界上最大的发展中国家，同时还是世界上最大的原油进口国、最大的贸易国，更是国际海事组织A类理事国、北极理事会观察员国家等，多种身份并存使得中国能够在全球海洋安全治理中发挥举足轻重的作用。最后，中国参与全球海洋安全治理的蓝色关系稳固。中国秉持“人类命运共同体”的理念，注重多数国家和民众生存发展的切实需求，追求国际社会的共同利益。中国目前共与107个国家和地区组织建立了伙伴关系，与80多个国家建立了战略性伙伴关系。[①] 中国全球性伙伴关系网络的建构，为中国深度参与全球海洋安全治理提供了有力支撑。

由此可见，中国有能力和意愿提供全球海洋安全治理所迫切需要的治理理念、多元模式、公共产品以及有效路径，对海洋安全治理的制度建设与规范塑造发挥着多重助力。特别是“海洋命运共同体”这一全新的国际海洋规范，指明了海洋事务及其治理的发展方向。中国在全球范围内开展合理有效的海洋安全治理实践行动，给改善全球海洋安全治理创造了新的机遇。

2.全球海洋安全治理面临的新挑战

由于全球化的深度发展、国家实力的此消彼长、利益诉求的差异明显、实践开展的层次分化和智能技术方式手段的深度介入等原因，全球海洋安全治理的参与主体全球化、考量因素复杂化、态势失衡显现化，全球海洋安全治理在新时代面临着一系列新挑战，主要表现为以下方面。

(1)海洋治理全球化、差异化。随着经济全球化的深入发展，愈发多元的国家和非国家行为体逐渐卷入海洋安全事务及其治理中，海洋的战略价值不断彰显、治理需求不断提升，海洋安全治理已成为全球治理的重要构成。囿于各主体的发展现实和未来需求的差异性，其海洋战略与实践、海洋诉求与参与、海洋意愿与行动等方面的差异性也逐渐凸显，全球海洋安全治理的全球化和差异化也带来了一系列新挑战。

第一，经济全球化时代，海洋关系着人类的生存与发展。海洋安全治理逐渐包含全球越来越多的国家、国际组织、海洋生命与非生命等群落，全球各海域之间的联动性逐渐变强，全球化、复杂化、层次化态势显著。由于海洋的开放性和流动性，导致全球各海域的安全事务之间的联动性极为明显。一个海域的传统或非传统安全问题的发生，在很大程度上会迅速辐射到其他海域。近年来，越来越多的国家先后颁布或更新其国家海洋战略，积极拓展海洋实践。因为其优先诉求和战略着力点不同，所以在开展海洋实践时

① 参见王晨光:《中国的伙伴关系外交与“一带一路”建设》,《当代世界》2020年第1期。

难免有所冲突。全球海洋安全治理机制和体制日渐凸显的碎片化特征，以及国际海洋法约束性和强制力不足的现状，导致全球海洋安全治理系统内存在多重复合博弈。

第二，海洋安全治理主体之间的不平衡性和差异性愈发凸显。海洋安全治理主体由于海洋安全环境、实力发展程度以及海洋治理意愿等存在差异，因此在海洋安全观念、制度架构与路径依赖等方面的需求存在很大区别。

首先，海洋安全治理主体在海洋安全环境上存在差异。各主权国家所处地缘政治环境的不同和国家利益的差异导致其对海洋危机的认识和态度迥异。[①] 随着海洋战略价值的日渐凸显以及印度-太平洋海域安全态势的新变化，美国通过其主导的双边海洋安全合作，强化海上盟友之间的海上安全合作关系，意欲建立网状结构的"印太海洋联盟体系"；中国的国家属性和国家实力的发展进阶以及中国周边复杂的海洋争端历史与现实状况，决定了中国海权从属于中国国家主权的范畴，海上战略力量的发展也始终不超出防卫需求的范围。

其次，海洋安全治理主体在实力发展程度上存在差异。海洋国家按经济发展阶段可大致分为三类：前现代国家、现代国家、后现代国家。[②] 三类国家由于发展程度的差异，其海洋战略与实践目标也存在差异。前现代国家的海洋战略目标主要是保护海洋渔业资源，现代国家的海洋战略目标主要是海洋生态环境保护和海洋资源可持续利用，后现代国家的海洋战略目标主要是海洋生态环境保护、海洋资源可持续利用以及人海和谐。差异化的海洋治理目标会带来差异化的海洋安全实践，导致海洋安全治理力量难以聚合。

最后，海洋安全治理主体在海洋治理意愿上存在差异。新兴国家由于国家实力的增强，导致其海洋意识和拓展海洋权益的意愿不断增强，开展实践行动的积极性不断提升，对于全球海洋安全治理体系重塑的要求不断增加。而美国等传统海洋强国对于新兴国家正当合理的海洋利益诉求、国际

① David Held, Kevin Young, "Global Governance in Crisis? Fragmentation, Risk and World Order", *International Politics*, Vol.50, No.3, 2013, pp.309-332.

② 参见[英]杰弗里·蒂尔：《21世纪海权指南》，师小芹译，上海人民出版社2013年版，第1～2页。

海洋新秩序建构的必要性和合理呼声视而不见，担忧在全球海洋安全治理的实践进程中丧失主导权和优势地位。由此可见，新旧海洋国家之间缺乏信任，呈现出不主动合作或低水平无效合作的状态，严重影响了全球海洋安全热点问题的有效解决。

(2)海洋安全考量因素复杂。在和平与发展的“后海权时代”，海洋安全治理的耦合因素和连锁反应比以往更为复杂，海洋安全治理实践与全球事务其他议题之间的联动性愈发明显，全球海洋安全治理需要系统考量和妥善处理的因素也更加复杂，现简述如下。

第一，与以往相比，全球层面的海洋安全战略与实践的战略牵引层面更为复杂，战略投入考量更为多样，战略目标设定更为现实，战略收益估算更为直观。

首先，战略牵引层面更为复杂。全球海洋治理作为全球治理的关键构成，与全球治理规范、制度和格局等要素间的关系和联动极为紧密。随着参与全球海洋安全治理的主体愈发多元，海洋安全战略规划的数量多于以往任何一个时期，海洋安全实践的开展程度也强于以往任何一个时期。在复杂因素的牵引下，全球层面的海洋安全战略与实践产生出不同以往的新特征与新态势。

其次，战略投入考量更为多样。全球层面的海洋安全战略投入不仅是投入大量的资金来提升海军的硬/软件设施和战斗力，更要依托科技进步以提升数字化基础设施建设水平以及大数据安防和全域多态势作战能力。海洋与内陆、国内与国际、海洋生命与海洋非生命的界线愈发模糊，决定了海洋安全战略投入不能仅考虑某一方面或单一层面，而应当考虑战略制定和实施的全过程和全场域，使战略投入考量变得更为多样。

再次，战略目标设定更为现实。海洋安全战略目标设定与海洋实力现状、海洋安全利益诉求和海洋安全治理现实更为契合，依托性和保障性更为明显。越来越多的海洋治理主体会依据自身为全球海洋安全治理做出贡献的能力和可能，设定短期、中期和长期三个时间段的战略目标，通过有效的安全实践实现务实的战略目标。

最后，战略收益估算更为直观。各主体在开展海洋安全实践与海洋具体行动前存在着成本与收益、风险与获益之间的比较，这种比较称为收益估算。美国等传统海洋强国对于治理实践中可能面临的风险和挑战做出多维考量和收益估算后，往往会选择较为保守或守成式的战略选择，忽视全球海洋安全治理的新要求和新发展。中、印等新兴海洋国家对开展海洋安全实践后所可能获得的收益做出多维考量和收益估算后，往往会选择更为开拓性的战略选择，助推及引领全球海洋安全治理的新要求和新发展。

第二，国内与国际、多边与单边、区域与全球、近海与远洋、近期与长期等全球海洋安全治理的考量因素更为复杂，且与全球气候变化问题、全球性贸易摩擦以及国际格局多维演变等议题之间的联动态势渐强。

首先，各主体(特别是主权国家)在制定和实施海洋安全战略、开展海洋安全实践行动等过程中，需要统筹考虑国内与国际因素。各主权国家既需要建立全国一体化的海洋管理体制，有效管理海洋发展问题，又需要确立本国参与全球海洋安全治理的战略考量、目标设定、利益诉求和收益估算等，国内与国际的多维联动密切，需妥善处理。

其次，主权国家在开展外交实践或确定行为模式时，需要妥善处理多边与单边的关系。一方面，过于单边主义不利于本国负责任海洋国家的形象的确立、拓展海洋盟友的数量和国际海洋合作的深入开展；另一方面，多边主义可能面临一定的风险与挑战，需要承担部分成本与责任，这需要主权国家统筹权衡，做好战略认知与应对储备。

最后，海洋治理主体囿于区域海洋和国际海洋等复合地缘身份，在战略制定与实施进程中，往往面临着区域导向与全球导向的问题，海洋治理主体需要考虑优先选择区域还是全球，需要妥善处理海洋力量配置、海洋战略投入、海洋利益诉求等在近海与远洋上的分配和设置。

(3)海洋安全治理状态失衡。全球海洋安全治理在意愿、机制、范式等方面的差异化愈发显著，各主体在资源投入、利益诉求、实践开展等方面的竞争性渐趋明显，全球海洋安全治理体系的聚合性、协调性、稳定性等均存在不足，总的来说有以下三点。

第一，有的国家坚持本国利益至上，奉行单边主义，采取双重标准，严重干扰了正常的国际海洋秩序，阻碍了全球海洋安全治理的深度开展。过去几年，无论是愈演愈烈的贸易保护主义、持续发酵的民粹主义，还是闹剧不断的分离主义均纷呈反复，逆全球化倾向保持强劲发展势头。自 2018 年美国特朗普政府推行“美国优先”战略以来，越来越多的国家选择实施“本国优先”的战略路线。海洋世界中大国博弈、利益摩擦、政治对垒以及权属争夺等愈演愈烈。在维持国际海洋秩序的过程中，需要处理的关系和因素非常复杂，全球海洋安全治理面临着较多阻碍。

第二，海洋大国之间存在复杂的利益竞争与矛盾纠纷，大国协调机制和效果明显不足，严重制约了全球海洋安全治理的制度性和有效性。大国协调是大国共同管理国际冲突与危机的多边安全机制，主要通过会议外交和协商、共识来决策，并依据共有规则与规范行事。[①] 在全球海洋世界，海洋大国之间的关系处理、利益协调和态势平衡等是全球海洋安全治理得以有效开展的重要条件。随着海洋战略价值的日渐凸显，海洋世界中“本国优先”的思潮盛行，一国追求本国海洋安全利益的意愿强烈、方式多样，彼此之间进行利益协调与妥协、开展安全合作的意愿不足、机制欠缺、实践不够，海洋安全治理中的大国协调机制存在很大的改进和提升空间。

第三，新兴国家之间存在明显的内部分化，利益协调与信任强化的难度较大，推动全球海洋安全治理的聚合力较弱。新兴国家处理海洋安全利益争夺和确定海洋安全合作成果的基本方式是缔结海洋条约与协定，例如印度尼西亚、马来西亚和新加坡等国在 2008 年签署了《海上和空中巡逻合作协议》，以此积极推动彼此之间的海洋安全事务协调。但条约与协定的强制效力较低，存在时效性的掣肘。新兴国家往往与传统海洋强国在政治、经济、军事和安全等诸多方面存在多重联系，难免受到海洋强国利益竞争与矛盾纠纷的牵扯和影响，因此新兴国家在开展海洋安全合作、促进国际海洋新秩序建构过程中共同诉求和聚合力不足。

3.全球海洋安全治理应当采取的行动

当今世界，全球性问题错综复杂、变化多端，全球治理面临前所未有的挑战，全球治理理念优化与体系变革也处在新的历史起点上[②]，全球海洋安全治理的新机遇与新挑战并存，迎来了新的历史转折节点。全球各行为体需要从更新发展治理理念、开展多边实质协作、探索更实际的发展模式等方

---

① 参见郑先武：《大国协调与国际安全治理》，《世界经济与政治》2010 年第 5 期。

② 参见张宇燕：《全球治理的中国视角》，《世界经济与政治》2016 年第 9 期。

面推动全球海洋安全治理的新发展。

(1)适时调整优化发展观念与治理理念。在全球海洋安全新态势下,各主体需要深化战略信任与相互协作,主动提升责任意识,强化海洋伦理观念,使发展观念和治理理念更契合全球海洋安全治理的当下现实和未来发展需求,具体来说有以下几点。

第一,海洋安全治理主体需要明白,海洋安全合作是新形势下的必然选择,合作式治理应成为各方的普遍共识,共生性未来应成为各方的共同需要。

海盗、海上恐怖主义袭击、海上跨国犯罪、海洋生态危机以及海上卫生疫病等海洋非传统安全问题日渐频发,各主体在新安全问题上的共同挑战不断增多,使海洋合作安全显得尤为重要。非传统安全问题的跨国性、动态性、流动性决定了单一主体无法妥善处理,海洋安全合作才是应对非传统安全问题的最佳选择。“共生”不仅是国际社会的客观存在,也是国际社会的基本存在方式。[①] 在海洋非传统安全视域下,海洋安全治理的各要素和各主体原本就处于一个共存共生的体系内。国家与组织、人与海洋生物、海洋非生命等海洋多元客体群落,各方之间的联结很多是先定的、不可分割的,在共同威胁的冲击下,各主、客体间的共生性愈发凸显。

第二,各主体需履行与自己地位相称、与自身实力相符的国际义务,在制定海洋安全战略时必须承担相应的国际责任,在开展海洋安全治理实践时必须体现国际道义。

全球海洋安全治理的深度开展,需要有能力、有意愿、有行动的主体依托实力发展现实,履行与其地位相称的全球海洋安全治理义务。赫伯特·哈特(Herbert Hart)将责任分为角色责任、能力责任、因果责任与义务责任等四个类型。[②] 在制定海洋安全战略和开展海洋安全实践的过程中,首先,各主体需要切实承担角色责任。譬如,联合国五大常任理事国需积极推动联合国在全球海洋安全治理中发挥重要作用,发挥《联合国宪章》和《联合国

---

① 参见金应忠:《国际社会的共生论——和平发展时代的国际关系理论》,任晓主编:《共生——上海学派的兴起》,上海译文出版社 2015 年版,第 59~81 页。

② H. L. A. Hart, *Punishment and Responsibility: Essays in the Philosophy of Law*, Oxford: Oxford University Press, 1968, pp.211-230.

海洋法公约》的效力，推动联合国各涉海洋机构实际效应的发挥。其次，各主体需要切实承担能力责任。作为世界航运大国，各国际海事组织 A 类理事国应该促进国际海事组织在维护海上安全、防止船舶污染和便利海上运输等方面切实发挥作用，承担应尽的能力责任。再次，各主体需要切实承担因果责任。2010 年 4 月 20 日，“深水地平线”钻井平台发生系列爆炸，造成大量漏油，导致墨西哥湾地区面临前所未有的生态灾难。这场灾难的责任界定一波三折，给全球海洋生态环境造成的冲击仍在延续。各主体应以此为鉴，努力避免此类事件再次发生，积极承担相应的因果责任。最后，各主体需要切实承担义务责任。各主体在开发海洋资源以获得经济价值、利用海上通道以获得航运便利、掌握海洋权力以获得战略优势、谋求海洋利益以获得发展红利的过程中，收益显而易见，但挑战也客观存在，义务亦不可忽视，各主体应积极主动地承担义务责任。

第三，各主体应主动强化海洋伦理观念，在海洋事业发展和海洋安全实践中注重代际平衡，追求海洋可持续发展。《文子・上仁》有言，“先王之法……不涸泽而渔，不焚林而猎”，意为不要排尽池中之水而捕鱼，不要烧完整个森林而打猎，只顾眼前、不做长远打算不利于可持续发展，更不利于代际平衡。随着人类对海洋能源资源的需求性和依赖性不断增强，人类开发利用海洋能源资源的程度也在不断加深。与此同时，人类不合理、超强度的活动对海洋生态环境造成的破坏也在加剧。海洋生态环境恶化、海洋生物多样性锐减、海洋生态环境负面效应日渐凸显，既直接威胁当代人的生存和发展利益，又对后代人的未来可持续发展造成累积性威胁，不利于代际平衡。

各主体应主动强化海洋伦理观念。一是海洋治理公平观念。全球海洋的连通性和不可分割性决定了海洋的利用和治理具有先天的开放性特征，海洋治理需要公平观念。发达国家和发展中国家都有其海洋发展的利益诉求和空间要求，单靠发达国家无法妥善解决海洋治理问题，发展中国家在全球海洋安全治理中的角色和地位不容忽视。二是海洋治理对未来世代的义务观念。海洋资源总量是有限的，当代过多的或者不加节制的开发利用，会给未来世代留下“债务”，不利于人类社会的可持续发展，海洋领域的“代际公平”极为重要。

各主体应追求海洋可持续发展。2015 年，联合国大会第 70 届会议通过了《2030 年可持续发展议程》，提出了今后 15 年需要实现的 17 项可持续发展目标，其中第 14 项目标是保护和可持续利用海洋及海洋资源以促进可持续发展。2017 年 6 月，为了推进这一目标的实施，联合国海洋大会召开，代表着海洋治理与可持续发展的高度融合，标志着海洋可持续发展理念的进一步巩固和发展。为实现这一可持续发展目标，必须提升全球性海洋合作的深度和广度，完善海洋领域的发展模式。

(2)不断强化战略互信与深化安全合作。战略信任是协同行动的基础和需要，安全合作是秩序建构的路径和选择。在全球海洋安全治理的未来行动中，应当且必须不断强化各行为体之间的战略互信，开展协同性的安全治理行动，建构国际海洋安全新秩序，具体来说有以下几点。

第一，战略互信是海洋安全治理得以实现且平衡开展的重要条件。在战略制定与实践开展的过程中，各主体应当建立基本的战略信任，追求同频共振，在海洋争端问题上保持积极磋商，建立争端沟通管控机制。

不同价值和理念冲突的解决需要调和不同主体的利益和诉求，最大限度地在不同利益攸关方之间达成共识。东盟国家已经意识到海上安全的不可分割性以及在海上安全议题上加强合作的重要性，以 2003 年发布的《东盟协调一致第二宣言》为标志，东盟国家步入了构建“共同体”的新阶段。该宣言强调，东盟国家就海洋安全议题展开合作应成为建设“东盟共同体”的重要推动力量。此后，东盟出台了一系列海上安全规范，开展了海上安全合作，在全球海洋安全治理中的影响力不断凸显。在战略信任的基础上，不同主体可以凝聚价值共识，确立共同的战略目标，开展协同的战略实践。

随着全球海洋事务的多维发展，全球性海洋危机日渐多发。世界各国拓展本国海洋权益、合作以应对共同性的海洋危机的意愿、诉求、能力和实践不断强化，海洋危机沟通管控的重要性愈发凸显。全球海洋事务的平衡发展和全球海洋治理的协同推动，需要危机沟通管控机制的建立与效力发挥。应建立“世界海洋危机沟通管理委员会”，加强与国际海事组织、联合国大陆架界限委员会、国际海底管理局和国际海洋法法庭等机构的交流与合作，在联合国框架下开展实践活动，提升对全球海洋事务的协调与危机管控能力。

第二，在解决周边海洋争端问题上，应保持冷静态度，避免采取过激措施。基于历史与现实的多重考量，国家利益可以与区域利益和国际利益共生共存。鉴于海洋的开放性与流动性，海洋事务的全球联动已成基本现实。海洋国家兼具区域与全球的地缘位置，其海洋战略视野和战略力量投送需要权衡区域与全球的关系。特别是对于同处一片海域的国家来说，海洋安全合作是其海洋事业稳定发展的必要条件，区域性海洋争端应尽可能在区域内部协商寻求和解与合作。周边外交是维护本国海洋安全利益的关键，中国应秉持“奋发有为”的外交理念，避免在周边海洋争端中陷入被动应对的不利处境。[①]

第三，在应对共同的海洋安全挑战问题上，应寻求安全合作，实现协同联动，共求解决方案以开展实质有效的共同行动，一道致力于构建公正、合理、可持续的国际海洋安全秩序。譬如，中日韩之间的海洋安全合作应促进中日韩现有双边和三边安全合作机制加强互动与协作，凝聚共识、整合力量、提升效力。中日韩三国应就海域内实质性争议问题进行磋商和谈判，以获得新的阶段性共识，并为最终解决问题创造基础。无论政府、学界还是民众，均应明确认识到，基于历史与现实的因素，在理性考虑下，中日韩三国应该努力增强海洋安全合作，尽力化解海洋争端的矛盾与不快，寻求海洋和解与合作的理念与正确出路。[②]

(3)探索更多元联动的发展与治理模式。未来，国际社会需要在联合国框架下深化全球海洋治理与合作，各行为体聚合共同意愿、开展协同性行动，对海洋安全问题进行整体性、综合性治理，建构包容和谐的国际海洋安全新秩序，谋求海洋共生、共存、共享的美好未来，具体来说可以采取以下措施。

第一，建立并完善联合国框架下的全球海洋安全治理体系，依据实际需要适时制定《联合国海洋法公约》专门部分的补充协定，在条件许可的情况下可建立“世界海洋组织”[③]，对全球海洋安全问题进行整体性治理。

---

① 参见金新：《东亚海洋安全：秩序演化与治理困境》，《东亚评论》2020 年第 1 期。

② 参见吴昊：《中日韩海洋安全事务与合作》，《江南社会学院学报》2020 年第 2 期。

③ 杨泽伟：《新时代中国深度参与全球海洋治理体系的变革：理念与路径》，《法律科学（西北政法大学学报）》2019 年第 6 期。

当今世界的全球海洋安全治理体系的构建与完善是在联合国的框架下进行的，应充分重视并充实联合国及其机构，以及由此构建的全球机制的作用。《联合国海洋法公约》作为权力妥协、利益调和的产物，不可避免地存在规范不够、效力不足的问题，应根据全球海洋事务的新进展、新态势，依据全球海洋安全的新威胁、新问题，适当制定新的补充协定，及时查漏补缺、提升效能。可建立"联合国海洋生态环保法律事务委员会"，聚合世界各国的海洋环保法律力量，加强与国际海事组织海上环境保护委员会(MEPC)的协调与互动，提升海洋大气与生态环保质量。依据全球海洋事务发展的现实和需要，在统筹考虑各方需求和意愿的基础上，建立全球海洋治理的专门性机构——"世界海洋组织"，统领全球海洋治理实践，对全球海洋安全事务中的即时性和潜在性问题进行整体有效的治理。

第二，建立公正、合理、可持续的国际海洋安全秩序，塑造既能被海洋发达国家信任并广泛参与，又能满足海洋发展中国家期望的海洋安全秩序和海洋治理格局，努力实现海洋大国与小国之间的公平。

在当今国际格局发生巨大变化的时代，国际事务正在经历多维态势变迁，随着海洋世界的力量格局转变，国际海洋秩序的调整必要增强。在主客观条件的耦合作用下，建立公正、合理、可持续的国际海洋安全秩序的重要性凸显。当然，重塑国际海洋安全秩序的难度极大、成本太高、风险很多，所以对现今海洋安全秩序中的不合理因素和不规范之处进行适当调整，方为最为合适有效的选择。应塑造被海洋发达国家信任并广泛参与的海洋安全秩序，使海洋发达国家的权力权势不被过分束缚，满足它们在海洋世界中的话语分量和角色形象要求；建构满足海洋发展中国家所期望的海洋治理格局，使海洋发展中国家的话语诉求和发展意愿被纳入海洋治理格局之中，释放出足够的空间以满足海洋发展中国家的权力增长需求。

第三，推动大国协调机制的效力提升与动能强化，促进新兴国家间的意愿整合与利益协调，促进海洋安全事务各主体在海洋治理理念、模式与状态上实现紧密联动和协作共赢。

各海洋大国应当树立"利益妥协"的理念，在遇到新的海洋问题特别是海洋安全利益竞争时，通过会议外交进行协商、谈判和讨价还价，最终达成利益妥协。各海洋大国也应当树立"现状偏好"的理念，在全球海洋安全治理的现有框架下加强协作和信任，强调价值共识和合作实践的重要性。各海洋大国还应当树立“信守规则”的理念，坚持和维护海洋世界现有的治理规则及发展规范，努力提升全球海洋安全治理的制度性和规范性，提升海洋治理规则的遵守自觉性和积极性，进而提升海洋大国协调机制的效力和动能，给予全球海洋安全治理以切实引领。

新兴国家处于国家实力持续增强、外交格局拓展和安全利益诉求上升的发展阶段，在表达海洋安全话语诉求和开展海洋安全治理实践的过程中，呈现出意愿分散化、诉求差异化、方式多样化的特征，不利于新兴国家海洋权力的持续性增长。新兴国家只有团结一致、聚合意愿、协同行动，才可能在全球海洋安全治理格局中确立角色地位、表达合理诉求和实现自身目标。①

（二）中美海洋安全观的差异及其影响

中美两国的海洋战略、海洋实践、海洋参与和海洋贡献均非常突出，但两国基于海洋发展历史与现实、海洋发展能力与实力、海洋发展诉求与需求等方面的不同考量，其海洋安全观也存在巨大差异，就此展开的海洋安全实践及其影响亦有分别。选择中美海洋安全观的差异及其影响作为分析案例，可大致说明当前世界海洋安全格局的基本状况和未来发展趋向。

1.中美两国海洋安全观的差异和不同

受国家发展历史、国家利益诉求、国际战略部署和国家基本形象等因素的影响，中美两国对于海洋安全的依赖度和敏感度不同，海洋安全在国家整体战略体系中的位置和重要性也不同。中国的海洋安全政策从中国自身海陆复合型国家的现实出发，全面认知本国在周边海域和全球海洋所面临的海事争端问题，旨在维护海洋安全、国家安全及国家可持续发展利益。美国的海洋安全政策是从其紧邻太平洋和大西洋两大洋、南近墨西哥湾、北近北冰洋的地缘现实出发，基于维系其全球霸权地位的需要推进海洋霸权、拓展海洋利益，追求美国的绝对海洋安全。所以，中美两国的海洋安全政策和实践在侧重点及着力点上存在巨大差别。

基于中国海陆复合型大国的现实和定位，在中国海洋强国战略广泛开

① 参见张景全、吴昊：《全球海洋安全治理：机遇、挑战与行动》，《东亚评论》2020年第2期。

展、“蓝色伙伴关系”全球构建、“一带一路”倡议深度推行、“海洋命运共同体”理念与实践全球开展的当下，中国对海洋安全空前重视，维护意愿强烈，但是中国的海洋安全政策是基于和平崛起的需求以及自身所面临的海洋安全问题，以维护本国海洋安全为目的，而非拓展海洋权势的现实需要。近年来，中国的海洋实力不断增强、海洋话语权显著提升，成为全球海洋事务发展及其治理开展的重要参与者、影响者和推动者。中国在全球海洋领域所受到的关注也在不断增多，中国政府一方面通过沟通和对话让世界各国了解中国的海洋安全政策和基本诉求，另一方面对一些质疑的声音予以有理、有力、有节的回应。中国于 1998 年发布《中国海洋事业的发展》白皮书，2015 年发布《中国的军事战略》白皮书，2019 年发布《新时代的中国国防》白皮书，确立了中国海洋安全观的重要目标：维护国家统一与领土完整，确保海洋权益不受侵犯；保护海洋环境，促进海洋经济发展；维护国家可持续发展。同时，中国也明确了自身的责任和义务为积极参与区域和全球海洋事务，推动海洋领域交流与合作的现实和必要，为世界海洋事业发展做出中国贡献。

美国一直把海权作为维护其国家安全与世界霸权的重要基石。2015 年 3 月，美国发布了新版《21 世纪海权合作战略》，强调在关键区域保持军事存在的必要性，注重与盟国的海洋军事合作，突出了海军要承担五项职能：一是全域进入能力，不仅能畅通无阻地航行在全球任何海域，并且能进行海洋作战，还能在陆地、天空、太空、网络空间与电磁频谱等领域自由行动；二是威慑，让对手明白其无法战胜美军，或其攻击美国海军的收益远远小于代价；三是海上控制，即美国海上力量在作战海域拥有制海权，剥夺对手的海上行动能力；四是力量投送，即通过海洋把军力投送到危机地区，并在危机地区施加外交、经济、政治等在内的各种力量以应对、管控危机，保持特定地区的稳定；五是海上安保，保护美国领土安全和海洋资源，维护海上贸易航线，应对海上非法活动。这个战略赋予美国海军维护美国海洋霸权、应对其他海权国家挑战的责任与使命，确保并维护美国主导的海洋秩序与规则。控制海洋是美国国家安全的重要基石。[①]

---

① U.S. Department of the Navy, “A Cooperative Strategy for 21st Century Seapower: Forward Engage Ready”, 2015-3-13, https://news.usni.org/2015/03/13/document-u-s-cooperative-strategy-for-21st-century-seapower-2015-revision.

由此可见，中国和美国都把海洋与海洋安全视为国家安全与繁荣的重要支点，在维护海洋安全方面存在共同利益，如保护海洋环境，维持海洋可持续发展；确保海洋贸易航线的安全；维护国土安全、国家发展等。但中美两国的差异同样显著：中国的海洋安全观意在维护国家安全与可持续发展、国家主权独立、领土完整、海洋权益，推动地区和国际合作，应对海洋上的各种犯罪活动，确保海洋交通线安全，保护海洋环境，合理开发与利用海洋资源，促进海洋可持续利用；而美国的海洋安全观是利用海洋作为国家安全的天然屏障，同时利用海洋优势维护其海洋霸权，通过小集团范围内的合作，维护基于“航行与飞越自由”的海洋秩序与规则。①

2.中美海洋安全观所产生的影响

中美两国不同的海洋安全政策和海洋安全实践，对于其所处的海域及其周边海域、影响力能够辐射到的海域以及全球海洋安全格局而言影响重大且深远。

(1)美国海洋安全观所产生的影响。美国的海洋安全政策与实践从太平洋和大西洋延展开来，经由太平洋连接印度洋，经由大西洋管控欧洲各国；从阿拉斯加向北冰洋深化拓展，经由墨西哥湾约束南美各国，经由北冰洋引领北极秩序。这是美国的地缘条件和战略架构，对全球海洋安全格局产生了深远影响。美国通过建构海洋联盟的方式，牵连起其全球盟国和伙伴国家，建立起所谓的“基于规则的海洋安全秩序”，全力维系由其主导的全球海洋霸权秩序。

美国的海洋安全政策和实践也给全球海洋安全秩序造成了巨大冲击，主要表现为两点。其一，美国国内的政治极化态势和国内治理的裂化可能会给其全球海洋安全政策和战略投入造成深刻影响。政治极化是美国政治近几十年来发生的最为重要的变化之一②，给美国内政和外交带来了多重影响。美国极化政治的出现和加剧并非偶然，一方面，美国历史上存在极化政治的深层根源；另一方面，日趋严重的国家认同危机以及难以扭转的经济不平等作为催化条件，使得深层根源暴露出来，导致极化政治迅速发展。③ 一

① 参见何奇松：《中美海洋安全观视角的海洋安全博弈》，《太平洋学报》2019年第9期。

② 参见节大磊：《美国的政治极化与美国民主》，《美国研究》2016年第2期。

③ 参见张景全：《美国政治极化的深层根源》，《人民论坛》2021年第35期。

般而言，国内治理与国际治理的关系极为紧密，其间的联动性和相互影响性非常明显。美国国内政治秩序和发展所面临的现实问题会导致美国对全球海洋安全局势的投入、对全球海洋安全治理的重视、对其全球海洋联盟体系的公共物品投入等都会受到不同程度的影响，给全球海洋安全格局带来的负面影响十分显著。其二，美国国家战略利益诉求正在发生转向，国际战略是在收缩之中实施趋于有限性多边主义的政策，美国政治和外交具有浓厚的原则性现实主义（principled realism）①特征。基于此，美国直接介入和管控全球海洋安全冲突及利益争夺的声张和行动都有着不同程度的减弱，由此给盟国和伙伴国带来的多重影响十分深远，将导致其盟国和伙伴国家的海洋实践行动出现混乱状态，由此带来全球性的辐射影响，不利于全球海洋安全体系的合理发展，也不利于全球海洋安全争端的有效解决，更不利于全球海洋安全治理的有序开展。

（2）中国海洋安全观所产生的影响。在国际大变局时代和中国特色社会主义新时代，中国深度参与并实质引领全球海洋安全治理，既符合中国发展的国家现实需要，也符合国际社会对中国的期望。中国需要找准国家定位，合理表达主张，拓展深度广度，引领未来走向。2016 年 12 月，第七十一届联大举行议题为“海洋和海洋法”的会议。时任中国常驻联合国副代表吴海涛在发言时表示，《联合国海洋法公约》为各缔约国开展海洋活动提供了综合法律框架和基本依据，对各国在和平利用和保护海洋方面的权利与义务已做平衡规定。各方应秉持公约的宗旨和原则，善意、准确、完整地理解和使用公约及其争端解决机制，避免滥用公约条款。作为发展中海洋大国，中国将始终做国际海洋法治的维护者、和谐海洋秩序的构建者、海洋可持续发展的推动者。② 随着全球海洋治理的持续开展以及全球层面新安全危机的不断涌现，再加上中国参与全球海洋事务的不断深化以及对全球海洋安全贡献的不断增加，中国有能力也有义务就海洋规则的发展和完善提出自

① Aaron Ettinger, “Principled Realism and Populist Sovereignty in Trump's Foreign Policy”, *Cambridge Review of International Affairs*, Vol.33, No.3, 2020, pp.410-431.

② 参见《中国代表呼吁建立和维护公平合理的海洋秩序》，2016 年 12 月 8 日，https://www.china-court.org/article/detail/2016/12/id/2366927.shtml.

己的要求和建议，实现由海洋规则的维护者到引导者的转换。[①]

实践表明，中国针对海洋安全治理的主要原则包括：其一，海洋安全治理的目标在于实现海洋的和平与发展，其基础是构建公正、合理、可持续的海洋安全秩序；其二，强调海洋安全治理的和谐内涵，需要理顺人类与海洋之间的关系，海洋安全治理主体要实现战略信任和关系和谐；其三，通过合作的方式来共同应对海上安全问题，谋求海洋共生性未来。因此，中国需要有步骤、有层次地参与和引领全球海洋安全治理，尽可能地促进全球海洋安全信任与合作，推动国际社会共建"海洋命运共同体"。为此，中国可在以下方面采取措施。

第一，基于全球海洋安全治理面临的新机遇、新挑战和中国特色社会主义在新时代的发展要求，中国需海陆统筹，兼顾国内与国际，做好维稳与维权，实现中国海洋战略与实践的长远发展。作为一个海陆复合型大国，中国在制定和实施国家战略特别是国家海洋战略时，必须考虑海陆与内外多方面因素。在"海洋强国"战略的推动下，中国的海洋发展理念已逐渐得到现代化多元发展，海洋发展战略与实践愈发务实。未来，中国需要转变"以陆看海，以陆定海"的传统观念，坚持"海陆统筹，海陆联动"的方针，陆海之间形成"发展共同体"，建立起综合且全面的发展体系，对于发展过程中可能出现的各种挑战要有策略和能力妥善处理。中国在开展海洋安全实践和拓展海洋外交的过程中需处理好维稳与维权的关系，既保障本国海洋事业的可持续发展，又保障本国海洋权益的创造性拓展，以维权保维稳，以维稳促维权。

第二，积极发展海洋综合实力，实现海洋硬软实力和话语权的全面提升，追求国家海洋政治、经济、文化、科技、安全及外交的平衡发展，完善"海军＋海警"全域作战体系，保持充分的战略底气与战略自信。当今的国际权力较量已不再是依靠单一要素的单维度较量，而是依靠硬软实力要素的综合较量。中国在发展海洋实力时，既要发展海洋经济、海洋军事、海洋科技等海洋硬实力，又要发展海洋文化、海洋战略、海洋外交等海洋软实力，聚合

① 参见金永明：《新时代中国海洋强国战略治理体系论纲》，《中国海洋大学学报（社会科学版）》2019年第5期。

国家发展的优势和力量。[1] 在海洋军事发展的新时代，有中国特色的海警系统的建立和完善具有现实必要性。建设中国海警力量应成为中国军事发展的日程式任务，积极促进海军与海警之间联动需增强海军与海警在空、海、天、电、网等全域合作与协同行动，进而增强中国管理本国海洋事务、发展海洋事业、拓展海洋外交、深度参与全球海洋安全治理的战略底气和战略自信。

第三，在国际社会中团结治理理念和安全利益的高度契合者及志同道合者，做大做强全球蓝色伙伴关系网络，广泛推行以"海洋命运共同体"为国际海洋新规范的治理方案。"蓝色伙伴关系"是"全球伙伴关系"在海洋领域的延展，以"人类命运共同体"理念为基础，是中国积极参与全球海洋治理的重要抓手。在今后的战略制定与实践开展中，需设立常态化、成熟化的"蓝色伙伴关系合作论坛"等机制，作为"蓝色伙伴关系"构建的政治基础；切实发挥中国进出口博览会的积极效应，使其成为"蓝色伙伴关系"构建的经济平台；积极推动民间交流与互动，使顶层外交与"二轨外交"充分结合，真正增强"蓝色伙伴关系"构建的保障条件。[2] 中国应构建"全球性蓝色伙伴关系网络"，团结所有的治理理念和安全利益的高度契合者及志同道合者，拉动全球性、多领域、深层次的海洋安全信任与合作，促进全球共同追求"海洋命运共同体"的目标实现与现实建设。

第四，坚持底线思维，坚定维护本国海洋安全利益，对任何对中国海洋安全利益构成威胁的国家或组织的政策和行为进行必要且及时的反击。积极采取有限性竞合策略，灵活运用斗争思维，与主要战略竞争对手保持"斗而不破"的总体态势。中国对本国合理的海洋安全利益诉求和话语格局要求，需有明确的界定和心理认知，并在合适的场合以合适的方式向国际社会清晰明了地进行表达，创造性地传递中国话语，减少国际社会上某些势力对中国的无端揣测，减少西方反华势力对中国"海洋污蔑"言论的发酵条件。对任何将中国作为其海洋安全战略指涉对象和假想敌人的国家，中国都应

---

① 参见孙凯、吴昊：《关于构建中国海洋话语权的思考——以南海"981"钻井平台事件为例》，《中国海洋大学学报（社会科学版）》2017年第1期。

② 参见姜秀敏、陈坚、张沭：《"四轮驱动"推进蓝色伙伴关系构建的路径分析》，《创新》2020年第1期。

当给予足够的战略关注，通过合理有效的方式尽可能地消解战略竞争和利益争夺，同时对其侵害中国海洋权益的行为给予必要且及时的反击。考虑到本国实力进阶和国际格局的现实，中国应采取有限性竞合策略，将竞争控制在可控范围之内，将合作提升到理想高度之上，以合作消解竞争、以竞争促动合作，寻求最为有效的竞合并行模式。

第五，在与国家能力相匹配和发展现实相契合的前提下，尽可能地提供全球海洋安全治理需要的公共产品，彰显中国作为负责任发展中海洋大国的风范，不断增强中国在有关全球海洋安全治理体系国际条约规则制定过程中的议题设置、约文起草和缔约谈判能力等。鉴于当前全球海洋安全治理公共产品供应中的“搭便车”和使用中的“私物化”倾向，中国应当在与国家能力相匹配和发展现实相契合的前提下，尽可能地提供全球海洋安全治理所需要的公共产品，特别是提供国际海洋安全治理机制性能强化和国际海洋法更新所需要的公共产品，积极推动“国家管辖范围以外区域海洋生物多样性(BBNJ)的养护和可持续利用国际协定”的顺利进展。在《联合国海洋法公约》条款更新以及国际海洋法新约文的起草过程中，中国应该成为海洋新兴国家的代表和发言者，使新的国际海洋规范能够充分考量新兴国家的诉求，促进国际海洋秩序的平衡。

总之，中国需要合理表达其深度参与并实质引领全球海洋安全治理的方略和路径，尽可能地争取更大的制度性话语权，使之与中国的贡献相匹配，保障中国海洋战略的顺利实施，从而维护全球海洋安全格局的稳定，促进全球海洋和平与发展，推动国际社会共建“海洋命运共同体”。[①]

二、海洋区域化与安全化悖论

传统观念认为，区域化将会改善安全状况，从而带来进一步的合作。然而事实上，区域化确实促进了安全改善，但同时也出现了一些悖论，虽然并不存在直接的因果关系，但区域化往往与一些区域安全风险复杂化相伴随。随着海洋区域合作的发展，解决传统安全议题中的领土与主权议题的迫切性日益增加，引发了现实与潜在的安全风险；非传统安全议题中的海洋环境

① 参见张景全、吴昊：《全球海洋安全治理：机遇、挑战与行动》，《东亚评论》2020年第2期。

污染、海洋生态危机也伴随着海洋合作开发的进行而存在恶化的风险。海洋领域越来越多的议题被贴上“安全”的标签，出现了安全化，这就是海洋区域化与安全化悖论，它对于解读与预判海洋传统与非传统安全议题具有实践意义。

区域化与安全化悖论的假设是，区域化的推进将伴随着区域安全恶化，这与区域化之后会出现区域安全状况改善的传统认知相悖。这种假设在区域化的典范——欧盟与区域化的新星——东亚地区，都有较为明显的表现与印证。欧盟区域化一度高歌猛进，但目前欧盟深陷民粹主义、难民危机、恐怖主义危机等一系列危机之中，英国脱欧给欧盟带来了多重冲击，乌克兰危机给欧盟长远发展带来了持续挑战，美欧关系裂痕愈显且离散的趋势增强。东亚地区虽然存在强劲的区域化动力，但深陷朝鲜半岛危机、海洋争端等内部纷争之中，区域合作和安全稳定的牵扯力量及问题复杂多元。笔者认为，区域化可分为不成熟区域化与成熟区域化，两者可以相互转化，导致区域议题被贴上安全标签的可能性增强，促进区域化与安全化悖论的形成，在海洋场域更是如此。

不成熟区域化是指区域资源配置缺乏系统与持久的制度性安排，区域资源配置主要依赖权力与现实主义的逻辑。在不成熟区域化的区域与阶段，区域主导权之争非常明显，因为不成熟区域化伴随着区域资源配置缺乏系统与持久的制度性安排，此时的区域资源配置主要依赖权力与现实主义的逻辑，但区域要素的彼此互动程度已经提升。为了使本国处于更为有利的地位，区域主导权就成为区域大国谋求的目标，区域议题被区域成员视为安全议题的可能性更大，区域博弈依然沿着权力冲突的现实主义路径推进。因此，不成熟区域化的阶段与区域更容易爆发冲突或战争。历史上所爆发的五次中东战争可以说是不成熟区域化的显著表现。中东战争的各参与方均是为了争夺区域主导权和利益主占权而参战和行动，无论是区域内海峡或运河的主控权和使用权，还是区域内海域之中的能源资源的开发权和使用权，都是基于权力和现实主义的逻辑，都是缘于对利益和战略博弈的追求，都是不成熟区域化的场域表现。

成熟区域化是指区域资源配置依赖系统与持久的制度性安排，区域资源的配置主要基于区域制度与自由主义的逻辑，区域成员对通过制度与规范的力量获取收益的预期逐渐大于通过权力与战争获取收益的预期，区域成员主导权之争更多地体现在对制度与规范的制定权之争上。因此，在成熟区域化的区域与阶段，区域主导权之争有所弱化。例如，对于曾经由美国主导的《跨太平洋伙伴关系协议》(TPP)，一些美国学者坦言其存在着强化美国与亚太地区盟友的关系、维持美国在亚太地区的影响力以及增进美国的安全等多重政治与安全目的。[①] 该协议是美国通过重新调整国际经贸规则来制约中国发展的战略工具，也是美国锁定在亚太地区安全与经济主导地位的主要切入点。[②] 在成熟区域化的区域与阶段，由于配置区域资源的制度网格化、制度信号释放与力量缓冲作用，区域议题的安全化烈度与层级会低于不成熟区域化的区域与阶段。[③]

南北两极的事务发展和治理进展可以作为海洋成熟区域化的一个表现。自 1959 年《南极条约》缔结以来，一个较完整的政治和法律的南极条约体系逐渐形成，其中包括 1972 年的《南极海豹养护公约》、1980 年的《南极海洋生物资源养护公约》和 1988 年的《南极矿物资源活动管理公约》，以及在历次南极条约协商会议上通过的 164 个建议。1991 年《北极环境保护宣言》签署，开启了北极环境保护战略系列活动；1996 年北极理事会正式成立，并组建了北极监督和评估计划(AMAP)、北极动植物保育(CAFF)、保护北极海洋环境(PAME)、永续发展工作组(SDWG)等工作组；2011 年《北极搜救协定》、2017 年《加强北极国际科学合作协定》、2018 年《防止北冰洋中部公海无管制渔业活动协定》、2020 年《极地研究国际合作参与方案谅解备忘录》等文件相继出台，北极治理体系也在逐步完善。南北两极的事务发展及其治理已成为成熟区域化的代表。基于国际法的指导、在持久的制度性安排加持下，区域海洋事务发展及其治理更倾向于自由主义式的发展和治理模式，区域内各成员对制度与规范的制定权之争成为区域国际关系竞争的主要案例。

---

① Bernard K. Gordon, "Trading Up in Asia: Why the United States Needs the Trans-Pacific Partnership", *Foreign Affairs*, Vol.91, No.4, 2012, p.17.

② Mireya Solís, "The Trans-Pacific Partnership: Can the United States Lead the Way in Asia-Pacific Integration?" *Pacific Focus*, Vol.27, No.3, 2012, pp.319-341.

③ 参见张景全:《区域化与安全化悖论及其视域下的周边安全》,《南洋问题研究》2018 年第 1 期。

此外，还需要注意“海洋中间地带”的事态发展及其治理开展问题。“海洋中间地带”是指地理或政治上夹在海洋大国之间或夹在重要的大洋之间的海域，是海洋的“心脏地带”，控制这一地带便可以扼住其所在海域及其周边区域的海洋主导权，进而延展开来控制整个世界。“海洋中间地带”可以分为“无人海洋中间地带”“单一海洋中间地带”和“多元海洋中间地带”三种类型。综观世界，夏威夷群岛可作为太平洋的海洋中间地带，马尔代夫群岛和查戈斯群岛可作为印度洋的海洋中间地带，佛得角群岛可作为大西洋的海洋中间地带，斯瓦尔巴群岛可作为北冰洋的海洋中间地带，南极洲可作为南冰洋的海洋中间地带。南极洲是“无人海洋中间地带”，斯瓦尔巴群岛为“单一海洋中间地带”，其余均为“多元海洋中间地带”。而且，在同一海域的某两个或某几个海洋国家，其依据本国海洋利益诉求和国内海洋法律法规所划设的“防空识别区”存在重叠的区域，也可以被视为“海洋中间地带”，是利益纠纷复杂和战略竞争纷乱的地带。时至今日，“多元海洋中间地带”在世界海洋体系中占据绝大多数，与全球海洋事务发展及其治理的主体全球化、多元化，议题层次化、复杂化，方式多样化、差异化，体系均衡化、扁平化的现实和态势相契合。“海洋中间地带”的事态发展和治理开展在全球海洋治理新态势、全球海洋安全新发展的当下重要性愈发凸显，应成为海洋政治学研究理论体系的重要构成。

第二节　海洋战略系列理论

一、有限性海陆双向战略

有限性海陆双向战略是海洋政治学在海洋战略层面的一个重要理论，这一理论是在海洋世纪的背景下，在海洋事务多维态势变迁的进程中，在全球海洋战略频频出台和海洋实践纷纷开展的当下，契合海陆复合型国家需求的现实性战略选择。“一带一路”倡议具有海陆复合型战略的影子，因此，本书依据有限性海陆双向战略的三个特征：有限战略目标、有限资源投入、有限进攻与积极防御态势，对“一带一路”倡议的目标选择、资源投入、态势把握等进行整体研究。

“一带一路”建设秉承共商、共享、共建原则，是促进共同发展、实现共同繁荣的合作共赢之路，是增进理解信任、加强全方位交流的和平友谊之路。“一带一路”倡议是中国在坚持正确义利观的基础上，在追求中国国家利益增长的过程中兼顾沿线国家的合理关切，不断扩大共同利益汇合点，把自身利益和国家、社会利益有机地结合起来。在“一带一路”倡议推行过程中，尊重沿线国家的差异性和个性，尊重其个体发展的价值偏好和行为逻辑，力求激发出其内生动力和长远能力。“21 世纪海上丝绸之路”契合“百年未有之大变局”下全球海洋事务发展的现实需求，能够在很大程度上推动沿线国家以及国际社会在海洋事务上的信任与合作、沟通与协调，构建反映各方共同关切、符合各方共同利益、顺应各国人民共同期待的利益共同体和发展共同体，为塑造和平稳定、合作发展、互利共赢、平等互信的全球海洋新格局提供积极导向和正能量支持。

“一带一路”倡议所设立的平台及相应的措施主要包括亚洲基础设施投资银行（亚投行）、丝路基金、推进“一带一路”建设工作领导小组、“一带一路”国际合作高峰论坛、“一带一路”新闻合作联盟、“一带一路”智库合作联盟、中国国际进口博览会等。其中，亚投行和丝路基金的成立向国际社会传达了一种信号，即国际经济秩序应该考虑非西方大国的利益和诉求，新兴国家治理理念的建构和完善将推动国际秩序的重构和优化。2017 年 5 月 14～15 日，第一届“一带一路”国际合作高峰论坛召开。高峰论坛成果清单主要涵盖政策沟通、设施联通、贸易畅通、资金融通、民心相通 5 大类，共 76 大项、270 多项具体成果；2019 年 4 月 25～27 日，第二届“一带一路”国际合作高峰论坛召开，达成 6 大类 283 项务实成果，成为推动“一带一路”建设从“大写意”迈向“工笔画”的里程碑，为全球经济增长开辟了更多空间，为构建“人类命运共同体”做出了新贡献。

中国一直秉持和平合作、开放包容、互学互鉴、互利共赢的理念，全方位推进务实合作，积极推动“一带一路”高质量发展。第三次“一带一路”建设座谈会于 2021 年 11 月 19 日在北京举行，习近平总书记出席座谈会并发表重要讲话强调：“完整、准确、全面贯彻新发展理念，以高标准、可持续、惠民生为目标，巩固互联互通合作基础，拓展国际合作新空间，扎牢风险防控网络，努力实现更高合作水平、更高投入效益、更高供给质量、更高发展韧性，推动共建'一带一路'高质量发展不断取得新成效。"[①]在"一带一路"高质量发展的当下阶段，我们可从学理层面分析其有限战略目标、有限资源投入、有限进攻与积极防御态势等，以便更好地了解有限性海陆双向战略，从而有助于为国家战略推进和实践开展等提供有益参考。

（一）有限战略目标

"战略"一词由来已久，"最原始的战略观念即为斗智"[②]。卡尔·冯·克劳塞维茨(Carl von Clausewitz)在《战争论》一书中最早推动战略发展成为一门学问。克劳塞维茨这样定义战略："战略为使用战斗以达战争目的的理论。战略家必须替战争的整个行动拟定目标，而那又是以战争目的为根据……战略理论处理计划事宜，又或企图解释战争的组成部分以及其间的相互关系。"[③]克劳塞维茨及其之后的很多战略学家都把战略看作军事战略，范围以战争为限，使用军事手段达到战争的政策目的，战略目标就是如何更好地达成战争的政策目的。随着世界事务的不断发展，人类在实践中对战略的运用更为多元、熟练，对于战略概念和内涵的认知也在不断深化，战略由军事战略拓展到政治、经济、文化、社会、生态等多维层面。战略目标意在明确战略期内的总任务，对于战略施动者在此一战略期内战略重点的选择、战略阶段的划分和战略对策的制定等，做好前期的安排和整体的指导。[④]

战略目标的有限性是基于战略施动者自身的能力有限性、利益诉求有限性、可承担责任和承受风险的有限性而界定的。战略施动者（特别是国家）的国家建设能力、资源调动能力和实践开展能力建立在其物质水平、经济实力和发展理念的有效性指导、贯彻性实施等基础之上，国家需要在妥善处理国内发展矛盾和消除国家能力增长的诸多阻力后，充分发挥"理念＋物质"的积极效应。鉴于国家利益和国际利益的紧密联结性和不可分割性，战略施动者（特别是国家）需要全面认识和把握"百年未有之大变局"时代全球利益与国家利益的内涵，辩证地思考和明晰其中的矛盾与纷争，在本国战略

① 《习近平出席第三次"一带一路"建设座谈会并发表重要讲话》，2021 年 11 月 19 日，http://www.gov.cn/xinwen/2021-11/19/content_5652067.htm.

② 钮先钟：《战略研究入门》，文汇出版社 2018 年版，第 4 页。

③ ［德］克劳塞维茨：《战争论精华》，钮先钟译，（台北）麦田出版公司 1996 年版，第 110 页。

④ 参见钮先钟：《战略研究入门》，文汇出版社 2018 年版，第 16～25 页。

施行和全球治理参与中理性地定位和调适全球利益与国家利益之间的关系。国家利益诉求覆盖层面如果过多，会招致他国过多的战略关注和话语评价或指摘，造成不利的战略施展氛围和实践开展环境。基于国家能力的有限性，国家能够承担的责任和承受的风险是有限度的，若其超过一国国家能力的天花板，则会给一国带来根本性的损害，不利于国家的长远发展，所以理性的、富有大战略思维的国家战略制定者和实施者均会谋求有限的利益诉求，确立有限的战略目标，开展可控的战略实践行动。

作为新时代中国外交政策的标志性理念，“一带一路”倡议的战略目标基于全球事务发展的现实，特别是全球海洋事务发展的新近态势而提出，已成为中国提供全球治理新思维和全球化新概念的解决方案之一。“8 年来，在党中央坚强领导下，我们统筹谋划推动高质量发展、构建新发展格局和共建‘一带一路’，坚持共商共建共享原则，把基础设施‘硬联通’作为重要方向，把规则标准‘软联通’作为重要支撑，把同共建国家人民‘心联通’作为重要基础，推动共建‘一带一路’高质量发展。”①

在国内层面，“一带一路”倡议的战略目标为：服务于“中国梦”的实现，打造历史悠久的丝绸之路的当代版本，加强贸易，传播中国的影响力；服务于中国的地缘经济利益，投资于中国中部和欧洲之间的铁路连接，以及东南亚、中东、欧洲的重要战略港口和过境走廊，确保安全可靠的海运航线；服务于中国的国内经济发展和政治稳定，把投资主导的经济增长引到中国境外，保持中国国内的经济增长和社会就业稳定的政策目标。②

在国际层面，“一带一路”倡议的战略目标为：推动全球经贸格局重构，促进沿线基础设施的完善、贸易投资的自由化和便利化、供应链和价值链的深度融合，从根本上改变区域贸易状况；促进多边经贸规则的发展，增强发展中国家在全球经贸规则中的话语权，使广大发展中国家深度参与和融入全球化，为广大发展中国家的和平发展创造有利的制度环境③；为全球治理

① 《习近平出席第三次“一带一路”建设座谈会并发表重要讲话》，2021 年 11 月 19 日，http://www.gov.cn/xinwen/2021-11/19/content_5652067.htm.

② 参见[美]赵穗生、郭丹：《中国的顶层设计：“一带一路”倡议的战略目标、吸引力及挑战》，《东北亚论坛》2019 年第 3 期。

③ 参见李丹、崔日明：《“一带一路”战略与全球经贸格局重构》，《经济学家》2015 年第 8 期。

的更好发展贡献中国智慧。

当前，世界面临百年未有之大变局所带来的多重挑战，“一带一路”倡议，作为中国完善全球治理体系新思路的重要一环，正在积极为完善全球治理贡献中国的和平智慧、发展智慧、开放智慧、创新智慧和文明智慧，引领全球治理体系朝着构建“人类命运共同体”的方向不断迈进。“一带一路”倡议有助于应对零和博弈、赢者通吃、新自由主义、贸易保护主义等西方全球治理理念的挑战，有助于推动建立共同、综合、合作、可持续的全球安全治理体系，推动构建平等、开放、合作、共享的全球经济治理体系，推动建设开放、包容、普惠、平衡、共赢的新型经济全球化，推动建立开放创新、合作创新的全球创新治理体系，推动建设平等、互鉴、对话、包容的人类文明新形态。[①]

总之，“一带一路”倡议向世界人民展示了中国具有大国的责任担当，是为了维护国家利益和促进国内发展、维护世界秩序稳定和促进全球发展所提倡的一种互利共赢、协商合作的“人类命运共同体”理念，为世界和谐与全球善治提供了中国方案和中国智慧。

（二）有限资源投入

“战略是一种广义的计划，其内容为界定和协调追求国家目标时所需要的一切工具……在任何有关国家安全计划作为的讨论中，战略所扮演的角色都必然居于中心地位。”[②]战略既是一种思想，又是一种思想方法；战略计划是战略思想方法的实际应用，需要一套完整的战略思想体系及其辅助措施；战略计划不仅是艺术，更是一种科学实践，需要管理思维和行动，若缺乏良好的组织管理，战略计划也很难发挥其理想功效。[③] 战略管理的一个非常重要的内容就是对战略施展过程中的资源投入进行管理和安排，以达到资源合理利用和效应最大化的目标。资源是自然界和人类社会中可用以创造物质财富和精神财富的具有一定量的积累的客观存在形态，如土地资源、矿产资源、森林资源、海洋资源、石油资源、人力资源、信息资源等。资源投入一般是为了更好地促进战略施展、实现国家战略利益诉求，契合战略目标的

---

① 参见向东平、范明英：《全球治理的中国智慧——基于“一带一路”视角》，《天津师范大学学报（社会科学版）》2021 年第 5 期。

② Philip S. Kronenberg, *Planning U.S. Security*, National Defense University, 1981, p.147.

③ 参见钮先钟：《战略研究入门》，文汇出版社 2018 年版，第 219 页。

有限性；资源投入以能够满足实现有限目标为追求，坚持“够用”原则，过多资源具体投入一个问题或一个领域的事物发展和治理开展之中会导致资源失衡，不利于国家整体性战略的全面开展，也可能招致别国过多的关注和偏颇的评价，导致本国生存发展的压力和风险上升。

鉴于此，“一带一路”倡议在其全面推行的过程中，需要进行明确的资源管理，以实现战略资源合理利用、有限资源效应最大化的目标。特别是在实际推行过程中所面临的一系列挑战和安全风险，更需要倡议实施者和参与方以大战略思维来全面系统地认知和理性处理。《“一带一路”投资安全蓝皮书》已经连续发布多年，旨在分析和预测中国在“一带一路”沿线国家的投资与安全形势。2021年度《“一带一路”投资安全蓝皮书》指出，当前中国提出了加快构建以国内大循环为主体、国内国际双循环相互促进的新发展格局，共建“一带一路”是中国构建新发展格局的重要平台。随着对外开放的持续扩大，中国的对外投资将继续保持平稳增长态势，为共建“一带一路”高质量发展提供强劲动能。蓝皮书围绕经济安全、金融安全、政治安全、社会安全、文化安全开展了专题研究，运用创新视角划区域、分行业，精准分析了“一带一路”沿线国家政治、经济、社会、文化和生态等投资安全风险情况。[①] 基于此，“一带一路”倡议在实际推行过程中所面临的诸多风险和挑战给倡议的深度推行提出了新的要求和任务，需要更好地调整战略资源投入以实现倡议目标最大化的任务。

（三）有限进攻与积极防御态势

通过观察“一带一路”倡议在过去几年的推行实践可以发现，其发挥了推动人类社会超越意识形态分歧、超越社会制度差异、超越地缘利益纷争、超越发展水平差异的重要作用，是共谋发展进步的新方向、新路标。“一带一路”倡议坚持正确的义利观，坚持“人类命运共同体”理念，努力为全球和谐发展、合作共赢提供尽可能全面的推动，从战略互信、经贸合作、安全互助和红利共享等多层面树立合作共赢的理念、搭建多边合作的平台、开展合作共赢的活动、追求和谐共存的未来，追求全球多元多边合作，提倡全球包容

① 参见计金标、梁昊光主编：《中国“一带一路”投资安全研究报告（2021）》，社会科学文献出版社2021年版。

性多边主义，不提倡“进攻”，不追求“占利”，契合当今全球事务平衡发展和世界秩序均衡发展的现实需求及未来需要。

在“一带一路”倡议的推行过程中，可能开展的“有限进攻”是以话语或声明的形式，向无端阻挠和肆意破坏“一带一路”倡议推行的行为或者个体进行意愿表达和态度反馈，目的是推动“一带一路”倡议的顺利推进；可能开展的“积极防御”是以制度建立和规约确立的方式，向存在不良意图的行为进行有效回应和态度反馈。可见，“一带一路”倡议在推行过程中的“有限进攻与积极防御”是以话语的形式保持实施环境的和谐，以实践的开展回应质疑和批评。

二、“泛海洋论”与泛海洋时代

在经济全球化深度发展的推动下，海洋事务及其治理亦实现了全球化，海洋事务全球参与和联动的态势越发显著。“海陆冲突论”越发显得不合时宜、谶语特质越发显现，“泛海洋论”逐渐成为海洋学理的主流，泛海洋时代已经到来。

（一）由“泛海洋论”到泛海洋时代

随着海洋事务全球化的表征越发显著，“泛海洋论”逐渐取代“海陆冲突论”而成为海洋学理的主流。“海陆冲突论”一直在海洋政治与海洋实践中颇有市场，即海权国家和陆权国家有明确区分，且两者之间往往走向冲突。从历史上看，马汉“海权论”、麦金德“心脏陆地说”及斯皮克曼“边缘地带说”等地缘政治理论在学界相继盛行，这些理论也将海洋与陆地相分离。随着海陆之间的联动日渐密切，学理研究也发生了新的转变。20 世纪 60 年代末，海洋地缘政治思想出现了多极化和区域化的观点[①]，海洋与陆地的关系不再像以往那样分离。近些年，海洋已成为国家间往来与联系的重要纽带，海洋战略价值及其战略竞争性越发凸显。国家为了生存发展的需要、为了拓展战略空间的需要，不得不重视海洋、经略海洋，越来越多的国家直接或间接卷入海洋事务，很难界定一个国家特别是涉海事务众多的国家到底是

① 参见高兰：《海洋命运共同体与中日海洋合作——基于海洋地缘政治学视角的观察与思考》，《人民论坛·学术前沿》2019 年第 20 期。

海洋国家还是大陆国家。海陆之间的联结性强于以往任何一个历史时期，海陆之间的界限越发模糊，“泛海洋论”的发展迎来最大的现实需求阶段和战略机遇期，世界逐渐步入泛海洋时代。

2019 年 4 月 23 日，习近平主席在人民海军成立 70 周年多国海军活动中，提出了“海洋命运共同体”，认为“我们人类居住的这个蓝色星球，不是被海洋分割成了各个孤岛，而是被海洋连结成了命运共同体，各国人民安危与共”[①]。随着全球化和科技的进步，各个国家及其人民的生产与生活直接或间接与海洋联系起来，世界各国都直接或间接地卷入了海洋事务，并且在海洋的联通下成为休戚与共、密不可分的命运共同体。为了共存、共治与共享关系的维系，国家与组织、人与海洋生物、海洋非生命等多元维度均被吸纳进来，海洋世界正在不断延展。[②] 从这个意义上说，泛海洋时代已经到来。

（二）泛海洋时代的基本特征

“泛海洋论”的本质特征在于否定传统地缘政治学海陆二元的客观前提与海陆冲突的主观结论，认为海洋与陆地的关系越来越密不可分，世界各国无不深刻卷入海洋事务中。“泛海洋论”的要旨有三：一是陆权与海权国家的关系不再以“冲突”和“对立”为主，而更注重合作；二是国家间合作的重点是开发与治理海洋；三是对当下某些国家依然热衷于构建所谓的“海洋国家同盟”具有理论与实践的批判意义。泛海洋时代的基本特征和实践呈现亦是如此。

第一，陆权与海权国家的关系不再以“冲突”和“对立”为主，而更注重合作。由于海洋的一体性、流动性、开放性等特征，海洋事务的全球联动已是基本现实。在全球气候变化和污染加剧的影响下，海洋领域的非传统安全问题日渐凸显，各国在海洋非传统安全问题上的共同威胁和挑战不断增多，这些威胁和挑战超出任何一个国家的能力范围和承受限度，进行安全合作的需求不断加强。特别是随着海洋生态健康问题的日渐严重以及由此给全人类带来的严重后果，一国在管控本国管辖范围内的海洋生态环境问题时，往往难以预防来自国家管辖范围以外的流动性污染。为了更好地管控本国

① 《习近平集体会见出席海军成立 70 周年多国海军活动外方代表团团长》，2019 年 4 月 23 日，http://www.xinhuanet.com/politics/2019-04/23/c_1124404136.htm.

② 参见张景全：《“海洋命运共同体”视域下的海洋政治研究》，《人民论坛》2019 年第 S1 期。

周边的海洋生态环境问题,也预防全球性海洋生态环境问题的肆意泛滥,全球范围的海洋生态环保合作已成为必然。所以,在全球海洋环境不断恶化、环境治理问题不断凸显的当下,无论是海洋国家还是大陆国家,均难以避免受到全球海洋生态环境危机的影响,合作已成为妥善处理全球性海洋问题的最有效方式。

第二,国家间合作的重点是开发与治理海洋。海洋世纪的到来使得世界各国高度重视海洋在国家战略中的地位,注重追求海洋利益最大化,将海洋作为竞争与合作、开发与治理的空间。由于海洋蕴藏着丰富的能源资源,再加上全球经济的深度发展和能源短缺的日渐加剧,开发海洋能源资源已成为现实选择。特别是深海油气资源储量发现值的持续性增长,深海生物资源战略价值的日渐凸显,使深海资源开发成为全球海洋资源开发的重点。但深海资源开发环境复杂、技术要求高、成本投入大、可遇风险高,所以各国往往会在深海资源开发上加强合作,加强在深海探测平台建设、技术创新与科技研发、信息交流与人员培训等方面的密切合作,以更为有序且可持续地开发深海能源资源。

全球海洋治理是全球治理在海洋领域的重要延展。全球海洋治理涉及海洋环境与生态、海洋政治与外交、海洋经济与社会、海洋安全与秩序等多个维度。全球海洋治理的对象正日渐复杂化,而各个对象之间是"牵一发而动全身"的联通关系,"海洋命运共同体"的理念与实践已成为新时期全球海洋治理的价值引领。基于此,在泛海洋时代,各国在海洋事务及其治理上加强战略信任、利益协调和实践合作,是现实需要和理性选择。

第三,对当下某些国家依然热衷于构建所谓的"海洋国家同盟"具有理论与实践的批判意义。综前所述,在泛海洋时代,海洋合作、协同治理、共享未来已成为海洋世界的现有态势和发展需求,"海陆冲突论"越发显得不合时宜,存在的可能性不断降低,"海洋国家同盟"的构建更是实践行不通、学理难自圆。

中日两国的海洋事务协调与合作极具代表性和说明性。作为一衣带水的邻邦,中日两国在东海领域存在诸多共同利益,如获取海洋资源、利用海洋航道、保护海洋环境、处理海洋危机和灾害等。这些海洋事务仅靠一方的力量无法完成,必须在中日两国的合作治理下才能取得最大成效,且利于双方海洋利益的维护。2018 年 5 月,日本颁布第三期《海洋基本计划》,明确提出日本周边海域安保形势的严峻性与紧迫性，提出了面向未来10年的“综合海洋安全政策”，致力于构建“自由而开放的海洋秩序”[①]，这离不开中国的参与、支持和促动。但日本与美国的海洋同盟关系由来已久，日本同美国的其他海洋盟国如菲律宾、印度等国也保持着高度的海洋安全合作关系。由于一些美国政客近年来不断渲染所谓的“中国危胁”，而日本、菲律宾等国与中国存在海洋争端，这就导致日美海洋同盟、日菲与日印等紧密的海洋伙伴关系都必然会对中日海洋合作产生不利影响。在泛海洋时代，在海洋利益不断交叉、海洋合作不断强化、共同命运不断凸显的现实下，日美海洋同盟关系的维系成本在不断抬升，存在的必要性在不断降低，发展的前景也在不断模糊。

（三）泛海洋时代因何到来

泛海洋时代的到来，既是基于海洋一体性、流动性、开放性特征的海洋事务及其治理的综合显现，又是世界权力格局新变化、全球治理新发展以及世界秩序新建构等耦合作用的结果。具体来说，泛海洋时代的到来有以下原因。

第一，经济全球化的深度发展带动了全球事务联动的强化，海洋全球化凸显。随着经济全球化的深度发展，世界正经历结构性变化，“全球化4.0”愈发显著。全球化大生产使得投资—生产—服务连成一体，形成全球性空间布局结构[②]，全球范围内各区域、国家之间的联系越发紧密，世界各国的利益逐渐相互交叉重合。海洋作为联通世界各大陆的通道，其经贸、通道价值快速凸显，得到各国的高度重视，世界各国纷纷卷入海洋事务中，在海洋的联通下关系愈发紧密。随着海洋经济的持续发展，海洋与陆地的互补性不断增强，这既体现在生产领域，又体现在军事、政治和文化等领域，并聚合在资源开发与分配之上。[③] 正如“一带一路”倡议所重点建设的项目基本上设置于中亚五国和中东欧十六国等国家，通过中老铁路、亚吉铁路、中欧班列使内陆国家最大限度地联通海洋，更为便利地享受全球化所带来的便利，也尽可能地减少海陆冲突。[④]

---

① 于海龙：《安倍内阁新〈海洋基本计划〉安保政策评析》，《日本研究》2019年第2期。

② 参见张蕴岭：《关注全球化4.0》，《世界知识》2019年第2期。

③ 参见杨震、蔡亮：《“海洋命运共同体”视域下的海洋合作和海上公共产品》，《亚太安全与海洋研究》2020年第4期。

④ 参见赵磊：《从世界格局与国际秩序看“百年未有之大变局”》，《中共中央党校（国家行政学院）学报》2019年第3期。

第二，国际社会力量配置的平衡化，行为体力量差距缩小，越来越多的国家有能力和信心发展海洋事业。随着新兴国家的群体性崛起和西方国家实力的相对衰落，“东升西降”的国际格局更为显著，国际社会力量配置趋于平衡化。随着新兴国家经济实力的增强，其在全球事务中的地位和话语权也在不断增强，海洋战略价值和海洋治理在其国家战略和外交格局中占有极高分量。新兴国家非常重视积极参与全球海洋治理并以合适的方式表达利益诉求。新兴国家积极开展维护本国海洋利益和拓展全球海洋伙伴关系的实践行动，丰富了全球海洋治理的力量构成、意愿组合、秩序重塑与方式选择，积极推动着全球海洋秩序的稳定。新兴海洋国家与传统海洋国家在区域和全球海洋事务上的关系架构、利益协调和实践开展等均经历着新的流变，在全球海洋事务上需要考量的因素在不断增多，需要妥善处理的关系正变得复合。

第三，智能技术的深度介入促使全球海洋事务发生了一系列新变化，海洋事务的网络化倾向不断凸显。与经济全球化发展相伴随的是，以智能技术为基础的全球性“全覆盖型”网络布局逐渐形成，全球经济、政治、军事、文化等诸多领域的多方面要素在世界范围内进行新的流动，全球海洋事务亦是如此。随着智能技术和手段深度介入海洋能源资源的开发与利用、海洋战略要道的控制与使用、海洋生态环境的研究与保护等领域，海洋正以网络化的数字形式呈现出来，“数字海洋”的态势愈发显著。由此，人类的生产和生活、资源和信息、感知和诉求等正在超越海陆界限，逐渐实现数字化、网络化的全球性联动。在此背景下，国家的陆权性与海权性界限越来越模糊，陆海统筹成为世界各国追求的战略目标。[①]

---

① 参见张景全、王璐、董益：《泛海洋时代中日海洋事务的协调与合作》，《东北亚论坛》2020年第5期。

第三节 海洋开发与治理系列理论

一、海洋治理困境论

“海洋治理困境论”的提出与样式呈现，对于海洋开发与治理中慎重处理国家、组织与人的介入，时刻保持海洋客体群落性平衡具有现实的指导意义；同时，人类在海洋控制、海洋开发与海洋治理上的综合发力与复合纠结，促使海洋政治学的政治要义得以不断拓展。

近年来，全球治理失灵现象迭发，全球海洋治理作为全球治理的重要部分和聚合表现，这一现象也愈发明显。全球治理失灵在实践层面上表现为规则滞后，不能反映权力的消长，不能适应安全性质的变化，不能应对复杂的相互依存关系；在理念层面上则表现为理念滞后，依然以一元主义治理观、工具理性主义和二元对立思维方式为主导。[①] 伴随着全球化不断向纵深发展，全球治理需要处理的新问题、面临的新挑战也在持续出现，全球治理不同议题间愈发呈现出彼此交织的态势，全球治理取得理想效果所需要处理的问题在持续增多。全球性治理理念、原则和方式不能适应全球化的迅速发展和全球性问题的大量涌现，导致规则的供应在质量上和数量上落后于实际需求，规则原本应该发挥的作用未能实际有效地发挥出来，治理困境愈发凸显。

“海洋治理困境论”是指国家、组织以及人对海洋治理的参与使得海洋治理越来越困难。事实上，人类对海洋治理的实践与认知仍在不断发展之中。最初，海洋治理被理解为建立与实施海洋政策的能力；随着海洋治理的推进，海洋可持续发展成为重要理念，海洋治理机构一体化成为重要措施。其困境主要体现在如下几个方面。

其一，海洋治理需要国家与组织的介入，但国家与组织的介入容易导致海洋领土化，在一定程度上冲击了人们对海洋治理的热情与信心，对海洋治理产生了一定的负面影响。如国家拥有调动资源的能力与制定涉海规则的

① 参见秦亚青：《全球治理失灵与秩序理念的重建》，《世界经济与政治》2013 年第 4 期。

能力，因此在参与海洋活动的主体中，国家是最主要的。当前，随着海洋事务参与广度与深度的拓展，越来越多的组织介入海洋利用、海洋开发以及海洋治理之中，国家与组织在海洋控制、海洋开发以及海洋治理中成为调动资源与制定规则的客体群落。当前，国家与组织对海洋治理的介入已转化为国家与组织持续控制海上空间，在某种意义上《联合国海洋法公约》的公布与实施就是国家与组织对海洋治理介入的结果，其在一定程度上引发了各国对海洋领土、毗邻区、专属经济区、大陆架等的划分与控制热潮。国家与组织的介入使得传统海洋控制型议题再度成为热点，海洋治理的热情、信心与动力弱化，海洋治理效果下降。

其二，海洋治理需要政府模式的调整，但政府模式的调整也将政府机构所具有的弊端带给脆弱的海洋，海洋治理出现了不确定性风险。如《联合国海洋法公约》生效后，各国政府开始设立机构并设定职责，对新的海洋场域(例如海洋专属经济区、大陆架等)进行管理。这些复杂的政府模式既为海洋治理带来了利益集团与机构的支撑，也带来了官僚主义以及决策失误引发的悲剧和不确定性危险。这些人为的不确定性因素对海洋的影响难以预料，一旦决策失误会导致灾难性后果。

其三，海洋治理的政策与规则功能毁誉参半，具有双重影响。为了对海洋实施社会控制，一系列海洋治理的政策与规则被制定出来，遵守者就会具有合法性与道德性依据。然而事实证明，正是政策与规则的合法性导致一些行为体漠视道德，实施有悖于海洋治理的行为，利用政策与规则制造事故以获取利益，如利用海洋航运保险在公海人为丢弃或破坏货物；认为已经缴纳了海洋环保税并遵守了海洋治理政策与规则，而肆意进行海洋污染排放；在他国海域、公海海域进行过度捕捞，破坏海洋生态。海洋治理的政策不一定完全适用于海洋事务发展的现实境况，也不一定能够正确指出海洋治理的问题所在，纷杂的海洋治理政策反而容易造成全球海洋治理秩序的混乱和治理行动的低效，成效寥寥。

实践证明，海洋治理的主体在不断全球化和多元化，海洋治理的议题在不断复杂化和层次化，海洋治理的领域在不断扩散化和交叉化，海洋治理的理念和方式在不断多样化和差异化，这些因素导致全球海洋治理体系中海洋权力结构不断变化，愈发凸显了当下海洋治理机构代表性和引导性的不足。海洋传统强国和新兴国家之间的多重竞争迭发，导致全球海洋治理机制责任错位，海洋治理机制的纷繁引发了海洋治理政策失灵，海洋治理进程中的盲点不断出现，海洋治理理念的差异化和竞争显化导致全球海洋治理规范缺失，海洋治理困境愈发凸显。作为新时代学理研究体系的重要构成，海洋政治学必然需要重视和研究海洋治理困境问题，通过理论总结和案例分析寻求海洋治理困境的缓解方式，为促进海洋治理的全面开展和深度推进做出学理层面的贡献。

二、海洋伦理论

"海洋治理困境论"在现实层面的纠结，促使学者们在哲学层面展开对海洋伦理的思考。作为体现海洋政治学构建之终极关怀的"海洋伦理论"，既是海洋政治学中国话语构建之最终篇章，也是应对海洋实践关涉生存与毁灭这一根本政治问题的终极之策。因为在海缘政治共生性与未知性的作用下，海洋客体群落的安全与生存成为更大的政治，这需要突破权力与利益的羁绊，进而上升到伦理层面。汉语中的"伦理"一词是指人与人、人与自然的关系以及处理这些关系的规则，超越了人与人的界限，中国的伦理观适合海洋政治学客体的群落性。由此，"海洋伦理论"诞生了，它涵盖了国家与组织群落、人与海洋生物群落、海洋非生命群落的关系以及处理这些关系的规则。

（一）海洋伦理论的特征

海洋伦理论的特征有平等性、连带性、适度性和现实性。

首先，海洋伦理论具有平等性。海洋伦理论的平等性将国家与组织群落、人与海洋生物群落、海洋非生命群落设定为海洋安全的客体，从海洋实践、海洋认知以及海洋感知/状态三个维度确立三个群落是平等的存在，确保其身份自主、功能完整、既有价值不受伤害，将平等的伦理价值熔铸于海洋政治学的构建之中。这是一种伦理平等性。

其次，海洋伦理论具有连带性。海洋流动性与连续性的自然属性昭示海洋场域的一切事物与现象都是流动与连续的。海洋共生性与未知性的社会特性揭示了海洋覆盖面积与体积的庞大以及人类对海洋探索程度的有限性，并且任何在海洋场域发生的事情都如同"蝴蝶效应"一般，既无法精确判断可能产生的后果，又几乎注定会导致未知的后果。在陆地场域，人们可以较为精确地判断出某些事物的影响，而在海洋场域则无法下此定论。任何时间在海洋场域发生的任何现象都具有连带性，超越了人、组织、国家、生命与非生命。这是一种伦理连带性。

再次，海洋伦理论具有适度性。海洋安全客体群落的互动有人为伦理的逻辑，也有自然伦理的逻辑。人类具有探究自然秘密的本能冲动，具有征服自然的雄心壮志，在漫长的海洋探索中，人类通过推动技术发展强化这种本能冲动与雄心壮志。这一切对于处于平等性、连带性之中的海洋生物与海洋非生命群落而言，可能是一种消极的影响。同样，海洋生物的繁衍、海洋非生命的状态与反应，也会对彼此以及其他群落产生积极或者消极的作用。因此，海洋任何一个群落的“任性”都不能被广泛接受。中国哲学强调的“当行则行，当止则止”对于海洋伦理论的适度性具有强烈的解释学意义。这是一种伦理适度性。

最后，海洋伦理论具有现实性。海洋实践已经把海洋场域的一切存在与现象纳入其中，群落性思维便是这种实践的产物。同时，基于权力与利益的地缘政治思维在经历并积累了大量的海洋冲突议题与海洋争端议题后，海洋生存议题被推到人类面前。如果继续沿着既有思维轨迹前行，海洋安全困境与海洋治理困境就会如噩梦一般缠绕。面对紧迫的海洋发展与海洋治理现实，海洋伦理论让权力与利益的诉求获得伦理的约束，让海洋政治学的政治要义从权力、利益迈向伦理。这是一种伦理现实性。

海洋伦理论的平等性、连带性、适度性以及现实性在海洋控制、海洋开发以及海洋治理的不同阶段有着不同呈现。随着海洋伦理论的提出，海洋控制、海洋开发以及海洋治理被赋予了伦理内涵，海洋实践的政治意义得以被伦理标记，海洋政治学的政治定义得以丰富与延伸。

（二）海洋伦理机制

海洋伦理机制主要包含道德代理机制、科技缓冲机制和秩序规制机制。

1.道德代理机制

伦理是对行为正当性的价值判断。人与海洋的伦理问题，是人类将海洋作为自身发展载体与资源的同时，应对其承担什么责任与义务的问题。“人海和谐伦理观”承认海洋作为自然的一部分不仅具有为人所用的工具价值，同样具有为己所存的内在价值。这种内在价值不仅归于海洋自身，更内蕴为人与海洋的和谐统一。人与海洋的和谐统一是海洋内在价值的可操作内涵。在这一层面上，海洋与人应得到同等的道德关怀，而这种道德关怀的实现则在于人的“能动性”。人在“人海和谐”的统一体中居于道德代理人和价值维护者的地位，“人海和谐”的根本在于人对海洋的价值判断与道德关怀。人在实现海洋的工具价值的同时，需要通过人与海洋的和谐统一的整体性伦理规范来实现海洋的内在价值。人与海洋和谐统一的整体价值观在强调人与海洋和谐统一的基础上，更承认人类对海洋的保护作用和道德代理人的责任，包含了对人类行为外部性的道德审视和规范。

2.科技缓冲机制

科技的发展使人类活动的外部性作用呈几何级数增长，其连锁影响可能延伸到时间空间坐标不为人知的某个角落。没有跨领域、长时段的观察和分析，不可能对其外部性的性质与程度做到有效把握。科技的发展使人对海洋的伦理责任的直观性大幅降低，复杂性和不确定性急遽上升。科技发展的失序与失控，使人类对海洋内在价值的人文保护和道德代理出现了既有伦理架构无法预见、无法掌控的因素与现象，迫切需要在既有的“人海和谐”伦理结构中，将警惕与预防科技的倍增与放大效应的相关机制纳入其中，将对科技投入与科技影响等相关风险的防控从管理层面上升到伦理层面，进一步强化对人类行为外部性的道德审视和规范。

3.秩序规则机制

道德建设与法治建设是相互促进的关系，涉海各主客体间平等互利的关系一方面需要法治保障，另一方面需要遵从社会的主流价值观，如此才能拥有强大的生命力。如《民法典》总则部分确立了诚信原则的至高地位，立法者有意识地运用诚信的伦理原则赋予法官自由裁量权，以应对经济社会发展变迁中面临的新问题与新挑战。伦理与法律结合，有助于强化对失信行为的约束，促进良好的经济和社会秩序的形成。道德建设也将充分发挥市场调节机制的作用。在政府主导、多主体参与的新模式中，市场机制会扮演越来越重要的角色。各国纷纷建立起碳交易市场，也体现了对利用市场机制应对气候变化观点的认同。对市场机制的重视基于亚当·斯密(Adam Smith)在《国富论》中提出的“看不见的手”原理，利用人类的理性利己心理，实现商品供应、市场繁荣。[①] 但人们在这一过程中忽视了市场机制自身所蕴含的无序性和破坏性，市场经济从诞生的那一天起，其内蕴的无序性和破坏性就在不断制造市场失灵。斯密在其另一部著作《道德情操论》中强调，市场机制需要在人的道德约束下运行，才能有效避免导致其无序性和破坏性的道德缺失。[②] 与通过“道德情操”缓解市场机制失灵类似，建立有效的“海洋伦理”来规制包括碳交易在内的涉海交易体系秩序势在必行。

综上所述，法律机制与伦理机制结合、市场机制与伦理机制结合，以伦理支撑法律、以道德规制秩序，进而建立社会伦理引导与规制网络，才能实现“海洋伦理”从被动适应社会需求到主动引导社会发展的转变。通过海洋伦理机制的构建和完善，海洋开发和发展可以关注并追求代际平衡、国际平等。当代人的开发应遵从有限度和可持续的原则，一国（特别是海洋强国）的海洋政策和实践应坚持包容与平衡的原则。代际发展遵从可持续原则，国家之间追求公平性，人类的海洋活动不影响海洋生物和非生命群落的存续，这是海洋治理深度开展的现实需要和未来依托，也是海洋政治学明确提出并积极彰显的重要理论内容。

---

① 参见［英］亚当·斯密：《国富论》，孙善春、李春长译，河南大学出版社 2020 年版，译者序。

② 参见［英］亚当·斯密：《道德情操论》，许丽芹、饶凯宾、杜雪丽译，中国纺织出版社有限公司 2020 年版，第 316～327 页。

第六章　海洋话语:海洋政治学的要义所在

海洋政治实践表明,海洋话语是海洋政治学的要义所在。海洋话语的发展演化是内嵌于时代进步和国际秩序转变进程之中的,是海洋政治学研究的应然与实然的内容。明晰海洋话语的概念、类别和效应,有助于更好地理解海洋话语与国际秩序衍化、海洋政治实践发展之间的关系机理,明确海洋政治学在理念与实践等多层面的关注点和侧重点,可以更好地推进海洋政治实践和海洋学理研究。

第一节　海洋话语的概念界定与分类

所谓"海洋话语",狭义上指涉及海洋文化、海洋战略、海洋政治和海洋法律的叙事呈现与影响,广义上指涉及海洋科技、海洋商业、海洋军事以及海洋文化、海洋战略、海洋政治、海洋法律的叙事呈现与影响。海洋话语可分为海洋科技、海洋商业、海洋军事等海洋硬话语,以及海洋文化、海洋战略、海洋政治、海洋法律等海洋软话语。海洋话语转变是指上述涉海因素的呈现与影响在内涵、叙事主体及海缘范畴等方面的转变。

一、海洋硬话语

(一)海洋科技

海洋探测、开发、使用以及管理等环节中理论与实践因素的综合被称为"海洋科技"。欧洲的霸权是以其海上力量的技术优势、完善的火炮、社会组织以及整个经济优势为基础的。[①] 美国的钢铁行业生产制造技术的不断提升,使得"美国能够在三个月这样惊人的短时间里建造出多艘驱逐舰来"[②],为一战时期美国海军舰队作战能力的增强提供科技支撑,为美国建构海洋话语提供充足的战略保障。近年来,深海观测网络和水下深潜器获得了极大发展,深海大规模探索及开发成为各海洋大国的发展目标与科技议程。[③] 大数据技术和手段已广泛应用于海洋事务及其治理,数字基础设施建设、基于大数据的海洋信息数据库设立等已成为多国海洋战略与实践的重要内容。

(二)海洋商业

历史实践表明,"拥有工业资本优势的国家,往往也是拥有强大海权的国家"[④]。1602年,荷兰东印度公司(英语:Dutch East India Company,荷兰语:Vereenigde Oostindische Compagnie)成立,议会授权该公司在东起好望角、西至南美洲南端麦哲伦海峡的范围内拥有贸易垄断权。凭借这一高度授权的资本公司,荷兰得以在全球范围内扩张海上贸易。17世纪,荷兰是世界上最强大的商业帝国,也是世界上最大的金融中心;到17世纪中叶,荷兰一国的贸易额占到全世界总贸易额的一半,为其海洋实力发展奠定了坚实的物质基础。1760～1830年,工业革命驱动下的英国凭借面积广阔的海外殖民地和对远洋贸易通道的垄断,极大地推动了海洋商业经济的发展。这一时期,英国一国的工业产量增长占"欧洲工业产量增长的2/3",在世界制造业生产中的份额从1.9%一跃升至9.5%。[⑤] 在此助推下,英国的海洋实力大为增强,其主导的国际秩序逐步确立,由此可见海洋商业对海洋话语的增强效应。

(三)海洋军事

强硬的海洋军事实力可以有效解决"海洋属于谁"的问题,进而建构其主导的国际秩序。美国学者乔治·莫德尔斯基(George Modelski)和威廉·汤普森(William R. Thompson)认为:"海军占据优势,不仅能够确保海上交通线,还能够保持过去通过战争而确立的优势地位。要想拥有全球性的强

---

① Carlo M. Cipolla, *Guns, Sails and Empires-Technological Innovation and the Early Phases of European Expansion* 1400-1700, New York: Minerva Press, 1965. 转引自[美]罗伯特·吉尔平:《世界政治中的战争与变革》,宋新宁、杜建平译,上海人民出版社2019年版,第97页。

② [英]保罗·肯尼迪:《大国的兴衰》(上),王保存等译,中信出版社2013年版,第283页。

③ 参见胡波:《国际海洋政治发展趋势与中国的战略抉择》,《国际问题研究》2017年第2期。

④ 张文木:《经济全球化与中国海权》,《战略与管理》2003年第1期。

⑤ 参见[英]保罗·肯尼迪:《大国的兴衰》(上),王保存等译,中信出版社2013年版,第148～156页。

国地位,海军虽然不是充分条件,但却是必要条件。"[①]工业革命后,随着工业技术对军事和海战的影响力大幅提升,铁路、电报、速射武器、蒸汽动力、装甲战舰等成为军事力量的决定性因素。[②] 罗伯特·吉尔平(Robert Gilpin)在总结霸权国家的经验时说,霸权国家之所以成就霸权,其中一个重要条件是要集中拥有占世界整体一半以上的海军力量。"英国海军至高无上的地位是确立和维系'英国统治下的和平'的主要因素之一。同其他条件偶然交汇,英国海军可以对全球政治产生强大的和广泛的影响。"[③]时至今日,发展海洋军事、增强全域作战能力一直都是各海洋强国所追求的重要目标,更是其海洋战略与实践的重要内容。

总之,海洋科技进步和实力增强,推动了海洋商业经济发展的动力完备、规模扩展及体系完善;海洋商业发展积攒大量的物质财富,为海洋科技进步、海洋军事发展以及海洋实力全面提升等奠定了厚实基础;强硬的海洋军事实力可以解决"海洋属于谁"的问题,可为国家海洋科技和海洋商业发展拓展地缘疆域和战略空间,并提供需求拉动,进而统合为海洋话语增强提供硬支撑和强推动。

二、海洋软话语

(一)海洋文化

人类源于海洋而生成的精神的、行为的、社会的和物质的文明化生活内涵等被称为"海洋文化",其本质就是人类与海洋的互动关系及其产物。[④] 西方国家追求海洋霸权的根本出发点是争夺海洋中的无限资源和利益,西方海洋文化是一种集贸易、掠夺和殖民为一体的侵略性文化。随着人类对海洋探索和认识的加深,人类的海洋观念不断更新,海洋教育体系逐渐完善,海洋生态保护意识日益增强,海洋领域合作的必要性和需求不断凸显,使得海洋文化的内涵逐渐多样化且趋于务实。

---

① George Modelski, William R. Thompson, *Seapower in Global Politics*, 1494-1993, Seattle: University of Washington Press, 1988, pp.3-26.

② 参见[英]保罗·肯尼迪:《大国的兴衰》(上),王保存等译,中信出版社 2013 年版,第 148～156 页。

③ [美]罗伯特·吉尔平:《世界政治中的战争与变革》,宋新宁、杜建平译,上海人民出版社 2019 年版,第 105 页。

④ 参见曲金良:《海洋文化与社会》,中国海洋大学出版社 2003 年版,第 49 页。

（二）海洋战略

美国学者戴维·威尔逊（David Wilson）和迪克·舍伍德（Dick Sherwood）认为，海洋战略是一个国家为其经济、政治、战略和军事用途使用海洋的能力和政策。[①] 海洋战略在国家崛起中的作用是极为显著的，如英国对外扩张的基础条件就是确立海洋霸权，采取的模式是以军事扩张开道，然后实施直接的政治、经济和文化统治；美国主要是以创造性的方式占据全球海上战略要道，建构起北约、美日同盟、美澳同盟等军事同盟体系，在全球政治、经济等诸多重要领域建立国际制度，通过两者的有效结合建构起美国全球性的制度霸权[②]，在合适的时机和必要的情势下以有效手段护持霸权。

（三）海洋政治

顾名思义，海洋政治主要是发生于海洋领域及其延展区域的全部国际关系互动、国际矛盾协调、国际规范确立，各主体围绕海洋控制、利用与管理等处理其矛盾、建构其关系、框定其格局，与国际事务的整体发展有着多层联系。历史进程表明，葡萄牙、西班牙、荷兰和英国等都是通过控制海外殖民地、海洋航运权和资源开发权占据海洋政治主导权的国家。二战后联合国召开的三次海洋法会议，特别是第三次会议充斥着浓厚的海洋政治博弈的色彩，是一件全球广泛参与、各方多重博弈、利益协调与妥协的重大海洋政治事件。

（四）海洋法律

海洋法律是确定各海域的法律地位并调整海洋事务主体在海洋控制、管理和使用中相互关系的原则、规则和规章、制度的集合。海洋事务主体的海洋实力增强后，可以在海洋控制、管理和使用过程中，进一步拥有原则、规则与规章、制度的制定及实施主导权，解决“海洋属于谁”的问题。威廉·G.格鲁（Wilhelm G. Grewe）认为，每一个时代都有关于海洋法与海洋所有权的原则和规则，它是主导大国塑造的国际秩序中一项必不可少的内容，是一个时代之国际秩序的主导动机。[③] 历史上的《海洋自由论》与《闭海论》、英国

---

① David Wilson, Dick Sherwood, *Oceans Governance and Maritime Strategy*, Sydney: Allen & Unwin, 2000, p.3.

② 参见门洪华:《西方三大霸权的战略比较——兼论美国制度霸权的基本特征》,《当代世界与社会主义》2006 年第 2 期。

③ Wilhelm G. Grewe, *The Epochs of International Law*, Berlin/New York: Walter De Gruyter, 2000, p.129.

和美国治下的海洋自由原则、“人类共同遗产”观念和《联合国海洋法公约》及其后续修订条款等，都是海洋法律在海洋秩序和国际体系发展中的呈现。

在海洋观念、海洋意识、海洋教育等海洋文化的导向作用下，海洋事务主体形成了其发展海洋事业、拓展海洋外交的基本逻辑。在多维考量和转圜基础上，海洋事务主体得以妥善处理海洋控制、管理、使用等各环节的关系和矛盾，并依据海洋力量配置与未来发展需要，实施最务实的海洋战略，制定最有效的海洋法律，尽可能地将己方意愿和机制安排推广成为国际共识，以确立或护持海洋霸权。

由此可见，海洋硬话语可通过具体数据加以说明，更加偏向物质，是有形话语，更具强制性，是影响力话语；海洋软话语可通过具体文字加以表述，更加偏向理念，是无形话语，更具引导性，是吸引力话语。在人类历史进程中，海洋硬话语在海洋霸权争夺的起始阶段更为重要，是海洋权力和优势的重要依托，为海洋权势奠定充足的物质基础，通过具体的实践活动来加以强化和提升，以强制性影响力得到他国的承认与服从，进而建构话语国所主导的话语格局和国际秩序；海洋软话语在海洋霸权格局的稳定阶段更为重要，是海洋影响力和海上优势的重要凭借，为海洋威望奠定充足的意愿氛围，通过具体的政策文件来加以框定和完善，以引导性吸引力得到他国的认可与跟随，进而维系话语国所主导的话语格局和国际秩序。随着全球事务的多维变迁，海洋软话语的建构力度和竞争强度在逐步提升，构建海洋软话语的空间和格局在进一步拓展。

第二节　国际秩序衍化中的海洋话语

一、海洋话语与国际秩序的关系机理

数百年来，国际秩序几经流变，主导国家几经兴衰交替，其崛起模式或维系方式虽有所不同，但均可见海洋话语在其中的独特作用。国际秩序的主导国，往往是海洋话语优势的掌握方和拥有者；国际秩序转变也意味着海洋话语的格局演变，海洋话语转变是国际秩序转变的重要风向标。

对于国际秩序转变的历史阶段划分，下文将结合国际政治长周期理论进行分析。美国学者乔治·莫德尔斯基(George Modelski)的国际政治长周

期理论将地理大发现之后五个世纪的国际政治史划分为五个周期，分别是葡萄牙周期、荷兰周期、英国周期（Ⅰ期、Ⅱ期）和美国周期，每个周期的时间跨度为100～120年。[①] 正如表6-1所呈现的国际秩序的基本周期划分那样，葡萄牙周期对应地理大发现时代秩序，荷兰周期和英国Ⅰ期对应威斯特伐利亚秩序，英国Ⅱ期对应维也纳秩序和凡尔赛-华盛顿秩序，美国周期对应雅尔塔秩序和国际秩序新时代。国际政治周期与国际秩序阶段的划分存在一定程度的交叉，某一秩序阶段可能存在单一主导国家，也可存在多个主导国家，国际秩序的考量因素复合且多元。

表6-1　国际秩序变迁与世界大国兴衰

国际秩序	时间	主导国家	崛起模式（维系方式）	主要战争	主要条约
地理大发现时代	1487年迪亚士发现好望角到17世纪初	葡萄牙 西班牙	海权（海军＋海洋法律）＋殖民扩张	意大利战争（1494～1517）；西班牙战争（1597～1609）	《托尔德西里亚斯条约》(1494)
威斯特伐利亚秩序	1648年三十年战争结束、《威斯特伐利亚和约》签订至1789年法国大革命爆发	荷兰	海权（海军＋海洋法律）＋殖民扩张＋暴利的商业贸易	尼德兰革命（1566～1609）；三十年战争（1618～1648）	《十二年休战协定》(1609)；《威斯特伐利亚和约》(1648)
		法国	陆权（陆军＋大陆法典）＋殖民扩张＋暴力的商业贸易	英法百年战争（1337～1453）；第二次英法战争(1792～1815)	《巴黎和约》(1814)
		英国	海权(海军＋海洋法律)＋殖民扩张＋暴利的商业贸易＋工业革命	英法百年战争（1337～1453）；三次英荷战争（1652～1654，1665～1667，1672～1674）；大同盟战争（1688～1697）；西班牙王位继承战争(1701～1714)	《乌德勒支和约》(1713)

① George Modelski, *Long Cycles in World Politics*, Seattle: University of Washington Press, 1987, p.40.

续表

国际秩序	时间	主导国家	崛起模式（维系方式）	主要战争	主要条约
维也纳秩序	1814、1815年维也纳和会至1914年一战爆发	英国	海权(海军+海洋法律)+殖民扩张+暴利的商业贸易+工业革命	七年战争(1756～1763);第二次英法战争(1792～1815)	《巴黎条约》(1763);《巴黎和约》(1814)
凡尔赛-华盛顿秩序	1918年一战结束至1931年"九·一八"事变爆发	英国	海权(海军+海洋法律)+殖民扩张+暴利的商业贸易+工业革命	一战(1914～1918);二战(1931～1945)	《凡尔赛和约》(1919);美英日法《关于太平洋区域岛屿属地和领地的条约》(1921);《限制海军军备条约》(1922)
雅尔塔秩序	1945年二战结束到1991年东欧剧变、苏联解体	美国	海权(海军+海洋法律+海洋秩序)+殖民扩张+暴利的商业贸易+技术创新+制度体系+软实力	美西战争(1898);太平洋战争(1941～1945);朝鲜战争(1950～1953);两伊战争(1980～1988)	《联合国宪章》(1945);《联合国海洋法公约》(1982)
国际秩序新时代	1991年至今	美国	海权(海军+海洋法律+海洋秩序)+全球贸易+技术创新+制度体系+巧实力	海湾战争(1990～1991);科索沃战争(1999);阿富汗战争(2001～2014)	《华盛顿宣言》(1999);《蒙特利尔公约》(1999)

资料来源:辛向阳:《霸权崛起与挑战国家范式分析》,《当代世界与社会主义》2004年第4期;[美]约瑟夫·奈:《处于十字路口的美国巨人》,胡鞍钢、门洪华主编:《解读美国大战略》,浙江人民出版社2003年版,第47页。

国际秩序的主导国家是拥有突出海军实力和话语优势的国家。如在英法之间长期的权力争夺中,英国正是凭借其海洋经济的绝对优势、造船技术的领先地位以及海战技能的系统先进等因素，通过大同盟战争、西班牙王位继承战争、英法七年战争以及拿破仑战争等多次战争中海战的较量，而赢得英法海上争霸的胜利，最终得以确立英国所主导的国际秩序。由此可见，海洋话语的发展（特别是海洋硬话语）以国家实力（特别是硬实力）为基础和前提，海洋硬话语的增强可提升其强制性影响力，进而建立他国承认和服从的海洋霸权，可按照话语国的发展意愿和原则建构其主导的国际秩序；海洋话语的衰落则是国家实力下降的体现，维护海洋秩序稳定的意愿下降和活动减少，是话语国国内发展问题多发和发展动力不足的集中体现。

战争、谈判、国际会议、条约及协定等，是国家争取战略主导权、在国际权力格局中占据优势、表达价值观或价值目标的重要手段，可作为海洋话语与国际秩序之间的互动机制。拥有海洋科技、军事、商业等海洋硬话语优势的国家，有意愿和能力通过战争以较为直接的方式表达政治和经济主张及诉求、拓展本国利益、维护本国安全，尽可能在国际权力格局中占据更多的分量。通过谈判，各国就共同关心的问题进行磋商，寻求解决纠纷或争端的途径，使得矛盾或纠纷转圜的空间得以拓宽提升。掌握话语主动权的国家可以在谈判的过程中将本国的价值观或利益目标转化为国际社会的共同追求，也能够在适当的情势下充分运用国际仲裁机制，借助国际道义的情势之力拓展本国权力，建构本国主导的国际体系。海洋话语国家在先期谈判和国际仲裁的基础上，可推动国际社会进一步协调利益诉求并交换意见，促进条约或协定的签订与有效实施，从而建立与维持由其主导的国际秩序。

二、海洋话语与国际秩序互动的两个阶段

海洋话语和国际秩序的转变主要经历了欧洲主导时期和美国主导时期（延续至今），不同时期两者之间的互动与流变具有不同的表征。分析不同时期的发展特征，可为研判态势趋向提供参考和借鉴。

（一）欧洲海洋话语与欧洲主导国际秩序的时期

欧洲海洋硬话语，以海洋科技、海洋军事等硬话语因素在葡萄牙、西班牙、荷兰、英国等海洋强国兴衰历程中的效用和价值为主要呈现。葡萄牙和西班牙先后在1487年和1492年资助迪亚士（Bartolomeu Dias）和哥伦布

(Christopher Columbus)开辟新航路，开启了地理大发现运动。葡、西两国于 1494 年签订了《托尔德西里亚斯条约》，在佛得角群岛以西 370 里格处划一条连接南北两极的经线，规定线东已经发现的和将被发现的土地归葡萄牙占有，线西的归西班牙，这标志着“全球视野”或“世界体系”的开端。[①] 荷兰凭借战争手段通过尼德兰革命获得独立地位，抢占西班牙和葡萄牙在东方的商业势力。后经《威斯特伐利亚和约》的签订，荷兰成为独立国家并开始极力拓展海外殖民地，明目张胆地进行海外殖民掠夺和财富搜刮。荷兰海洋军事实力、商船数量等海洋硬话语得以增强，从而确立海洋霸权。17 世纪，荷兰在商业、海洋和殖民掠夺等领域拥有了超越他国的优势，成为“海上马车夫”。但是，荷兰本国资源比较匮乏，缺乏开展工业革命的基本条件，到了 18 世纪，荷兰的海洋霸权便开始衰落。

英法百年战争之后，英国在欧洲大陆实行“大陆均势”政策，将本国发展和战略拓展的目光转向大洋，发展海权，拓展海外市场。英国资产阶级革命胜利后，资本主义工业得到迅速发展，使英国能在对外贸易中立于不败之地，这是英国能够取代荷兰海洋霸权地位的根本原因。[②] 庞大的海外殖民地和海外市场为英国工业经济实力的增强奠定了基础，进而为其增加军费投入、提升军备水平、发展具有全球力量投射能力的海军舰队提供了充足保障，便于其掌握最大限度的制海权。工业资本是英国主导国际秩序的重要条件，海洋话语为英国霸权提供了内在支撑和多元助力。

通过比较可以发现，葡西霸权时期，世界格局并未真正形成，其主导的国际秩序更多的是欧洲区域的秩序，宗教、殖民、掠夺在其主导秩序中的作用极为突出；荷兰霸权时期，凭借超强的商业和金融业实力，荷兰在全球范围内建立殖民地和贸易据点，以掠夺资源和财富，进而提升国家海洋实力；英国霸权时期，国际秩序主导权并非英国一国独占，其竞争对手和权力瓜分者多于以往，而通过维也纳会议所建构的国际秩序，力量均势和权力有序分配的特征更为明显。

欧洲海洋软话语以荷兰的《海洋自由论》和英国的“重商主义”为代表。

---

① 参见刘小枫：《地理大发现与政治地理学的诞生》，《甘肃社会科学》2018 年第 5 期。

② 参见陈文艺：《十七世纪后半期三次英荷战争的背景与后果》，《历史教学》1984 年第 1 期。

宗教在欧洲中世纪社会秩序和新航路开辟中发挥着极为突出的作用，教皇的训谕和裁决是葡萄牙和西班牙两国进行海洋扩张的重要思想工具。葡萄牙和西班牙两国有着浓厚的天主教传教热情，将开拓海洋视为宗教扩张的工具，宗教因素亦是其谋求海洋霸权的重要驱动力量。如1492年哥伦布发现美洲新大陆后，罗马教皇亚历山大六世(Alexander Ⅵ)接连颁布四条通谕，将新发现大陆的土地赐给西班牙国王，西班牙则需要帮助教皇向海外殖民地派遣传教士。在一定程度上，教皇的通谕在当时可以成为葡西两国进行海外扩张、谋求海洋霸权的基本法律依据和重要软话语支撑，并与本国的殖民开辟、财富掠夺、资本积累等互为依托和补充，进而确立由其主导的海洋秩序。

《海洋自由论》为荷兰参与远洋贸易提供了思想依据，为确立其主导的海洋秩序供给了观念力量。雨果·格劳秀斯于1609年发表了《海洋自由论》，其中的主要思想对其后国际法思想的发展成熟及国际法原则的奠定打下了坚实的基础。[①] 格劳秀斯的“海洋自由”思想为荷兰海洋实力发展和海外贸易拓展提供了法律上的依据，与荷兰强大的海洋军事能力互为支撑，打破了葡萄牙对东印度群岛航运和贸易的垄断，为海外殖民扩张奠定了充实的基础，从而确立了荷兰的霸权地位。

“重商主义”原则极大地助长了英国人增强海洋霸权的欲望和信心，加快了其构建“重商帝国”的步伐。英国先后于1651年和1660年两次颁布《航海条例》，尤以1660年的《航海条例》内容最为全面、限制更为严苛、影响最为突出，其规定“从1660年12月1日起，凡英属殖民地进口的商品或这些殖民地出口的商品，只能用英格兰、威尔士、爱尔兰或英属殖民地的船只装运，且上述船只的船长及至少四分之三的船员应当是英国人”[②]。《航海条例》使英国确立了“重商主义”理念，对外贸易得到发展，海上实力逐步增强。英荷间的三次战争虽是各有胜败，但主导权一直掌握在英国人手中，荷兰也被迫

---

① 参见马忠法:《〈海洋自由论〉与格老秀斯国际法思想的起源和发展》,《比较法研究》2006年第4期。

② “The Navigation Act of 1660”, in D. C. Douglas(ed.), *English Historical Documents*, Vol. Ⅸ, Oxford: Oxford University Press, 1964, pp.354-356. 转引自黄光耀:《论“复辟时期”英国重商主义殖民原则的确立》,《南京师大学报(社会科学版)》2017年第5期。

接受了《航海条例》的诸多限制，海洋霸权地位被削弱。英国对荷战争的最初目标是打击荷兰的海外贸易，但是战争的结果却使英国逐渐赢得了大西洋、波罗的海、地中海和加勒比海的制海权。[①] 此后，荷兰在国际上的政治优势无可奈何地让位于英国，外部扩张的意愿和能力大为降低。英国确立了在国际贸易中不可逆转的优势位置，建构起英国主导的国际秩序。[②]

通过比较可以发现，葡萄牙、西班牙的海洋软话语与本国财富扩张、资本原始积累互为依靠，倾向于以殖民扩张和经济掠夺的方式直接且明确地达成战略目标，侵略性的海洋文化是其建构国际秩序的重要凭借。荷兰海洋软话语由资本与商业共同推动，以经济发展和国家价值观为依托，侧重发挥国际法约对国家海洋战略与实践的保障作用。英国海洋软话语凭借本国工业经济和先进技术而发展，建立英国治下的海洋自由体系和开放发展的帝国主义霸权秩序是其重要追求。

（二）美国海洋话语与美国主导国际秩序的时期

美国海洋硬话语以 1922 年《限制海军军备条约》确立英美海军主力舰吨位同等地位、美国控制全球海上战略要道为主要标志。第二次工业革命推动美国国家实力不断提升，给美国的国家战略和外交调适转向提供了底气。20 世纪初，美国总统西奥多·罗斯福提出“罗斯福推论”，重申 80 年前的美国总统詹姆斯·门罗于 1823 年 12 月 2 日在国情咨文中提出的“不容许欧洲列强干预美洲事务”的“门罗主义”，成为美国干涉海外事务的转折点；通过制定建造 200 艘军舰的庞大扩军计划，积极夺取太平洋各战略岛屿，修建并控制巴拿马运河及加勒比海的海上战略基地，美国得以有能力重新改写世界地缘政治经济格局。1922 年华盛顿会议期间，美国、英国、日本、法国和意大利 5 个海军强国签订了《限制海军军备条约》，规定主力舰总吨位比例为 5.25∶5.25∶3.15∶1.75∶1.75，美国获得了与英国同等的海军实力地位，成功避免了与英国的直接冲突，获得了创造性发展海军的空间和机遇。此后，美国相继建立西印度洋舰队、太平洋舰队、南大西洋舰队，发展出了可

① G. Modelski, W. K. Thompson, *Seapower in Global Politics*, 1494-1993, Washington: Macmillan, 1998, p.206.

② James Rees Jones, *The Restored Monarchy*, 1660-1688, Totowa: Rowman and Littlefield, 1979, p.147.

以海陆空协同作战以控制海岸的军事能力。[①] 1986 年，时任美国海军部部长小约翰·莱曼提出要控制曼德海峡、霍尔木兹海峡、马六甲海峡、苏伊士运河等 16 条海上战略要道并极力推动实施，以管控战略竞争对手的海上交通运输和海军力量行动，维护美国在全球战略要道的无限制通行与安全，提升美国全球战略格局的主动权与自由度。

美国海洋软话语以“海权论”“边缘地带理论”“航行自由行动”以及“空海一体战”等为代表。马汉在 1890 年完成《海权对历史的影响：1660～1783》一书，提出欲发展海权必须以强大的海军控制海洋，强调“赢得了制海权即意味着主宰世界”，并归纳出地理位置、自然结构、领土范围、人口数量、民族特点、政府特性等海权六大条件，以及产品、海运、殖民地等三要素。[②] 在“海权论”的推动下，美国拓展海洋利益的意愿愈发强烈。1945 年 9 月 28 日，时任美国总统杜鲁门发布公告，宣称“邻接美国海岸的公海底下的大陆架底土和海床的自然资源属于美国，并受美国管辖和控制”，“在邻接美国海岸的公海区域建立渔业保护区”。[③] 该公告首次以国内法的形式对领海之外的大陆架及其自然资源提出权利主张，对美国海洋政策及外交具有重大影响。

斯皮克曼把处于“心脏地带”与海洋的边缘之间的地区，例如欧洲沿海地区、中东阿拉伯沙漠地带、亚洲季风区等地区称作“边缘地带”，“欧亚大陆的边缘地带必须被视作是位于大陆心脏地带和边缘海之间的一片中间区域。在海上势力和陆上势力起冲突时，这片区域能够成为一片巨大的缓冲地带”。“只有通过外交政策手段，使欧亚大陆的欧洲和远东地区无法出现一个具有压倒性优势的统治势力，我们国家的独立和安全才能够保持。”[④]在该理论的促动下，美国先后与泰国、菲律宾、澳大利亚、新西兰、日本等签订

---

① 参见[美]兹比格纽·布热津斯基：《大棋局：美国的首要地位及其地缘战略》，中国国际问题研究所译，上海人民出版社 1998 年版，第 31 页。

② 参见[美]马汉：《海权对历史的影响：1660～1783》，安常容、成忠勤译，解放军出版社 2006 年版，第96 页。

③ “Explanatory Statement on the Proper Utilization and Development of Natural Resources of the Subsoil and Seabed of the Continental Shelf”, *FRUS*, 1945, Vol.Ⅱ.

④ [美]尼古拉斯·斯皮克曼：《和平地理学：边缘地带的战略》，俞海杰译，上海人民出版社 2016 年版，第 54～58、79～80 页。

安保条约，在欧亚大陆边缘地带建立桥头堡，以强大的海上力量完成对欧亚大陆的包围，保障美国主导的欧亚安全架构的稳定。1979 年，卡特政府实施“航行自由行动”，具有军事行动、外交抗议以及与沿海国咨询磋商三重战略动机，被美国视为推行海洋政策的战略性工具[①]；2007 年 10 月，美国颁布《21 世纪海权合作战略》，明确把全球航运自由确立为美国海权的基石[②]，航行自由原则得以延续；2010 年 2 月，美国防部发布新版《四年防务评估报告》，公布“美国空军和海军正在共同开发一种新的‘空海一体战’概念，以打败拥有尖端‘反介入’和‘区域拒止’能力的所有对手”[③]。美国智库战略与预算评估中心发布题为《为何采取空海一体战》[④]和《空海一体战：启航点作战概念》[⑤]的两份分析报告，指出“空海一体战”以未来可能出现的中美军事冲突为情境设定，要求美国及其同盟体系必须能够抵抗住战争初期中国发动的大规模常规进攻，通过综合方式削弱其进攻造成的影响，以重新获得战略和战争的主动权；2019 年 6 月，特朗普政府发布《印太战略报告》，界定了美国在印太的国家利益，提出了印太战略部署。[⑥] 美国的战略诉求开始转向印太区域，积极构建印太新的规则、规范和制度，全力提升美国在该地区的竞争力。[⑦] 美国不断调适其海洋战略与实践，调整其海上力量布局，以建构全球海洋安全网络架构。

---

① William J. Aceves, “The Freedom of Navigation Program: A Study of the Relationship Between Law and Politics”, *Hastings International and Comparative Law Review*, Vol.19, No.2, 1996, pp.259-326.

② U.S. Department of the Navy, U.S. Marine Corps, U.S. Coast Guard, “A Coperative Strategy for 21st Century Seapower”, 2007-10, http://www.navy.mil/maritime/MaritimeStrategy.pdf.

③ U.S Department of Defense, “Quadrennial Defense Review Report 2010”, 2010-2-1, http://www.defense.gov/qdr/QDR%20as%20of%2029JAN10%201600.pdf.

④ Andrew F. Krepinevich, “Why AirSea Battle?”, 2010-2-19, https://csbaonline.org/uploads/documents/2010.02.19-Why-AirSea-Battle.pdf.

⑤ Jan van Tol, Mark Gunzinger, Andrew F. Krepinevich, Jim Thomas, “Air Sea Battle: A Point-of Departure Operational Concept”, 2010-5-18, https://csbaonline.org/research/publications/airsea-battle-concept/.

⑥ The Deparment of Defense, “Indo-Pacific Strategy Report: Preparedness, Partnerships, and Promoting a Networked Region”, 2019-6-1, https://assets.documentcloud.org/documents/6111634/DOD-INDO-PACIFIC-STRATEGY-REPORT-JUNE-2019.pdf.

⑦ The Center for a New American Security, “Rising to the China Challenge: Renewing American Competitiveness in the Indo-Pacific”, 2020-1-28, https://www.cnas.org/publications/reports/rising-to-the-china-challenge.

海洋话语由欧洲到美国的转变，是海洋软硬话语要素的互动与流变，其转变特征为：其一，海缘范畴的扩展。海洋话语由欧洲场域范畴拓展为美国掌握战略优势的国际社会，涵盖的场域和议题不断拓展，欧洲主导时期的国际秩序可称之为泛欧洲秩序，美国主导时期的国际秩序才是辐射全球的秩序。其二，话语结构的转变。欧洲主导时期是海洋硬话语为主导、软话语为辅助的结构，更讲究海洋话语硬碰撞，美国主导时期海洋软话语更为突出，侧重以有效的政策来经略全球海洋。美国在一战、二战和冷战结束之后依据国际局势的最新变动，适当调整其海洋战略资源投入和海洋话语优先诉求，以巩固其权势领先地位和建设其主导的秩序架构。其三，话语主体的变迁。欧洲主导时期，海洋话语主体主要以葡萄牙、西班牙、荷兰和英国为主，主要是其海洋观念、战略和外交等关系处理与利益协调。美国主导时期，尽管美国优势明显，但随着情势转变，冲击美国主导地位的行为体逐渐增多，需要关注的对象和层面愈发复杂，所以美国倾向于霸权护持，借助代理人战略、设置桥头堡以延续其主导优势。与欧洲主导时期相比，美国主导时期的海洋话语包含的层面更为复杂，实施的方式更为多元，霸权控制得更为巧妙，秩序建构也更为务实。

第三节　海洋话语主体和内涵的发展

当今世界，“逆全球化”思潮涌动，单边主义、保护主义之风日盛，不平等、碎片化、壁垒化政策和实践纷呈反复。随着海洋战略价值和竞争性不断凸显，海陆之间的联结性和模糊性不断加强，“泛海洋时代”已经到来。囿于历史沉疴、“海陆冲突”的惯性思维以及对抗性海权思维，全球诸多海域其海事冲突得以解决的难度非常大，海洋外交与秩序在法律条约、国家状态、领土状态等方面均处于“不正常”状态，而各国海洋实力正在高速增长，均按照本国发展意愿和战略需求，以其认为“正常”的方式开展实践活动，海洋态势和话语格局正处于多维变迁之中。

一、全球海洋世界权力多极化趋势明显，海洋硬话语呈现新格局

基于“海洋命运共同体”的逻辑，海洋话语主体已包含国家与组织、人与

海洋生物以及海洋非生命等,多元主体利益诉求和空间要求复杂,海洋世界多极化趋势明显,主要表现为:其一,海洋军事、海洋科技、海洋商业构成的海洋硬话语呈现出一种有利于中国、印度等新兴国家的转变,新兴国家逐渐成长为全球海洋治理和海洋话语格局中的重要角色。新兴国家在实践中注重海洋治理制度设计、海上力量发展与海洋外交的平衡、同步开展[1],海洋霸权主义和强权政治愈发不合时宜[2]。其二,海洋国家在海洋战略优先诉求与海洋发展理念等领域的争夺不断显化,沿海国与非沿海国在海洋开发利用与生态环境保护上的矛盾不断激化,海洋硬话语结构中的关系调和与框架重设的要求和意愿愈发明显,已成为全球海洋事务主体面临的紧迫议题,需要采取恰当的理念和实践予以妥善处理。其三,作为区域海洋事务及其治理的实地感受者和亲身经历者,以北极原住民为代表的土著居民在处理区域海洋问题,特别是气候变化、环境污染等非传统安全问题时,其认知与感受已成为海洋话语的重要部分。土著居民所代表的公共外交力量和因素将成为全球海洋话语格局的重要构成,给国际海洋秩序演变提出更为多样的愿景要求。

二、海洋话语议题领域多样化发展,海洋软话语正在呈现新态势

近年来,海洋力量新格局、海洋外交新关系、海洋战略新认知、海洋话语新内涵、海洋秩序新塑造等愈发显著,其主要表现包括:其一,军事因素在海洋话语中的分量下降,海洋经济和科技发展的比重逐渐提升,信息化、智能化技术等高新技术在海洋领域的作用不断加强,战略性海洋新兴产业的价值不断凸显。其二,海洋话语争夺已经逐渐延伸至深海,深海大规模探索及开发日益进入各海洋大国的发展与科技议程。外交折冲和法理斗争正成为获取权力、利益和话语权的主要形式以及国际海洋政治的主要内容。其三,以资源开发和航道利用为代表的北极地区地缘新特征致使其在世界范围内形成了一个新的利益与权力空间,国际社会对北极地区新增利益与权力进

① 参见葛红亮:《新兴国家参与全球海洋安全治理的贡献和不足》,《战略决策研究》2020年第1期。

② Muhammad ZarrarHaider, “Impact of Naval Technology on Employment of Maritime Power”, *Defense Journal*, Vol.17, No.9, 2014, pp.45-46.

行分配，构成以北极事务为主要内容的国际政治。其四，“国家管辖范围以外区域海洋生物多样性(BBNJ)的养护和可持续利用国际协定”谈判、“国际海底资源开发规章”制定等重要国际海洋立法稳步推进。此外，制度性海洋话语权在不断强化，各国对海洋治理领域规则制定和议题设置的重视度及参与度不断加强，规则竞争和能力建设的态势持续增强。[①]

① 参见张景全、吴昊:《海洋话语与国际秩序转变》,《南洋问题研究》2021年第1期。

第七章　海洋政治学相关案例研究

通过分析论证海洋政治学的研究概况和范式、学科体系和理论体系等，有助于更好地呼应现实态势、推进事务发展，可以确立海洋政治学研究的整体方法和思维逻辑。当然，为了更好地理解和验证海洋政治学的理论价值和现实意义，需要选择有代表性的海洋政治事件和实践进行深入细致的案例研究，总结具体事件的规律性、一般性的发展演变模式和特征，从而进一步丰实理论体系，夯实学理基础。

第一节　中国的海洋周边争端分析

一、整体态势：东亚海洋不稳定线再次进入不稳定期

当今世界正处于新的百年变局中。南海、东海、台湾海峡的暗流涌动使西太平洋局势云谲波诡，发生在 19 世纪末 20 世纪初的上一个百年变局中熟悉的脚本似乎又在同一片海洋再次上演。对于中国乃至东亚而言，遭受列强入侵的空间场域便是海洋。北起朝鲜半岛海域，中经台湾海峡，南到南海海域，存在着一条海洋不稳定线，如两次鸦片战争都来自海上。

1874 年，日本发动入侵中国台湾的战争，日本借此连进四步：迫使清政府承认日本的入侵为“保民义举”，从而事实上承认琉球属于日本；彻底吞并了琉球王国；炮击江华岛，迫使朝鲜签订《江华岛条约》；与沙俄签订久拖未决的《库页岛千岛交换条约》。1884 年，中法战争爆发，清王朝“胜于陆地，败于海上”，福建水师在马尾海战中失败，清王朝被迫承认法国对越南的占领。

1894 年，中日甲午战争爆发，战争始于黄海海域，终于威海刘公岛海域。1904 年，日俄战争爆发，战争始于日军突袭被沙俄占领的中国旅顺军港，在迫使俄国太平洋舰队退守于符拉迪沃斯托克(海参崴)后，终于在对马海峡击溃长途跋涉而来的俄国增援舰队，日俄在中国东北与朝鲜半岛之间划定了势力范围。1914 年，第一次世界大战爆发，日本借对德宣战之机，与英国联手，海陆并举，攻占中国青岛，进而占领胶东半岛。这场百年变局对中国乃至东亚的命运产生了巨大的影响。由此可见，“东亚海洋不稳定线”大致每十年动荡一次。在 21 世纪新的百年大变局中，中国海域的海洋不稳定线“复活”，并且波动时间缩短。2014 年，围绕中国海洋石油公司 981 钻井平台，发生了越方冲撞中方船只的事件；2016 年，非法的南海仲裁案所谓“仲裁结果”公布；2018 年，中美贸易摩擦爆发，随后美国在包括南海问题的诸多领域对中国做出种种不友好的举动。

由此可见，此次百年变局中，中国海域的海洋不稳定线发生波动的频率提速，几乎每两年发生一次挑战性的涉海事件，每一次都激化着海洋争端的烈度。对比而言，上一个百年变局中每隔十年发生的事件都是大事件，而目前每隔两年发生的还都属于小事件。但由于现实海洋事态的发展以及传统海洋时代的历史惯性，在海洋不稳定线上发生大事件的概率非常大。

对此，首先我们需要思考：海洋安全现实是否会随着我们倡导“合作共赢”的海洋合作观而发生改变？答案是肯定的，但需要一个漫长的过程。其次，我们需要回答“如何维护自身的海洋安全，在发展中创造海洋大合作时代”的问题。答案有以下几点。

第一，做出时代判断。在“海洋命运共同体”思想的视域下，一切海洋场域都成为命运与共的整体。随着海洋科技的不断进步，随着越来越多国家和人民的生产和生活直接或间接地与海洋事务发生联系，一个以竞争与合作为理念、以海洋国家与陆地国家合作为现实趋势、以海洋开发与海洋治理为现实政策的泛海洋时代到来了。

第二，实行以海制海的战略，以海洋外线维护海洋不稳定线的稳定。泛海洋时代并不意味着海洋冲突与对抗的消失或减弱，仍需要海洋权力的持续提升与海洋外线的大纵深拓展。上个百年变局中，中国海域权力态势呈现的是“中弱、邻强、西霸”，弱者疲于防御，强者主动进攻，霸者纵横捭阖。因此目前中国的海洋战略应该牢牢抓住发展海洋权力这个根本问题，通过海洋权力的机动性，拓展海洋外线的大纵深，将海洋不稳定线纳入大纵深的海洋场域，以保证其不会波动到失控。海洋不稳定线有波动是正常的，但它必须是海洋权力之下可控的波动，直到使海洋不稳定线消失。

第三，确定三位一体的思路，以国际政治、国际法、海洋治理三种路径综合推进海洋合作。其一，没有海洋权力作为支撑的海洋是不可能安全的，海洋博弈的国际政治路径虽然古老却依然令人警醒。其二，海洋博弈的海洋法律路径尽管饱受争议，但毕竟给海洋博弈的现实提供了理想主义的解决希望，以海洋法律捍卫海洋权益是推进海洋合作的重要一环。其三，以海洋治理路径在海洋冲突中谋求合作。在很大程度上，海洋治理在于把来自海上的挑战纳入机制性的管控体系之中，使冲突各方在共治过程中获得绝对或相对收益。[①]

二、东北亚海域海洋安全态势正在发生新变化

近代以来，东北亚海域发生的大国博弈对中国的国家发展产生了重大影响，在该海域发生的重大历史事件也深刻影响了东北亚的历史进程。东北亚海域的重要性要求我们对当前该海域正在发生的新变化保持高度关注，并构建一套新的、合理的海洋安全观念，以便促进东北亚海域海洋政治体系的更好发展。东北亚海域的海洋安全态势有如下特点。

第一，海洋争端久拖不决。世界多国的海洋战略纷纷聚焦东北亚海域。长期以来，东北亚就存在岛礁争端与其他海域争端，而目前东北亚国家及美俄等国的战略开始进一步向海洋聚焦。美国从“亚太再平衡”转向“印太战略”，60%的军力集中部署在亚太地区，最主要的战略力量将部署在东北亚海域。2018 年 12 月，美国总统特朗普签署了《亚洲再保证倡议法案》，该法案对落实美国“印太战略”，进而冲击东北亚岛礁争端都将产生影响。日本一直在谋求成为“正常国家”，希望重新成为海洋大国，其新版防卫大纲在关注北、西、南方向防卫力量的同时，开始关注太平洋方向。韩国坚定执行“大

① 参见张景全：《我国海域的海洋不稳定线：正在复活》，《世界知识》2020 年第 24 期。

洋海军战略”,不断提升海军实力。俄罗斯公布的《2030 年前国家军事海洋活动政策基本原则》指出,俄海军要在世界海洋的关键区域保持存在,尤其关注北极。

第二,东北亚海上力量由美国占绝对优势向中美相对均势转化。目前中国海洋商业开始遍布全球,军舰数量持续增加,海洋科技投入与产出也可圈可点。相比之下,美国海军的绝对优势似乎在下降,但还会在相当长的时期内保持优势。美海军发布的《2020 财年海军舰艇长期建造计划》指出,美国海军在 2034 年即可实现拥有 355 艘舰艇的舰队规模目标。这份计划也要求美国海军的每一艘舰艇都必须是最先进的,至少比别国海军先进一代以上。美国海军谋求的并非均势,而是永久的优势。

第三,东北亚各国海上力量的存在形式发生了变化。一方面,新的“航母时代”已开启。日本是世界上较早研发航空母舰的国家之一,二战期间总共建造了 20 余艘航母(其中多艘已下水但未完工)。目前,日本拥有“直升机航母”,购置了多架 F-35B 战机并列装,具备极强的攻击力。美国现拥有 11 艘航母,且全部为核动力航母。另一方面,海军与海警的混合介入。海警被称为“白色舰队”“第二海军”,当前日韩在应对周边海洋争端时都大量使用海警和海军/海上自卫队的混合介入,美国也已派出海警介入包括南海在内的西太平洋海域冲突。

第四,东北亚海域“扩大化”的时代正在到来。东北亚海域各国的海洋力量正在超越传统的东北亚海域,对越来越远的区域发挥影响。如随着气候变暖,东北亚海域与北极在能源、环境、战略安全等方面的互动也越来越紧密,东北亚各国的海上力量正在向北延伸。

面对东北亚海域和世界海洋的一系列新变化,各国急需进一步拓展海洋安全观,形成“新海洋安全观”。在海洋政治学中,安全的指涉对象并不局限于国家,甚至也不局限于人的安全,而是包含了三个层面:国家和组织群落、人与海洋生物群落、海洋非生命群落,它们都在海洋安全研究中得到呈现。“新海洋安全观”指海洋客体群落的身份自主、功能完整和既有价值不受到威胁,上述三大海洋群落都是海洋安全客体群落,一旦某个群落不复存在,那么海洋安全从理念到现实都将不复存在。海洋安全的这种群落性特征导致其与陆地安全有较大的差异。因此，海洋安全要求不仅将人、国家、组织所具有的认知与实践纳入研究维度，还要将海洋生物、海洋非生命所具有的感知状态引入分析维度，从而在海洋安全研究中形成实践维度、认知维度、感知/状态维度这三种维度。①

三、泛海洋时代的中日海洋事务协调与合作

（一）中日海洋事务协调与合作的动因

在泛海洋论下，中日海洋事务摆脱了传统的“海陆冲突论”视角，可协调和合作的空间与领域逐渐扩大。泛海洋时代的中日海洋事务协调与合作存在诸多动因。具体而言，东北亚海域扩大化、中日外交政策调整、国际形势变化与全球海洋治理推进、中日海洋共同利益增多等因素共同促进了中日海洋事务的协调与合作。

1.东北亚海域扩大化为中日海洋合作提供了足够的空间

泛海洋时代东北亚海域正在“扩大化”，即因北极议题与东北亚国家将海洋力量越来越远地向全球海洋区域投送，东北亚海域在地理与物理影响上正在前所未有地扩大。一方面，随着气候变化、海洋科技进步，北极航道开辟、能源开发、军事部署、环境保护等方面成为关注热点，东北亚海域与北极海域由原来的相对互动较少转变为互动越发频繁，东北亚海域内的成员开始越来越多地介入北极事务，东北亚海域与北极海域在地理上、物理上及心理上的联动性越来越强。另一方面，东北亚海域内的成员越来越多地参与印度洋护航、在相关海域执行所谓“航行自由”、展开军事演习、进行海洋科考与海上救灾等海洋活动，成为全球海洋事务的重要参与力量，从这个意义上而言，东北亚海域也在“扩大化”。因此，东北亚海域在北、南两个大的地理方向上不断扩展，对全球海洋事务的物理与心理冲击也在持续扩大。在泛海洋时代与东北亚海域“扩大化”的背景下，中日海洋事务协作与合作将拥有更加广阔的空间。

2.中日调整外交政策，两国关系趋势向好

中日外交关系长期以来进展不顺，尤其是因东海问题而纠葛不断，海洋

① 参见张景全：《东北亚海洋安全态势正在发生新变化》，《世界知识》2019 年第 24 期。

权益纠纷成为困扰中日关系的一个重要因素，但近年来，中日双方对改善两国关系释放出了良好信号。第一，中日关系持续升温。2018 年 5 月，时任国家总理李克强访日，同年 10 月安倍晋三正式访华，中日双方就深化互利合作、坚持和平友好的中日关系达成共识；2019 年 4 月，日本军舰受邀来华参加中国人民解放军海军成立 70 周年多国海军活动。第二，日本对"一带一路"态度转热，不断释放积极的信号。2017 年 6 月，安倍晋三在"亚洲的未来"研讨会上首次表达了对"一带一路"建设的合作态度；2017 年 5 月及 2019 年 4 月，日本政府均派代表团出席"一带一路"第一届及第二届国际合作高峰论坛。① 此外，中日两国在应对新冠疫情的过程中互相协助，开展了友好的合作与互动，无论从官方还是民心层面都极大地促进了两国关系的升温。第三，中国"海洋命运共同体"思想的提出，对推进中日两国海洋协调与合作具有重要的理论指导意义。中日两国是一衣带水的邻国，海域的各种资源、海域环境、海上安全等均影响着两国的发展，这要求中日两国应该共同合作，更好地开发与利用海洋，使海洋更好地造福两国。

3.国际形势的变化与全球海洋治理推进

近年来，海洋的重要性不断凸显。从全球范围来看，各主权国家、国际组织等国际行为体都加强了对全球海洋治理的参与，全球海洋治理的步伐快速推进。然而与此同时，国际形势也正在发生巨大变化，"国家主义"在欧美国家迅速抬头，如美国与包括中国在内的多个国家发生贸易摩擦，各种多边机制受到破坏，严重冲击了依赖海洋贸易的全球经贸体系。此外，2019 年暴发的新冠疫情已波及全球范围内的几乎所有国家，世界各国的经济与社会发展在疫情中受到严重影响，全球海洋经贸体系受到极大冲击。目前，中国已经成为海洋大国，并且正努力向建设海洋强国的战略目标迈进，"海洋命运共同体"已经成为中国依循的重要原则。日本是个岛国，历史上长期深度介入海洋事务。中日应承担起共同的海洋责任，为维护海洋自由贸易体系、强化全球海洋治理而积极开展协调与合作。

---

① 参见王义桅、崔白露：《日本对"一带一路"的认知变化及其参与的可行性》，《东北亚论坛》2018 年第 4 期。

4.中日两国的共同海洋利益不断增多

在泛海洋时代，中日两国作为隔海相望的邻邦，共同的海洋利益不断增多。第一，海洋合作符合两国追求海洋利益的战略需求。自党的十八大以来，中国便一直致力于建设海洋强国，海权在国家利益中的重要性不断上升；日本则在2018年5月通过了《第三期海洋基本计划》，对海洋战略的重视程度进一步提高。虽然这在一定程度上可能引发两国在海洋利益的一些领域的争夺[①]，但不可否认的是，双方通过多领域的海洋合作可以获取更多的海洋利益。第二，中日合作有利于海洋价值的最大化利用，从而促进两国在相关海域海洋利益的最大化。中日两国相关的海域主要是东海海域。东海海域面积约77万平方公里，蕴藏着丰富的渔业资源、油气资源。然而，由于过度捕捞、过度开采、海水污染等原因，东海的资源一度面临枯竭的困境。因此，中日双方必须加强合作，通过开展各方面的海洋合作，促进海洋资源的高效、优化、和平开发和利用。第三，中日都面临着日益迫切的海洋环境污染、海洋灾害、海盗和海上恐怖活动等超越国境的海洋治理问题，仅靠一国力量无法独立应对，急需通力合作加以解决。在泛海洋时代，在东北亚海域"扩大化"的背景下，传统的海洋"零和博弈"认知已经不合时宜，加强在海洋治理领域的协调与合作已刻不容缓。

(二)中日海洋事务协调与合作的现状

事实上，中日两国已在海洋事务的各领域开展了广泛的协调与合作，主要体现在海洋合作机制、海洋经济合作、海洋科技合作、海洋安全合作、海洋环境保护合作、海上搜救合作等方面。

1.海洋合作机制

官方层面，海洋事务高级别磋商已成为中日两国在海洋领域开展协调合作的核心平台。该机制于2011年12月建立，2012年5月举办首次会议，至2022年已开展十三次。在2019年5月举行的第十一轮中日海洋事务高级别磋商中，中日两国就海空联络机制、海洋科考、海上搜救、海洋执法、渔业合作、海洋垃圾、北极政策、涉海智库、东海问题等具体议题进行了深入交

① 参见张晓磊:《日本〈第三期海洋基本计划〉评析》,《日本问题研究》2018年第6期。

流，并达成广泛一致[①]；磋商机制下设政治与法律、海上防务、海上执法与安全、海洋经济四个工作组会议，供中日双方各级别、各专业领域的政府官员沟通合作事务。2021年12月20日，第十三轮中日海洋事务高级别磋商会议以视频方式举行，中日两国的外交、防务、海上执法和海洋管理等部门参加。双方举行了全体会议以及海上防务、海上执法与安全、海洋经济三个工作组会议，围绕两国涉海问题及推进双边海洋领域务实合作深入交换了意见。[②] 中日双方还与韩国合作，共同建立了中日韩环境部长会议、中日韩灾害管理部长级会议、中日韩海上运输和物流部长级会议、中日韩三国科技合作部长级会议等诸多三边合作机制，为中日海洋合作提供了三边合作平台。民间层面，中日双方已建立起一些涉海智库沟通交流机制，以中国南海研究院与日本笹川和平财团海洋政策研究所（OPRI）共同发起建立的学术交流机制"中日海洋对话会"为代表，为两国涉海研究机构和学者提供了稳定、机制化的沟通与交流渠道，推动了中日在海洋安全、海洋治理等领域的协调与合作。[③]

2.海洋经济合作

海洋经济合作一直是中日海洋合作的重点领域，主要包括海洋渔业合作、海上能源合作、海上运输和物流合作。

（1）海洋渔业合作。在海洋渔业领域，中日通过缔结渔业协议，合作开发和利用东海渔业资源。中日民间渔业协议《中日关于黄海、东海渔业的协定》于1955年首次缔结，至1958年期满终止，1963年第二次签订。《中华人民共和国和日本国渔业协定》于1975年8月首次签订，后于1997年11月重新签署并于2000年6月1日生效。该协定是《联合国海洋法公约》生效以来中国与周边国家签署的第一个政府间渔业协定，也一直是中日两国解决渔业纠纷的指导性文件。2016年11月24日，中日第十七次渔业联合委员会

① 参见《中日举行第十一轮海洋事务高级别磋商》，2019年5月11日，http://www.xinhuanet.com/2019-05/11/c_1124480563.htm.

② 参见《中日举行第十三轮海洋事务高级别磋商》，2021年12月21日，http://www.gov.cn/xinwen/2021-12/21/content_5663002.htm.

③ 参见《2017中日海洋对话会在海口举行》，2017年11月8日，http://www.nanhai.org.cn/search-detail/5445/1.html.

就2016～2017年度执行《中日渔业协定》有关问题达成共识。2019年5月11日，中日第十一轮海洋事务高级别磋商确认"将进一步通过对话沟通加强渔业合作，促进渔业健康稳定发展"①。

(2)海上能源合作。中海油与日本石油公团、石油资源开发株式会社、帝国石油株式会社、出光石油开发株式会社等多家石油公司在渤海、东海、南海开展过一系列合作，签订了十余个石油合同。2004～2008年，中日就东海问题展开了十一轮磋商，最终共同发表了《中日关于东海共同开发的谅解》《中日东海问题原则共识》，就共同开发东海相关区域达成了共识。此外，日本同意依照中国法律参加春晓油气田的合作开发，这是中日在解决东海问题上迈出的历史性一步。

(3)海上运输和物流合作。中日双方通过与韩国共同建立的中日韩海上运输及物流部长级会议机制和两国共同参与的东北亚港湾局长会议，敲定和部署海上运输和物流合作事项。中日韩海上运输及物流部长级会议于2006年首次召开，每两年召开一次，三方代表就加强三国海上物流合作、扩大合作范围充分交换意见，当前合作范围已扩大到航空领域；东北亚港湾局长会议每年轮流在中、日、韩三国举办，探讨港口经济的发展和东北亚港口的合作。2010年12月，三国运输与物流主管部门的代表共同签署了《东北亚物流信息服务网络合作备忘录》，正式建立东北亚物流信息服务网络。

3.海洋科技合作

中日海洋科技合作主要集中于海洋科考合作及海洋技术合作等方面。在海洋科考合作方面，中日双方尊重对方开展海洋科考的权利，并希望能够通过科考合作进一步开发和利用海洋资源。20世纪80年代，中日签署了科学技术合作协定，之后陆续开展了黑潮合作调查、副热带环流合作研究、中日水产资源共同调查等项目，取得了丰富的研究成果。2001年，中日双方就在争议海域内进行海洋科学研究时应提前通报达成协议。此外，中日科学家已与韩国科学家共同举办了多项海洋科考合作研讨会，如2016年中日韩海洋科学合作研讨会、2017年"亚洲大陆边缘演化与西太平洋钻探"国际研

① 《中日举行第十一轮海洋事务高级别磋商》，2019年5月11日，http://www.xinhuanet.com/2019-05/11/c_1124480563.htm.

讨会、中日韩海岸带地质调查研讨会等，两国科学家已在西太平洋与东印度洋海洋钻探、海岸带地质调查等方面加强了合作。在海洋技术合作方面，中日双方在海洋监测与观测技术、海洋资源探测技术、海洋酸化治理技术、海草养殖技术等具体技术的应用上进行了合作。2019 年 5 月，中日第十一轮海洋事务高级别磋商确认双方遵守中日双方关于海洋科考相互通报框架和《联合国海洋法公约》的有关规定，就相关事宜继续保持沟通。

4.海洋安全合作

虽然中日两国在海洋安全领域的合作相比其他海洋领域起步较晚，但双方也已在海洋防务、海上护航、海上军事、海上执法等海洋安全领域展开合作。

在海洋防务合作方面，当前中日在海洋安全领域面临的最大挑战是极易引发危机的海空舰机相遇。为此，中日双方从 2007 年启动海上联络机制磋商，历经 11 年时间，于 2018 年 6 月正式启动了防务部门“海空联络机制”。同年 12 月，中日防务部门海空联络机制第一次年度会议与专门会议在北京召开，双方一致认为该机制启动后已得到有效运行，并一致同意加快机制直通电话建设进程，以进一步发挥机制作用。2019 年中日第十一轮海洋事务高级别磋商会议就继续推进防务部门高层互访等交流合作深入交换了意见。可以预见，海空联络机制的运行将有效降低中日两国在海上发生军事摩擦或冲突的概率。

在海上护航合作方面，中日双方为协调护航资源、提高护航效率，一直积极推动双多边护航班期的协调合作。当前，中日双方已同印度开展了三边护航班期实践行动。如 2012 年中日印三国开展首轮护航班期行动，三国分别轮流作为护航班期的协调参照国，及时公布了各自的护航班期，其余两国据此调整了本国护航班期计划，从而形成了统一且间隔有序的护航班期。[①]

在海上军事合作方面，中国海军与日本海上自卫队自 2007 年开启了互访交流；中日曾共同受邀参加 2014 年与 2016 年美国主导的“环太平洋-

① 参见《中日印护航形成统一有序班期》，2012 年 3 月 30 日，http://japan1.people.com.cn/35469/7774961.html.

2016”军演;中国海军与日本海上自卫队同为西太平洋海军论坛(WPNS)的成员,借此平台在海洋军事学术上有所沟通。此外,中国军官和学者通过参加日本亚太海军指挥学院研讨会(APNCS)与日方就亚太海洋安全问题合作开展了探讨。

在海上执法合作方面,中日双方达成了一定的共识。2019 年,中日第十一轮海洋事务高级别磋商会议确定中国海警局将与日本海上保安厅进一步加强双多边领域的交流与合作。这既有利于中日双方建立良好的互动关系,又有利于中日双方合力解决海洋非传统安全问题,共同维护相关海域的安全与稳定。

5.海洋环境保护合作

在双边合作方面,中日双方达成了《环境保护合作协定》(1994 年),成立了中日环境合作联合委员会(1994 年)、中日友好环境保护中心(1996 年),签署了《关于进一步加强环境保护合作的联合声明》(2007 年)。海洋垃圾是中日两国共同面临的重要海洋环境问题,中日两国政府从 2016 年开始就开展海洋垃圾问题合作研究达成一致,并建立了中日海洋垃圾合作专家对话平台。2019 年,中日第十一轮海洋事务高级别磋商会议中,双方同意于同年秋季在日本举办中日海洋垃圾合作专家对话平台第二次会议和第二届中日海洋垃圾研讨会;在中国实施海洋垃圾联合调查,并加强在该领域的交流合作。在多边合作方面,中日双方通过共同参与的多边合作机制开展海洋环境治理合作,如西北太平洋行动计划(NOWPAP)、东北亚环境合作会议(NEACEC)、东亚海环境管理伙伴关系计划(PEMSEA)、中日韩三国环境部长会议(TEMM)等。通过这些合作机制,达成了区域溢油应急计划、区域海洋垃圾行动计划草案、《2010 中日韩合作展望》等诸多具体成果。

6.海上搜救合作

在双边合作方面,中日两国自 2006 年以来每年轮流举行海上搜救联合通信演习,以提高双方的协作和应急水平。2008 年 10 月,中日两国签订了《中日双边海上搜救合作框架协议》。2016 年,山东省海事局与日、韩、俄三国共同举办了海上搜救论坛。2018 年 10 月 26 日,日本首相安倍晋三访华期间,中日两国签署了《中华人民共和国政府和日本国政府海上搜寻救助合作协定》,该协定已于2019年2月14日起正式生效。2019年,中日第十一轮海洋事务高级别磋商会议上,中国海上搜救中心与日本海上保安厅确认在《中日海上搜救协定》框架下促进信息分享,推进顺畅高效的搜救合作。在多边合作方面,中日同为《1974年国际海上人命安全公约》和《1979年国际海上搜寻救助公约》的缔约国。1996年至今,中、日、韩、俄四国海上搜救部门每年都要举行搜救合作操作级别会议,由四国轮流举办。

(三)中日海洋事务协调与合作存在的问题及其原因

需注意的是,中日海洋事务协调与合作存在以非传统安全领域为主、多借助双多边机制开展合作、两国海洋合作较为敏感和脆弱等问题,这与中日海洋争端的长期存在、日美同盟关系紧密、两国海洋利益存在交叉空间等原因有关。

1.中日海洋事务协调与合作存在的问题

(1)中日海洋合作领域过于狭窄。中日海洋事务的协调与合作主要在非传统安全的海洋领域展开,如海洋经济、海洋科技、海洋环境保护、海上搜救;对于海洋政治和海洋军事等较为敏感的传统安全海洋领域的合作相对较少,这是由历史背景和政治特点导致的。一方面,长期以来中日两国的国家间关系及海洋关系存在一些矛盾与分歧,这导致两国彼此在涉及政治的敏感领域仍然保持警惕性;另一方面,日本在二战后便与美国保持紧密的军事同盟关系,由于政治制度的不同和美国因素的影响,加之近年来日本对中国崛起产生的担忧倍增,在政治和军事领域仍持有较高的警惕性,导致中日两国在上述领域的海洋合作较为欠缺。

(2)中日双边海洋合作较少,多借助双多边机制加强海洋事务的协调与合作。由于中日两国关系微妙,易受到域外大国的干预,因此多选择通过建立双边、多边机制强化制约,以稳固两国间的海洋合作关系。其中,双边机制以官方层面的中日海洋事务高级别磋商机制为核心,多边机制以中日韩三方建立的各种海洋合作机制为代表。两国在海洋领域的直接双边合作较少,已有的双边合作也集中于海洋经济、海洋科技等非传统安全领域。

(3)中日海洋合作具有敏感性和脆弱性,海洋合作的好坏、合作的程度极易受到两国关系的影响。受历史的原因与现实争端的影响,中日关系时好时坏。当两国关系转好时，海洋合作便随之得以发展和深化；一旦两国关系紧张，尤其是涉及海上冲突时，必然会影响海洋合作的正常化。此外，中日海洋合作也容易受到其他大国干预的影响。日本与美国、印度等国家关系紧密，而美、印等国与中国存在贸易摩擦和边界争端等问题，这使日本在海上对中国的态度受到了直接影响。当日本受美国等国的影响对华态度转为强硬时，必然使得两国的海洋合作陷入“停滞”状态，甚至引发更严重的后果。

2.中日海洋事务协调与合作存在问题的原因

(1)中日之间长期存在的海洋争端是影响两国海洋合作的重要背景。历史上，中日之间的海洋冲突长期存在，两国关系甚至一度因此而跌至冰点。此外，中日之间也存在东海划界争议等问题。正是由于这些涉及主权的因素，导致中日海洋合作极其脆弱，很容易陷入“停滞”状态。

(2)日美同盟关系的紧密影响中日海洋合作的性质和内容。由于日本自二战结束以来一直与美国保持高度的同盟关系，在政治、军事上高度追随美国，地理上的“东方国家”却成为政治上的“西方国家”。日本、美国将中国视为战略竞争对手，尤其是近年来对中国发展海上力量更加警惕，担忧中国的崛起将威胁其海上主导地位。受日美同盟的影响，日本与中国在海上传统安全领域的合作较为薄弱，整体来看两国的双边直接海洋合作也较为匮乏。

(3)两国海洋利益存在交叉空间。目前，中日两国均将海洋视作国家战略的重要部分，尽最大力量扩展海洋权益。为了发展海权，中国将“海洋强国”作为国家战略，日本则长期以来将“海洋立国”作为国家的基本政策。由于在岛屿、大陆架划界等方面存在争议，导致两国在追求海洋利益的过程中产生了交叉领域，直接影响了海洋合作的磋商和落实。

尽管中日海洋合作存在问题，但中日海洋合作正逐渐深化且前景较为乐观。虽然当前中日海洋事务的协调与合作尚不成熟，但中日两国始终在为深化双方海洋合作而努力。从非传统安全领域入手到逐渐涉及海洋安全合作，从最初的某一领域合作到海洋经济、海洋科技、海洋环境保护、海洋安全、海洋人文等全面、多领域的合作，从民间合作发展到官方支持，两国正在努力探索和深化海洋合作空间。因此，未来中日海洋事务的协调与合作将向着更深层次、全方位的方向发展。

（四）中日海洋事务协调与合作的未来路径

在泛海洋时代中日关系缓和的大背景下，日本对"一带一路"倡议的态度越发积极，中日两国对海洋的认识不断深化，对海洋的开发利用程度不断加深，双方应不断提升已有领域的合作空间，并在"一带一路"倡议与日本海洋战略对接、双边海洋传统安全合作与第三方海洋合作、北极合作、海洋人文合作等方面积极行动，探寻更多的海洋合作空间。

1.已有合作领域的提升空间

在海洋合作的已有领域，中日存在广阔的提升空间。

（1）海洋合作政治沟通。政策沟通是中日两国长期薄弱、亟须强化的方面，中日两国除了通过已经建立的双多边海洋事务沟通机制继续加强交流，还应加强高层间的政治沟通，尤其是国家领导人、涉海高层领导人之间的沟通。

（2）涉海智库合作。中日两国涉海智库目前已设立"中日海洋对话会"这一较为成熟的交流机制并积极开展合作，未来有望在两国政府的带动下实现两国多智库跨学科互动，以及民间智库与本国政府、民间智库与外国政府的直接合作及互动。

（3）海洋科技合作。当前中日双方已在海洋科技领域开展了相关合作，未来两国在海水淡化、海洋清洁能源、潮汐发电、波浪发电等领域也存在广阔的合作前景。[①]

（4）海洋能源合作。2017 年以来中日关系升温，双方明确提出了使东海成为和平、合作、友好之海的共同目标，虽然最终划界的目标短期内难以实现，但中日两国可以在不损害双方法律立场的前提下，根据共赢互惠原则对东海能源进行共同开发，以此作为过渡性的临时安排。

（5）海空联络机制合作。中日防务部门海空联络机制目前仍存在较大的待完善空间，作为机制核心内容之一的防务部门热线（直通电话）尚未建

① 参见高兰:《亚太地区海洋合作的博弈互动分析——兼论日美海权同盟及其对中国的影响》,《日本学刊》2013 年第 4 期。

设完成，一旦发生紧急事态，两国防务部门高层难以第一时间进行沟通。海空联络机制中避而不谈东海大陆架划界等敏感问题，虽有助于搁置争议、促成机制尽快启动，但也使机制在处理这些敏感区域的偶发性事件时无法发挥预期效果。这些方面有待提升与完善。

(6)海洋环境保护合作。中日两国应建立专门性的海洋环境保护合作机构，加强环境保护的资金投入，制定具体的环境保护合作计划；还应通过国家间海洋污染防治国际合作方法路径，如开展“海洋污染议题联系”等方式促进各方互动和信息共享[①]，推进双边合作并参与多边合作，对亚洲或其他海域污染进行防治。此外，要发挥民间组织和公众的作用，积极呼吁相关的非政府组织和公众参与其中，形成全民海洋环保氛围。

(7)海上搜救合作。《中日海上搜救协定》的具体合作机制尚待完善，搜救机构在建立信息共享平台、建立通信联合反应机制、提高中日海上搜救合作及签署《中日海上搜救协定》等方面还有一定的操作空间。[②] 除上述领域外，中日两国在针对海上贩卖人口、海上贩毒、海上缉私的海洋执法领域，在集绿色产业和清洁产业于一身的滨海旅游领域，在屡次磋商但尚未建成的海上热线领域，在海洋信息和海洋生物医药等新兴海洋产业等领域都存在巨大的合作空间。

2.“一带一路”倡议与日本海洋战略对接

2018年5月，时任国家总理李克强访日期间强调“中方愿与日方进一步开展务实合作，让‘一带一路’倡议与日本发展战略对接，发挥双方互补优势”[③]。日本坚持“海洋立国”，并针对海洋的开发利用制定了“海洋基本计划”，这不可避免地会与中国的海洋利益存在交叉点，因此这也使中日双方更关注对方海洋战略的政治性与战略性目的。但事实上，战略交叉点带来的未必是冲突，还有可能是共同利益。中日加强“一带一路”倡议与日本海洋战略对接有利于双方实现互利共赢。在政治沟通上，中方应把握日方对

① 参见傅丹丹、董楠楠、熊艳晖：《中日韩三国合作防治海洋污染探析》，《河北水利》2013年第5期。

② 参见吴崇伯、姚云贵：《日本海洋经济发展以及与中国的竞争合作》，《现代日本经济》2018年第6期。

③ 《外媒关注李克强总理首次访日：中日经贸关系将上新台阶》，2018年5月11日，http://www.gov.cn/xinwen/2018-05/11/content_5290271.htm.

“一带一路”倡议释放良好信号带来的机遇，继续深化与日方的政治沟通，努力使日本加入“一带一路”建设。在此基础上充分强化战略沟通，跳出既有关注对方海洋战略政治性与战略性的思维，从海洋开发与利用的具体领域着手挖掘合作潜力。

在“一带一路”倡议与日本战略对接的背景下，寻求双方在海洋经济、海洋科考、海洋科技、海洋环境保护、海洋安全等有关海洋发展的各个具体方面的共同利益点，挖掘可合作空间。例如，在设施联通方面，开展东海油气管道项目建设合作、油气资源钻井项目合作等；在贸易畅通方面，开展中日海上贸易联通项目，降低海上关税，开辟专用海上货物运输通道，促进双方商品货物的流通，同时加强海上警务合作、海上执法合作，保障货物运输和经贸往来的安全；在资金融通方面，两国政府强化银行、基金合作，为海上合作项目提供充足的建设资金；在民心相通方面，加强政治宣传和舆论制造，引导两国民众淡化双方的海洋冲突，宣传两国海洋合作所带来的切实利益，为双方海洋合作奠定社会根基。

3.双边海洋传统安全合作与第三方海洋合作

当前，中日海洋合作多集中于非传统安全领域，对于传统安全领域的海洋合作较少，合作程度较浅。传统安全领域的海洋合作主要涉及海洋政治、海洋军事合作等。未来中日两国也应在政治、军事等方面摒弃前嫌、搁置争议、化解冲突、加强合作，这是稳固中日海洋合作关系的重要前提。中日在海洋安全环节的直接合作最为薄弱，多通过中日韩三边合作机制及相关多边合作机制的间接方式开展海洋合作，即使通过双多边机制的合作，其范围也较狭窄，因此未来两国应强化双边的直接海洋合作，探索海洋安全双边合作的新兴空间。此外，中日还应在落实海洋合作方面加大力度，使所确立的合作项目落到实处，如建立中日海洋事务合作的专业部门，落实两国海洋事务高级别磋商的成果；建立双方海洋事务调解部门，调解海洋合作出现的纠纷和问题，促进相互谅解；建立某一领域的中日海洋事务专门合作机制等。即使日本对“一带一路”倡议的态度有所转变，但事实是其仍然并未正式加入“一带一路”，因此中日可以通过“一带一路”周边国家及国际组织，如东盟国家、东盟、非洲国家、非盟等开展第三方海洋合作。

4.北极合作

北极合作是“一带一路”合作的重要领域，尤其是中俄“冰上丝绸之路”倡议的提出并不断实践，将北极合作推向了新的高潮。2019年，中日双方在第十一轮海洋事务高级别磋商会议中围绕北极科研等问题进行了有意义的交流，未来北极合作将是中日合作的重点。中日两国作为近北极国家，在参与北极事务、开展北极科学研究和利用北极航道等领域依然存在广阔的合作空间。此外，日本还可以作为第三方参与中俄“冰上丝绸之路”合作。

5.海洋人文合作

由于历史原因，中日两国在民心相通方面十分脆弱，仍有很大的提升空间。鉴于此，两国必须加强民心相通，将海洋人文合作作为重点强化领域。加强双方海洋文化的沟通与交流，具体包括两国涉海高校互派留学生、涉海科研机构加强沟通与交流、两国学术界合作举办中日海洋论坛等；加强海洋合作意识的宣传，充分发挥媒体和智库的作用，释放中日海洋合作的友好信号，并适当地报道中日海洋合作的互利性，增加中日民众之间的相互了解与认识，从而为中日海洋合作提供良好的舆论氛围。[①]

第二节　欧美的东亚地缘与海军战略

19世纪至20世纪中叶，欧美列强在东亚推行由基地、经关键点、再进行展开以及建立缓冲区、“防波堤”的地缘战略；基于地缘政治竞争观念，欧美列强推行夺取加煤站、建立海军基地、控制重要航道、以小规模舰队威胁或集中海上力量击溃对手的海军制胜战略。欧美列强的东亚地缘及海军战略对东亚，尤其是中、日、俄三国的关系产生了巨大的影响，充分展现了域外势力特别是具有全球影响力的海洋大国，对于某一海域海洋政治事态的发展和态势变迁的重要影响及牵引作用。

地理与国家对外政策存在一定的联系。诚如学者们指出的那样：“国际关系理论一直重视地理学，20世纪中叶以前这种情况尤为突出。人们认为

① 参见张景全、王璐、董益：《泛海洋时代中日海洋事务的协调与合作》，《东北亚论坛》2020年第5期。

地理位置和所控制的自然资源会使国家享有优势或处于不利地位，因此制定或构建的国家对外政策也是源于环境的限制或机会。”[①]19世纪末20世纪初，欧美几乎同时出现了权威性的地缘政治学家，如德国的拉采尔、英国的麦金德以及美国的马汉等。尽管这些学者的观点引起了广泛争议，但欧美的地缘政治学还是深深地渗入了其对外战略之中。有鉴于此，本节以19世纪至20世纪中叶为切入点，分析欧美在这一时期的东亚地缘与海军战略，进而剖析海洋政治战略施展和实践发展的全球联动性。

一、欧美列强的东亚地缘推进和缓冲战略

由于欧美列强与东亚距离遥远，因此采取了较为相似的东亚地缘推进战略，即以距离东亚较近或者东亚内的某一区域为基地，以东亚某些关键地区或关键点为战略枢纽，进行推进战略展开。

英国长期经略印度，把印度视为进军东亚的基地。印度在军事、财政、资源等方面为英国向东亚推进提供了平台，尤其是英国借助其在印度的军事基地得以不断向东亚派遣远征军。更为重要的是，“征服次大陆使英国拥有了大量的资源能够去征服亚洲最后一个堡垒：中华帝国以及以它为中心的东亚世界经济”[②]。由于东亚地理上的广阔与复杂，英国还需要向东亚纵深推进的战略枢纽。19世纪初，当托马斯·斯坦福德·莱佛士(Thomas Stamford Raffles)占领新加坡时便认识到了此举重大的地缘战略意义：“你们只需看一下地图……我们停留的地方完全地从侧翼包围了马六甲海峡，为我们开往中国的船在任何时候和任何情况下都获得了一条通道。新加坡在东方可以变得像马耳他在西方那样。”[③]随后英国又占领中国香港。毫无疑问，新加坡、中国香港成了英国向东亚的核心区域进行战略展开的枢纽。

法国实施选择东亚某一区域为基地，再夺取战略目标的某一关键点为

① [美]詹姆斯·多尔蒂、小罗伯特·普法尔茨格拉夫：《争论中的国际关系理论》，阎学通、陈寒溪等译，世界知识出版社2003年版，第159页。

② [美]乔万尼·阿瑞吉、贝弗里·J.西尔弗：《现代世界体系的混沌与治理》，王宇杰译，生活·读书·新知三联书店2003年版，第244～245页。

③ [美]斯塔夫里阿诺斯：《全球通史：1500年以后的世界》，吴象婴、梁赤民等译，上海社会科学院出版社1992年版，第440～441页。

中转站或枢纽，然后进行战略展开的东亚地缘战略，该战略首先被运用到对越南的占领中。早在1686年，法国东印度公司的股东韦利便前往越南的昆仑岛开设商行。在写给公司的信中，他便建议"设法夺取从欧洲到中国海的海上要道昆仑岛"。1817年，法国政府正式向越南顺化朝廷提出把具有重要枢纽地位的岘港和昆仑岛割让给法国。越南史学家写道："回顾二十六年(1858～1884年)，在法国殖民者侵略越南的过程中，我们看到侵略者有整套的研究计划和充分的准备。他们有计划地稳步前进。在沱囊港的试探对方力量的第一声枪声响起了之后，他们就研究了建立一个基地，并决定用南圻作为根据地和跳板来逐步蚕食北圻和中圻……直到完全征服了越南领土为止。"①法国占领越南后，设立了印度支那联邦政府，把中南半岛的东部视为对东亚进一步推进的基地。1897年，时任印度支那联邦政府总督的保尔·杜美(Paul Doumer)撰文指出："从各方面来看……殖民地都是使法国在世界上扩大影响的活动基地。"②随后的历史表明，法国把对越南运用的地缘战略不断放大运用：以越南为中心建立起向东亚进一步扩展的中南半岛基地，然后以中国广州湾等地为中转地，向中国进行战略展开。

美国、德国作为后发帝国主义大国，因介入东亚的时间相对较晚，其由基地经关键点再推进的地缘战略尚未完全展开，但两国都专注于对东亚关键点的占领，进而使之转化为战略基地。早在19世纪中期，德国地理学家李希特霍芬(Ferdinand von Richthofen)就建议德国政府"欲图远东势力发达，非占领胶州湾不可"③。19世纪末，德国政府正式开始将该地缘战略加以落实：一方面与俄国密切协调，以获取将势力范围推进到中国北方的俄国对德国夺取胶州湾及山东半岛的理解与支持；另一方面以武力逼迫清政府强租胶州湾。最终，德国在位于中国中北部、海陆条件兼备、可影响朝鲜半岛及日本列岛的山东半岛占据了优势。1898年，美国发动美西战争，占领东南亚边缘岛链菲律宾群岛，使其成为美国推进东亚战略的重要前沿基地。正如美国驻华公使查尔斯·弗里曼(Charles Freeman)所说："菲律宾是我们

① ［越］陈辉燎：《越南人民抗法八十年史》第1卷，范宏科、吕谷译，生活·读书·新知三联书店1973年版，第16、33页。

② 楼均信等选译：《1871～1918年的法国》，商务印书馆1989年版，第34页。

③ 丁建弘、陆世澄：《德国史简编》，人民出版社1991年版，第489页。

在远东的立足点。占领它们能给予我们地位与影响，也带给我们富有价值的进出口贸易。”[①]随后，美国的东亚地缘战略继续推进某种形式的展开，正式提出对华“门户开放”政策。

由于欧美列强均以东亚为扩展国家利益的关键地区，且各国东亚地缘推进战略的模式又极为相似，因此如何规避和减轻欧美列强之间以及欧美列强与东亚各国间错综复杂的地缘利益冲突，就成为其东亚地缘战略所考虑的重要内容之一。在这种情况下，缓冲区和“防波堤”战略应运而生。欧美列强在东亚构建缓冲区的地缘战略不断被运用。英国在以印度为基地占领中南半岛西侧的缅甸后，与占领中南半岛东侧的法国冲突加剧，为了避免两强迎头相撞，法国建议英法两国达成协议，共同宣布处于两个殖民帝国之间的暹罗为缓冲国。最终，缓冲区得以建立。

由于英俄在欧亚大陆上的持续争夺，英国视中国为英属印度和俄国之间的缓冲区，加之英国长期是在华利益最大的欧美国家，因此甲午战争前英国在中日之间不断斡旋，试图维持东亚现状，尤其是中国的相对稳定。对此欧洲列强心知肚明，德国外交大臣马沙尔男爵(Baron von Marschall)在给首相的电报中指出，“英国在列强中有最紧迫之利益”，即维持中国作为“最大的缓冲国”。[②] 然而，甲午战争后，中国的实力进一步衰落，已无法充当英俄之间缓冲区的角色，导致英国的这一地缘战略开始转向，即将目光投向日本并最终结成英日同盟。日本被英国视为在东亚对抗俄国的主要缓冲力量，中国东北则沦为俄日角逐的利益场。然而，随着日本在日俄战争中击败俄国，尤其是 1917 年“十月革命”爆发后俄国及苏联对英国占领下的印度及东亚殖民地的威胁减轻，英国谋求在东亚建立缓冲区的意义也随之降低。这在一定程度上导致持续近 20 年的英日同盟在 1922 年走向瓦解。

美国在 19 世纪完成了对美洲的控制，开始向东亚推进。在欧洲列强势力庞杂的东亚与美洲之间，宣称“门罗主义”的美国谋求建立地缘上的“防波堤”。日本由于特殊的地理位置以及在 19 世纪末的逐渐崛起，被美国视为“防波堤”的合适选项，这在一定意义上解释了为何日俄战争中美国和日本、

---

① 余志森:《美国通史》第 4 卷，人民出版社 2002 年版，第 106 页。

② 参见孙瑞芹译:《德国外交文件有关中国交涉史料选译》第 1 卷，商务印书馆 1960 年版，第 6 页。

英国站在了一起。然而，与英国在东亚势力逐渐退缩趋势相反的是，美国是一个新崛起的大国且在东亚地区处于扩张的发展势头，当它需要在东亚持续扩张尤其是登上东亚大陆时，日本的"防波堤"作用便逐渐丧失。1918年，美国作为干涉俄国革命的一支力量第一个在符拉迪沃斯托克(海参崴)登陆，压制和牵制日本无疑是美国的意图之一。在巴黎和会及华盛顿会议上，美国一直对日本采取遏制政策。随着美国在东亚大陆尤其是在中国的影响力进一步扩大，美国开始有意识地把中国视为"防波堤"，加强与中国的关系，直到太平洋战争结束。新中国成立后，美国开始从东亚大陆收缩，中苏关系密切，美国与东亚大陆呈现对峙状态，日本在美国东亚地缘战略中的"防波堤"地位重现，日美同盟也随之建立。

二、基于东亚地缘之上的海军制胜战略

从地缘政治的现实视角出发可知，虽然欧美列强与东亚距离遥远的状况因技术进步而不断得到改善，但在相当长的时期内，能够有效克服因欧美与东亚之间距离遥远所造成的交通迟缓、战略指挥和后勤保障等巨大困难的主要是海军力量。"英国宏大战略"的目标之一便是"保证通向大英帝国最遥远角落的航道畅通无阻"[①]，而一定时期内保障航道畅通的唯一有效手段是海军。当有人以美国与东亚距离遥远为由质疑对菲律宾的占领时，美国战略家回答道："我们的海军将使它们成为毗邻。"[②]因此，任何试图介入并左右东亚的欧美国家首先应该是一个海军强国。英法美俄等国的海军一直在世界海军排名中位居前列，这保证了它们拥有跨越广阔水体、对东亚实施人员及物资投送的能力，因此上述国家在东亚一直拥有巨大利益。

东亚地区特殊的地缘环境和技术交通条件的升级，为欧美列强推行海军制胜战略提供了便利。东亚的大陆一侧海湾众多、海岸线曲折漫长，另一侧列岛星罗棋布、海道纵横。更为重要的是，东亚一侧的大陆海岸线与另一侧的岛屿链相连，从而形成了独特的地缘环境：大陆一侧从北向南，有俄远

---

① [美]罗伯特·A. 帕斯特:《世纪之旅:七大国百年外交风云》，胡利平、杨韵琴译，上海人民出版社2001年版，第37～38页。

② 余志森:《美国通史》第4卷，人民出版社2002年版，第112～113页。

东地区、朝鲜半岛、中国沿海、中南半岛，经马六甲海峡，再从南向北，有印度尼西亚群岛、菲律宾群岛、琉球群岛、日本列岛、千岛群岛，在堪察加半岛与大陆相连，其间海道分布，在中间形成了一个形状不规则且半封闭半开放的独立海域。这种独特的地缘环境在中世纪时期为东亚的文化与经济交流提供了便利，形成了东亚海洋周边国家和地区虽然联系紧密但又未完全一体化的独特的东亚体系。而近代以来，这种地缘环境则为欧美列强推行东亚海军制胜战略提供了巨大便利：在这个自成一体、左右逢源的狭长海域内，海军可获得进可攻退可守的优良港口、补充给养和燃料的基地以及重要航道，海军的机动性得以有效发挥。

另外，东亚在技术、交通上的落后强化了东亚独特的地缘环境带给欧美列强的海军优势。欧美海军成为远距离能力投送的主要军种，是欧美列强长期海洋实践和技术进步的结果，火力和机动性优势显著。虽然在 19 世纪末 20 世纪初，以铁路为代表的新技术对海军的地位提出了挑战，但东亚的技术及陆地交通状况并未对欧美海军的地位构成致命的威胁：中国虽领土广阔但铁路总长度极为有限，陆军装备水平很低，不会对海军构成较大威胁；日本铁路交通相对发达，陆军装备精良，但列岛国家的陆地战略纵深极其有限，对日本的进攻或威慑更多取决于海上；中南半岛及群岛河流纵横、落差很大，热带丛林遍布，以陆地进攻代替海上攻击得不偿失。

鉴于此，对于距离遥远的欧美列强而言，依靠海军进攻技术和交通落后的东亚，或者依靠陆军占领陆地广阔、岛屿星罗棋布的东亚，是战略指向及影响相异的不同选择。历史上，欧美列强长期视海军为影响东亚的有力手段，制定了相似的东亚海军制胜战略，如夺取加煤站、建立海军基地、控制重要航道，以小规模海军舰队威胁对手或在关键时刻集中海上力量击溃对手，进而实现东亚利益。具体来说表现如下。

其一，传统海军强国(英、法等)一直高度重视在东亚沿海陆地及岛屿修建加煤站，德国代理外交大臣布洛夫(Karl von Bülow)曾在外交记录中，把包括德国在内的欧洲列强重视在东亚建立加煤站的海军战略和盘托出："德国东亚商业的发达使它有必要在东亚海洋内常驻一些帝国军舰保护这个商业，因此需要像其他与东亚商业有关的国家一样，有一个中国沿海地点，使我们的军舰能暂时停留、补充煤炭并进行必要的修理。”[①]东亚加煤站的不断修建，意味着欧美列强的海军在东亚的作战半径不断延伸，海军基地的功能不断发展，对东亚关键航道的控制力不断增强，进而助力于其东亚战略的推行。

19 世纪末 20 世纪初，美国开始涉足东亚事务。马汉认为，美国应在关键地区广泛建立加煤站，控制亚洲、太平洋、大西洋及主要海峡、航道。[②] 随后美国制定了以关岛和菲律宾为依托，加煤站、海军基地与航道控制三位一体的海军战略。时任美国舰队司令罗伯特·斯托克顿(Robert Stockton)在写给美国海军学院创始人、海军少将斯蒂芬·卢斯(Stephen B. Luce)的信中认为，“长期被美国捕鲸船作为集合地的关岛拥有通往夏威夷和菲律宾的直接航线……正好可以在这里乘船到日本、韩国、中国上海和香港……如果我们在菲律宾维持一个加煤港，就可以从旧金山或巴拿马地峡运河前往夏威夷、从夏威夷到关岛、再从关岛去菲律宾”。海军军官麦肯则以关岛为依托提出了更为宏大的海军战略：如果关岛建成美国一流的海军基地，将能够保护和威慑从符拉迪沃斯托克(海参崴)到新加坡的全部战略地区，以及从澳大利亚到加拿大埃斯奎莫尔特港的海上交通线侧翼的战略要地。[③] 这一海军战略在冷战后仍可见其踪影。

其二，以小规模海军舰队威胁对手，关键时刻坚决集中海军力量谋求制胜。东亚沿岸国家技术、交通的落后有利于欧美海军的战略展开，规模很小的舰队也可控制大部分海域，并对沿岸国家构成巨大威慑。如“在 1841 至 1842 年鸦片战争的几次战役中，装甲舰‘复仇女神号’的机动性和火力对中国的守军来说是一个灾难，他们轻易地被一扫而光”；“在欧洲以外，较小的皇家海军舰队甚或个别战舰进行的活动：镇压海盗活动，拦截贩奴船只，运送陆战队登陆，威慑从广州到桑给巴尔的地方当权者，其影响甚至是决定性

① 孙瑞芹译：《德国外交文件有关中国交涉史料选译》第 1 卷，商务印书馆 1960 年版，第 139～140 页。

② 参见[美]艾尔弗雷德·塞耶·马汉：《海权论》，萧伟中、梅然译，中国言实出版社 1997 年版，第 307 页。

③ 参见余志森：《美国通史》第 4 卷，人民出版社 2002 年版，第 111～112 页。

的”。[①] 英、法、美、德、俄均在东亚派驻了舰队，只要有需要它们便会出现在东亚海域的任何角落。

三、欧美列强的东亚地缘、海军战略对东亚的影响

19 世纪至 20 世纪中叶欧美列强东亚地缘战略的推进存在这样的模式：获取战略基地—抢占战略枢纽—进行战略展开，为了规避和缓解列强间的矛盾推行缓冲区、“防波堤”战略，对东亚地区的国际关系产生了巨大影响。该地缘战略沿印度半岛、中南半岛、东南亚群岛、中国东部沿海地区、日本列岛呈弧形展开，在一定程度上折射出东亚传统国际体系和社会瓦解、衰落的模式——梯次瓦解与沦落。先是东南亚成为欧美的殖民地——19 世纪之前荷兰占领印度尼西亚群岛，19 世纪中后期英法占领中南半岛；随后在 19 世纪末，处于东南亚、东北亚中间地带的中国被半殖民地化，处在东北亚纵深地带的日本经过短暂的殖民地化风险后，在 19 世纪末 20 世纪初很快摆脱沦为殖民地的风险，并迅速成长为一个强国。欧美列强的东亚地缘战略最终展开的重点区域都集中在中国，深刻塑造了中日俄三国的地位和关系：中国成为欧美列强东亚博弈的竞技场，地缘经济地位持续走低，严重损害了自身的地缘政治地位，日俄则一直处于相对优势地位。英法以暹罗为缓冲区，英国先后以中国、日本为英俄缓冲区，美国先后以日本、中国为美俄(苏)缓冲区和“防波堤”，这在某种程度上解释了如下两种现象：英法之间、英俄之间、美苏之间尽管在东亚的利益冲突激烈，但很少演变为双方大规模直接的正面战争，英国、美国都曾出现过在中国和日本之间进行的战略选择，基于地缘之上的欧美列强海军制胜战略也直接或间接地影响了东亚及中日俄三国关系。欧美列强影响东亚历史进程的战争几乎都发生在海上，对东亚传统国际关系和社会的瓦解产生了巨大冲击。

19 世纪中期，英国第一个对东亚传统国际体系的核心中国发动了海上进攻，虽未开展大量陆地作战，但最终清王朝战败；美国佩里舰队在日本沿岸示威也起到了同样的作用。中日两国被迫与欧美列强签订一系列不平等

---

① 参见[英]保罗·肯尼迪：《大国的兴衰》(上)，王保存等译，中信出版社 2013 年版，第 155 页。

条约，继东南亚群岛沦陷后，以中国为核心的东亚国际体系开始崩溃。法国在与英国联手发动了以海军为主导的第二次鸦片战争后又发动了中法战争，尽管其在陆地上战绩不佳但却胜于海上，在马尾海战中击溃福建水师，一支法国分舰队随后还入侵了湄公河流域，最终迫使中国同意法国拥有对其藩属区域印度支那的统治权，东亚朝贡体系进一步坍塌。19 世纪末，甲午战争的海上战局决定了中日两国的命运。20 世纪初，日俄战争以海战开始，以对马海战俄国舰队的近乎全军覆灭促使战争最终结束，俄国开始在东亚收缩。一战伊始，英国让日本在东亚参战的目的是在中国沿海发现并击沉德国战舰。二战开始后，欧美列强对日本在东亚陆地上的进攻并未出兵制止，而以海上突袭战开始、被欧美视为挑战其海上战略的太平洋战争爆发后才倾力在海上与日本展开军事争夺。

中国不仅拥有广阔的市场和丰富的资源，而且拥有从东南亚通向东北亚最漫长的海岸线，其在海军战略中的价值十分突出。19 世纪中叶至 20 世纪中叶，欧美列强在东亚发动或参加的主要战争为第一次鸦片战争、第二次鸦片战争、英法征服印度支那战争、中法战争、美西战争、八国联军入侵北京、干涉苏俄革命、太平洋战争等，共计 8 次，其中针对中国 4 次，针对俄国、日本的各 1 次。中国在欧美列强坚船利炮的压力下，逐渐认识到海军的战略作用，一度发展起自己的海上力量，但相对落后的海军战略连同海上力量，在中日甲午海战等战争的不断打击下丧失殆尽。二战中，日本数艘陈旧的战舰便控制了整个中国沿海。日本在东亚较早地认识到海军战略的巨大意义，着力强化海军建设，以实力与西方列强结盟并扩大自身影响。当法国和俄国在 19 世纪 90 年代结成同盟后，英国与日本在 1902 年结成同盟，当时的出发点之一就是考虑到日本的海军因素。“根据 1901 年英国海军部的一份备忘录分析，中国水域上的法俄联合海军力量，在战舰数量上以 9 比 4 超过英国，但英国若与日本结盟会使它在战舰数量上以 11 比 9 占上风，而在巡洋舰方面也占优势。英日结盟将大大加强英国的海军力量，在与法俄同盟作战时发挥效力。”①

与中日相比，俄国与西欧在地缘上最为接近。在中、俄、日三国中，俄国

① 王绳祖：《国际关系史》第 3 卷，世界知识出版社 1995 年版，第 304 页。

对海军战略了解最早，在近代三国关系中最先处于优势地位。但恰恰是与西欧地缘上的接近，使俄国的东亚海军战略受到巨大牵制。日俄冲突加剧时，俄国在备战不足的情况下仓促应战；当其东亚太平洋舰队逐步被击溃后，不得不从遥远的欧洲调遣波罗的海舰队驰援东亚，等待这支跨越半个地球的舰队的只能是一场灾难。此后，俄国在东亚的海军力量锐减，日俄关系逆转，一直持续到美英彻底击败日本的海上力量、苏联海军重新在东亚大规模出现之时。可见，欧美国家正是看到东亚地区在全球海洋政治格局中的位阶不断上升，海洋战略重要性和海缘战略价值不断凸显，因此纷纷将海洋战略和实践重点转向东亚，开展持续性的实践行动，产生了持续性的影响。欧美国家在东亚的海洋活动从海上军事、海洋战略、海洋治理等多个层面展开，充分展现了海洋政治的战略施展和实践开展的多层次、复合性特征。①

第三节　亚太海洋战略博弈

美国自 1979 年提出“航行自由计划”(Freedom of Navigation Program)以来，始终以此为指针，通过外交和军事手段对其认定的他国“过度的海洋主张”发起挑战。随着国际形势的变化，美国的行动频率不断上升，行动区域集中于南海，行动目标主要指向中国，行动方式也由单枪匹马向裹挟盟友转变，美国在南海的“航行自由计划”正在使南海军事化。美国在南海实施“航行自由计划”的实质在于维护其在南海的利益和亚太地区的霸权，并以此遏制中国。对美国常态化的军事巡航，中国须做好主动应对的准备，以战略性思维对国际法进行解读，为自身政策提供法理依据；同时以重在开展海洋合作的“海洋命运共同体”认知对冲以军事宣示为主的“航行自由计划”认知；提供有关“航行自由”的公共产品，赢得其他国家的信任。所以，本节以美国“航行自由计划”和中美在南海的博弈为案例，深入分析当前亚太地区海洋战略博弈的基本态势，以兹证明海洋战略和海洋实践、海洋利益竞争和海洋事务协调在海洋政治实践和海洋政治学理研究中的重要性。

---

① 参见张景全:《欧美列强的东亚地缘及海军战略(19～20 世纪中叶)》,《东北亚论坛》2007 年第 1 期。

一、美国的“航行自由计划”

1979年，卡特政府制定了“航行自由计划”，其核心是抑止美国所认定的超出国际法授权的“过度的海洋主张”。一方面，美国政府注意到许多国家不断扩大领海的管辖范围，超出了传统的海洋主张，“航行自由”受到冲击；另一方面，美国主张的“航行自由”在第三次联合国海洋法大会上遭遇挑战，美国国家安全委员会建议采取“预防措施”，以防止《联合国海洋法公约》一旦实施对美国产生的不利影响。① “航行自由计划”的出台正是旨在维护美国所谓的“航行自由”利益，如艾略特·理查德森(Elliot L. Richardson)所言：“美国海军为完成威慑和保卫的使命，必须有覆盖全球的军事存在或迅速集结的能力，这对美国实现其海洋利益意义重大。这一能力包含军事和政治两大因素，军事上指美国的全球机动能力不受限制，政治上则指美国在航行和驻扎时不会受控于其他国家。”②由于卡特政府“航行自由计划”的相关文件尚未解密，该计划的具体内容目前尚无法查阅，但可以肯定的是，“航行自由计划”的出台是让其他国家知晓，美国不会容忍对海上行动自由具有负面影响的任何主张。③

1982年12月13日，里根政府出台“国家安全决策指针72号”(National Security Decision Directive 72)，即“美国行使海上航行和飞越权利计划”，对“过度的海洋主张”做出了具体说明。④ 1983年3月10日，里根政府出台“美国海洋政策声明”(Statement on United States Oceans Policy)，称接受并遵守《联合国海洋法公约》有关海洋使用如航行和飞越中利益平衡的传统原则，并阐明了在专属经济区内的航行自由权利。⑤ 1987年3月16日，白宫又

---

① Robert P. Girrier, “U.S. Freedom of Navigation Program”, Theses and Major Papers, University of Rhode Island, 1990, pp.2-3.

② Elliot L. Richardson, *Vital Speeches of the Day*, New York: City News Publishing Co., 1979, pp.702-704.

③ William J. Aceves, “Diplomacy at Sea: U.S. Freedom of Navigation Operations in the Black Sea”, *Naval War College Review*, Vol.46, No.2, 1993, pp.59-79.

④ The White House, “National Security Decision Directive 72”, 1982-12-13, http://www.fas.org/irp/offdocs/nsdd/nsdd-072.htm.

⑤ Ronald Reagan, “Statement on United States Oceans Policy”, 1983-3-10, http://www.ocean-law.org/sites/default/files/ReaganOceanPolicy-1983.pdf.

出台了“国家安全决策指针 265 号”(National Security Decision Directive 265),即“航行自由计划”,对具体政策予以说明,并再次重申反对“过度的海洋主张”。[①] 1990 年 10 月 12 日,老布什政府发布“国家安全指针 49 号”(National Security Directive 49),即“国家空间政策”,取代此前的“国家安全决策指针 265 号”,并对“航行自由计划”的管理和组织提出了指导性意见。[②] 2004 年,白宫又发布“国家安全总统指令 41 号”(National Security Presidential Directive 41),即“海洋安全政策”,再度强调要维护海洋航行自由,保护合法的军事和商业航行。[③] 2009 年,小布什政府在“国家安全总统指令 66 号”(National Security Presidential Directive 66)即“北极地区政策”中,强调确保美国在北极地区的航行和飞越自由权是美国基本的国家安全利益。[④]

由此可见,“航行自由计划”不是单一的文本计划,而是一项由一系列方针和计划构成的、不断拓展延伸的对外政策指针,并以维护“航行自由权”为宗旨。其核心内容中力图挑战的“过度的海洋主张”主要指:(1)美国不承认的历史性海湾/水域主张。(2)并非依据《联合国海洋法公约》所反映的国际习惯法而划定的领海基线主张。(3)在领海宽度未超过 12 海里的情况下,用于国际航行的海峡被领海覆盖,不遵守《联合国海洋法公约》所反映的国际习惯法,不允许“过境通过”的主张;要求包括军舰和海军辅助舰船在内的所有船只于“无害通过”之前事先通知或获得批准的主张;在推进方式、武器装备、运载货物方面对“无害通过”的船只提出不符合国际法的特殊要求的主张。(4)领海宽度超过 12 海里的主张。(5)声称对 12 海里以外海域拥有管辖权的主张,如安全区。(6)违背《联合国海洋法公约》所反映的国际习惯法不允许群岛海道通过的主张,以及其他不符合《联合国海洋法公约》所反

① The White House, “National Security Decision Directive 265”, 1987-3-16, http://www.fas.org/irp/offdocs/nsdd/nsdd-265.htm.

② The White House, “National Security Directive 49”, 1990-10-12, http://fas.org/irp/offdocs/nsd/nsd49.pdf.

③ The White House, “National Security Presidential Directive 41/Homeland Security Presidential Directive 13”, 2004-12-21, http://fas.org/irp/offdocs/nspd/index.html.

④ The White House, “National Security Presidential Directive 66/Homeland Security Presidential Directive 25”, 2009-1-9, https://irp.fas.org/offdocs/nspd/nspd-66.htm.

映的国际习惯法的群岛主张。[①]

“航行自由计划”主要由美国国务院和国防部共同协调执行，其手段以外交部门的交涉、磋商和军事行动为主。外交部门的交涉与磋商多依靠国务院进行，此外还与他国政府开展双边和多边磋商，努力促进海上稳定和国际法的履行，强调所有国家均有必要也有义务遵守《联合国海洋法公约》所反映的国际习惯法所涉及的规定和惯例。[②] 军事行动由国防部负责，后者调配包括海岸警卫队在内的美军各军种力量以实施该计划[③]，并每年向总统和国会提交报告，汇报上一年度“航行自由计划”中军事宣示的执行情况。

从美国所挑战的持有“过度的海洋主张”的国家（地区）分布和数量看，“航行自由计划”的实施呈以下变化态势：20 世纪 90 年代，美国对其进行军事宣示的国家和地区分布于全球四大洲，以非洲和亚洲为主；2000 年后，美国进行军事宣示的国家和地区数量呈下降趋势，从 1999 年最多的 26 个，减至 2006 年最少的 5 个；从 2009 年起又有所回升，回升为 11 个，2014 年猛增到 19 个。从分布来看，2000 年之后亚洲国家和地区，尤其是东南亚国家和地区，成为美国所要挑战的持“过度的海洋主张”者的绝对主体。2000～2014 年，其中有 10 年亚洲国家和地区占当年美国军事宣示行动目标之总数的 70%以上，甚至有 4 年美国对其提出相关挑战的全部为亚洲国家和地区；而 2004～2014 年，在所有被美国军事宣示的国家中，东南亚国家所占的平均比例高达 47%左右。[④] 美国宣示“航行自由”主张的重心已经由全球向亚洲转移，更确切地说，是在向涉及多个东南亚国家的南海地区转移。

二、中美对南海“航行自由”的认知分歧

中美在“南海航行自由”问题上分歧的核心，是对《联合国海洋法公约》

---

① The White House，“National Security Directive 49”，1990-10-12，http://fas.org/irp/offdocs/nsd/nsd49.pdf.

② U.S. Department of State，“Maritime Security and Navigation”，2004-12-21，https://www.state.gov/e/oes/ocns/opa/ maritimesecurity/index.htm.

③ U.S. Department of Defense，“Freedom of Navigation Fact Sheet”，2015-3-31，http://policy.defense.gov/Portals/11/Documents/gsa/cwmd/DoD%20FON%20Program%20--%20Fact%20Sheet%20(March%202015).pdf.

④ 此处数据由笔者根据美国国防部发布的历年美国“FON 计划军事宣示执行报告”整理得出，具体可参阅美国国防部网站(http://policy.defense.gov/OUSDPOffices/FON.aspx)。

专属经济区航行自由制度的理解以及对中国南海U形线性质的不同观点。

一方面,在沿海国对于专属经济区内他国军事活动的管辖原则以及在专属经济区的性质上,中美存在分歧。美国认为《联合国海洋法公约》第五十八条第一项规定:"在专属经济区内所有国家,无论沿海国或内陆国,在本公约有关规定的限制下,享有第八十七条所指的航行和飞越的自由,铺设海底电缆和管道的自由,以及与这些自由有关的海洋之其他国际合法用途,诸如同船舶和飞机的操作及海底电缆和管道的使用有关并符合本公约其他规定的用途。"在美国看来,"与这些自由有关的海洋之其他国际合法用途"包括军事活动,如停泊、起降飞机和其他军事设备,收集情报,监视侦察,操作军用设备,开展军事演习以及其他军事行动(如军事测量等)。[①] 包括中国在内的许多国家明确反对这一观点。中国认为《联合国海洋法公约》第五十八条第三项规定:"各国在专属经济区内根据本公约行使其权利和履行其义务时,应适当顾及沿海国的权利和义务,并应遵守沿海国按照本公约的规定和其他国际法规则所制定的与本部分不相抵触的法律和规章。"出于国家安全利益的考虑,沿海国对他国在本国专属经济区内所从事的军事测量等活动拥有管辖权。

此外,关于专属经济区的性质,美国将其同毗连区和公海一并划定为国际水域,所有国家的船只和飞机在国际水域均享有公海航行自由和飞越自由。[②] 在1983年出台的"美国海洋政策声明"中,美国明确提出在专属经济区内享有与在公海相同的"航行自由权",这也与包括中国在内的多数国家意见相悖。《联合国海洋法公约》第五十五条已明确给出专属经济区的定义,即"领海以外并邻接领海的一个区域",并在第五十七条规定了其范围——"专属经济区从测算领海宽度的基线量起,不应超过二百海里";公海部分第八十六条也做出限定:"本部分的规定适用于不包括在国家的专属经济区、领海或内水或群岛国的群岛水域内的全部海域。"新加坡外交人士、华裔学者许通美(Tommy Koh)认为,按照《联合国海洋法公约》规定,专属经

① "United Nations Convention on The Law of The Sea", 2004-3-11, http://www.gc.noaa.gov/documents/SExecRept-108-10.pdf.

② Dennis Mandsager, "The U.S. Freedom of Navigation Program: Policy, Procedure and Future", *International Law Studies*, Vol.72, 1998, pp.114-118.

济区通常不被当作公海,《联合国海洋法公约》下的“航行自由”必须出于和平目的,也必须适当顾及沿海国的权利和义务。[①]

另一方面,中美对南海U形线性质的认定存在分歧。事实上,“历届中国政府从未要求整个断续线内海域的主权,中国政府一直以来所主张的是对岛礁及其附近海域的主权,从未主张和行使对线内全部海域的主权”[②]。中国一贯主张对南海U形线以内水域享有非排他性的“历史性权利”,当外国船只进入该水域时,中国一般使用“专属经济区”的概念。同时,在“南海航行自由”问题上,中国并未阻碍其他国家按照《联合国海洋法公约》的规定享有其航行自由。中国一向尊重、维护世界各国的船舶,包括美国的民用、商用和其他军用船舶在中方的专属经济区行使正当、合法的航行自由权。中国外交部发言人曾表示,中方一贯尊重和维护各国依据国际法所享有的航行和飞越自由。只要是在真正的国际航道行使正当和正常的“航行自由”,中国从不反对。[③] 关于南海航行权问题,中国政府的主张是明确的、始终如一的。中国维护在南海的主权和海洋权益,并不影响各国按照国际法在南海享有的航行自由。[④] 但中方主张的“南海航行自由”绝不等于外国军舰、军机可随意进入。[⑤]

三、美国在南海实施“航行自由计划”的实质及中国的应对策略

多年来,美国对维护所谓的“南海航行自由”给予高度重视。1995年5月,克林顿政府就中菲“美济礁事件”发表声明,宣称在南海“维护航行自由是美国的基本利益。所有船只和飞机在南海的无障碍航行,对于包括美国

① Tommy T. B. Koh, “Remarks on the Legal Status of the Exclusive Economic Zone”, in Myroon H. Nordquist, Tommy T.B. Koh and John Norton Moore (eds.), *Freedom of Seas, Passage Rights and the 1982 Law of the Sea Convention*, Martinus Nijhoff Publishers, 2009, pp.53-54, 69.

② 贾宇:《南海“断续线”的法律地位》,《中国边疆史地研究》2005年第2期。

③ 参见《外交部发言人:希望美方在南海行为意图更光明磊落》,2015年11月5日,http://www.xinhuanet.com/world/2015-11/05/c_1117054748.htm.

④ 参见《外交部发言人:南海航行自由不存在任何问题》,2011年6月21日,http://www.chinalaw.gov.cn/article/xwzx/szkx/201106/20110600343278.shtml.

⑤ 参见《外交部:南海航行自由绝不等于外国军舰军机随意进入》,2015年5月13日,http://china.cnr.cn/NewsFeeds/20150513/t20150513_518550341.shtml.

在内的整个亚太地区的和平与繁荣至关重要”①。这是美国政府首次从南海航行自由涉及美国“基本利益”的立场发表声明。2010 年 7 月 23 日，美国国务卿希拉里·克林顿在“东盟地区论坛”外长会上声称美国在维护“南海航行自由”方面拥有“国家利益”，在南海问题上反对“胁迫”，反对使用武力或以武力相威胁。② 2012 年 11 月 18 日，在《第四次东盟—美国领导人联合声明》中，美国再次强调美国对亚太地区的和平与稳定享有共同利益，美国重视该地区的“航行和飞越自由”等权利。③ 2014 年 2 月 5 日，美国助理国务卿丹尼尔·拉塞尔(Daniel R. Russel)在国会众议院作证时再次强调“美国在东亚和南海的‘航行和飞越自由’事关美国的国家利益”④。美国对于维护南海航行自由日益关注，其实质是维护美国在南海重要的地缘经济与政治利益，维护其亚太霸权进而遏制中国。

其一，南海水域对美国经济运行起着不可估量的作用。每年有价值 5 万亿美元的货物要经过这一水域运输，其中 1 万多亿美元的货物是往返于美国的贸易货物；美国需要通过南海完成其 50%的全球航运，“美国的经济和安全与通过印度洋和太平洋的巨大贸易紧密相连”⑤。南海地区也是美国重要的投资和贸易场所，美国的石油公司几乎与南海争议各方都签有石油开采协议，在南海的无障碍进入是保障美国经济利益的重要环节。2010 年 9 月，在“第二届美国—东盟峰会”发表的联合声明中，美国重申了亚太地区“海上安全、商贸畅通以及航行自由”的重要性。⑥

其二，南海问题是美国拉近与东盟的关系以制衡中国的利器，是美实施

---

① Christine Shelly, “US Policy on Spratly Islands and South China Sea”, 1995-5-10, http://dosfan.lib.uic.edu/ERC/briefing/daily_briefings/1995/9505/950510db.htm.

② 参见时永明：《美国的南海政策：目标与战略》，2015 年 5 月 11 日，https://www.ciis.org.cn/yjcg/xslw/202007/t20200710_1208.html.

③ “Joint Statement of the 4th ASEAN-U.S. Leaders' Meeting”, 2012-11-18, https://asean.org/joint-statement-of-the-4th-asean-u-s-leaders-meeting/.

④ Assistant Secretary of State Daniel Russel, “Maritime Disputes in East Asia”, 2014-2-5, http://www.state.gov/p/eap/rls/rm/2014/02/221293.htm.

⑤ US Department of the Navy, “A Cooperative Strategy for 21st Century Seapower”, 2007-10-17, https://www.govinfo.gov/content/pkg/CHRG-110hhrg44078/pdf/CHRG-110hhrg44078.pdf.

⑥ The White House, “Joint Statement of the 2nd US-ASEAN Leaders Meeting”, 2010-9-24, https://obamawhitehouse.archives.gov/the-press-office/2010/09/24/joint-statement-2nd-us-asean-leaders-meeting.

“再平衡”战略的工具。随着中国的崛起,包括东盟在内的亚太国家一度出现经济上依赖中国、安全上仰仗美国的所谓“亚洲悖论”。为此,美国利用“航行自由”恶炒南海问题,采取双管齐下的策略:一方面以“航行自由”之名炮制南海安全议题,支持或偏袒其他声索方,试图强化东盟国家的安全仰赖;另一方面,以安全需求为驱动推出《跨太平洋伙伴关系协定》(TPP),将东盟主要国家裹挟其中,阻击东盟与中国(“10+1”)的地区经济一体化进程,试图诱使东盟国家在经济上也依赖美国。因此,东盟国家被美国视为制衡中国的主要力量,美国东亚与太平洋事务副助理国务卿麦克尔·福克斯(Michael Fuchs)称,美国在东南亚的行动是“再平衡中的再平衡”(rebalance within the rebalance)。①

其三,南海问题被美国用作确保同盟机制的可信性,维护其在亚太的霸权,为遏制中国造势的重要手段。自二战结束以来,美国一直是亚太水域的霸主,并构筑起了护持其霸权的同盟体系。与美签署防务条约的盟国,在亚太地区就有五个——澳大利亚、泰国、菲律宾、日本和韩国。“美国联盟体系的诚信及美国作为安全伙伴的可靠度都依赖于南海地区的自由航行原则。换言之,美国会竭尽全力阻止南海成为中国的‘内湖’而妨碍其航母、潜艇的自由游弋,保护南海作为国际重要商道的安全,也保护美国盟友的安全。”②美国极力维护“南海航行自由”,旨在履行对盟友安全及利益保护的承诺以巩固同盟关系,换取它们对美国“亚太再平衡”等战略的支持,从而达到进一步牵制中国、维系美国亚太霸权的目的。“对于美国及其在亚洲的军事同盟体系来说,南海具有全球公共产品性质,是对美国承诺的同盟义务的一个试金石。”③

近年来,美国“航行自由计划”展现出由一家独行到胁迫并诱使多国跟进的新特点。2014年,东盟在美国推动下发表外长声明,对南海紧张局势的加剧表示“严重关切”。对美国海军“柯蒂斯·威尔伯”号导弹驱逐舰闯入中国西沙群岛中建岛12海里海域一事,日澳两国纷纷表示支持。2016年2月

---

① Michael Fuchs, “Testimony before the House Foreign Affairs Committee Subcommittee on Asia & The Pacific”, 2015-12-2, http://www.state.gov/p/eap/rls/rm/2015/12/250315.htm.

② 杨震、周云亨、朱漪:《论后冷战时代中美海权矛盾中的南海问题》,《太平洋学报》2015年第4期。

③ 张洁:《对南海断续线的认知与中国的战略选择》,《国际政治研究》2014年第2期。

1日，日本《产经新闻》报道，内阁官房长官菅义伟当天声言，“日本一直表明支持美军在南海的航行自由行动”①。2016年1月31日，澳大利亚《悉尼先驱晨报》也报道称，美国在闯入中国中建岛邻近海域前，已向澳方通告了此事。澳洲传媒巨头费尔法克斯传媒（Fairfax Media）发表评论表示，此举也可以看出美澳同盟双方强调在这一问题上的密切合作。澳国防部长玛丽斯·佩恩（Marise Payne）声称：“美国已经公开宣布其在全球进行航行自由军事行动的政策，这是符合国际法的。所有国家都应享有国际法之下的自由航行和自由飞越权利，包括在南海行使这些权利。澳大利亚对上述权利予以大力支持。澳大利亚将继续与美国和其他地区合作伙伴在海上安全问题上亲密合作。澳大利亚的船只和飞机将继续行使国际法赋予的航行和飞越自由权利，包括在南海的自由航行和飞越。”②

需要看到，美国的所作所为一方面是力求壮大声势、制造影响力，对中国施压；另一方面，也反映了随着其霸权的相对衰落，美国对“航行自由”的维护已显得力不从心，因而不惜拉盟友涉足南海。美国对“过度的海洋主张”的挑战实则陷入过度的海洋承诺。伴随着美国战略资源有限性与美国霸权承诺以及其盟友需求无限性间矛盾的演进，海洋安全的合作性与美国“航行自由政策”的单边性运行将导致“航行自由”逐渐沦为过度承诺的牺牲品。

面对美国以“航行自由”为名在南海采取咄咄逼人的外交与军事行动，笔者建议从如下几个方面采取相应的措施。

首先，以战略性思维对国际法进行解读，为政策提供可靠的法理依据。南海总面积约350万平方公里，“除了构成沿海国领海和专属经济区的从其陆地往外延伸200海里的水域之外，南海水域实际上由两部分构成，一部分是230个岛、礁、沙、滩等，另一部分就是环绕这些岛、礁、沙、滩的海洋。南海水域的物理特性在于，这些岛、礁、沙、滩的面积大多比较狭小，其能否构成国际法意义上的‘岛屿’并进而拥有领海、专属经济区和大陆架是存在很

① 《美国在南海问题不断挑衅，日本公开支持美国“航行自由”》，2016年2月2日，http://world.huanqiu.com/exclusive/2016-02/8487835.html.

② David Wroe, “Australia knew of US patrol of South China Sea”, 2016-1-13, http://www.smh.com.au/world/australia-knew-of-us-patrol-of-south-china-sea-20160131-gmi345.html.

大疑问的”[1]，其根本原因在于《联合国海洋法公约》关于岛屿权利的规定十分含糊。岛屿像其他陆地领土一样拥有领海、毗连区、专属经济区和大陆架，“是四面环水并在高潮时高于水面的自然形成的陆地区域”，但《联合国海洋法公约》同时规定“不能维持人类居住或其本身的经济生活的岩礁，不应有专属经济区或大陆架”[2]，这给岛屿的辨明与认定带来了很大困难。南海岛礁地质特征复杂，中国需对《联合国海洋法公约》的内容和实质有深刻的把握，提出合情合理的解释，从而恰如其分地把握政策的尺度，使中方的权益最大化，对他国的不合理诉求给予有力回击。

其次，以重在开展海洋合作的“海洋命运共同体”认知对冲以军事宣示为主的“航行自由”认知。无论是甚嚣尘上的“航行自由”还是阴云密布的南海博弈，都预示着现在正处于一整套新的海洋秩序与一系列新的海洋观念呼之欲出的前夕，有必要从战略高度看待这场秩序和观念的碰撞和交融。尽管充满挑战，但南海问题为新认知的产生提供了场域。美国以军舰、军机维护所谓的“航行自由”，强化军事同盟、建设军事基地、增加军事演习，在南海投入越来越多的军事力量，激化地区矛盾、引发军备竞赛。凡此种种表明，美国的“航行自由”正在将南海军事化，险中求霸，以危机催生消极而片面的“安全共同体”，也是美国利用其长期积累的军事优势压制中国的地区经济优势和潜在的地区安全优势的表现。

因此，中国在南海问题上应采取“双轨政策”。一方面，坚定而积极地强化应对各种挑战的能力；另一方面，利用自己的比较优势，坚韧不拔地推进区域经济合作，落实“21 世纪海上丝绸之路”建设，推进以经济、生态、人道主义救援为内容的海洋安全理念代替以军事、海上军事基地建设、海上军事演习、海上集团对抗为内容的海洋安全理念，以“南海命运共同体”化解南海军事化，以机遇与合作孕育积极、完整的“海上命运共同体”。

再次，提供“航行自由”公共产品，构筑海上互信。从表面看，美国一再表示在南海问题上遵循“国际法原则”“和平原则”和“协商原则”，但其坚持

---

① 罗国强：《理解南海共同开发与航行自由问题的新思路——基于国际法视角看南海争端的解决路径》，《当代亚太》2012 年第 3 期。

② 《联合国海洋法公约》第 121 条。

所谓的“航行自由原则”及由此展现的行为完全与之背道而驰。美国正在扮演地区稳定之破坏者的角色:其主张以国际法原则解决南海争端,但仅要求别国遵法守法,自己迄今不是《联合国海洋法公约》的签字国,何“法”之有?它声言以和平原则解决南海问题,但对同中国存在岛礁争端的国家实施军事援助,加强与它们的军事合作并强化军事部署,频频炫耀武力且将南海军事化,何来“和平”?其提出以协商原则处理南海问题,却不仅以舰机侵扰南沙群岛,更将该行动范围扩大至西沙群岛,全面搅局南海,气势汹汹,何来“协商”?

笔者认为,破解这一困局的方式之一是提供“航行自由”的公共产品。中国是国际社会的一员,享有航行自由的权利,也同样须履行维护航行自由的义务。作为日益崛起的海洋大国,中国应积极主动承担维护海洋安全和海洋秩序的国际责任。可通过举办“航行自由国际论坛”,在南海组织多国海上人道主义救援演习并设立南海人道主义救援中心等,与包括美国在内的其他国家开展更多非传统安全领域的合作,建构彼此间的海洋互信。①

总之,美国近年来在执行所谓“航行自由计划”中展现出行动频率上升且大有“常态化”的趋势、行动区域集中于南海、行动目标指向中国、行动方式由单枪匹马向裹挟盟友转化等特点,其在南海的“航行自由”正致使南海军事化。对此,一方面我们应该意识到,尽管中美对“航行自由”的理解存在差异,但都是航行自由的受惠者。在共同的利益基础上,南海不应成为中美博弈的焦点,而应成为两国合作的新起点。共同维护南海的航行自由,是中美构建新型大国关系的具体表现。另一方面,我们应该强能力、明法理,以重在开展海洋合作的“海洋命运共同体”认知对冲以军事宣示为主的航行自由认知,提供开放兼容的“航行自由”公共产品。未来,美国等国家对于所谓“航行自由”的追求和实践依然会继续,这将是海洋政治实践发展不可忽视的重要构成和影响因素,学界对于“航行自由”的后续研究也将成为海洋政治学理论发展和体系优化的重要内容及后续推动。

① 参见张景全、潘玉:《美国“航行自由计划”与中美在南海的博弈》,《国际观察》2016年第2期。

第八章　海洋政治学与国际海洋新秩序

实践推进和学理论证均表明，海洋政治学的系统研究有助于更好地把握全球海洋事务的发展现实，能够助力国际社会更为合理有效地探索全球海洋治理体系均衡、良性发展的方案和路径，从而推动全球多元行为体通过协商共识、多边合作和集体行动等，共同铸造国际海洋新秩序。国际海洋新秩序契合海洋政治实践的基本态势，有助于推动海洋政治实践和海洋政治学的更好发展。

第一节　海洋政治学的学理价值和实践意义

海洋政治学既关注安全与战略等反映权力指向的问题，也关注开发与治理等反映利益与伦理指向的问题。目前，人们对海洋战略、海洋开发与海洋治理的关注呈上升趋势，但在海洋战略、海洋开发与海洋治理的实践过程中会遇到各种各样的挑战。本书提出了泛海洋论，对海陆冲突的传统命题进行反思；提出了海洋治理困境，对目前海洋开发与治理中遇到的现象进行理论思考；提出了海缘政治，对目前海洋政治实践发展和海洋政治学理研究进程中的现实需求予以回应，提出可能的解决方案和实践选择。

一、学理价值

（一）海洋政治学将为中国特色政治学，特别是海洋政治学科的发展和海洋政治人才的培养做出贡献

目前，以山东大学、中国海洋大学等为代表的国内涉海高校已经开始在

海洋人文社科相关专业领域的本科生、硕博研究生培养计划中开设海洋政治学相关课程。海洋政治学的构建将进一步推动该学科的发展，有助于推动教研团队涉海教育的发展，为中央和地方政府相关部门培养和输送海洋专业高端人才，推动中国海洋事业的发展。

（二）海洋政治学研究有助于深化对新时代中国海洋事业发展规律的认识，提升海洋发展领域的研究水平

海洋事业纷繁复杂、千头万绪。长期以来，中国存在着“重陆轻海”的文化思维，认识海洋、开发海洋和保护海洋的意识薄弱，对海洋发展规律的把握不够精准；特别是在中国高度依赖海洋的新时期，如何促进海洋经济发展、推动海洋生态文明建设、参与海洋国际治理、深化海洋领域的军民融合、强化极地事务管理、履行深海大洋事务管理、统筹海洋科技工作、提升国际海洋话语权等方面，需要大力提升理论研究水平，厘清工作思路，理顺体制机制，改进措施方法。因此，通过不断完善海洋政治学的理论体系，不断深入开展海洋政治学的学理研究，可以对上述一系列问题进行理论性和系统性探究。

（三）海洋政治学研究有助于提炼和总结中国特色海洋强国思想，回答“什么是海洋强国”“为什么要建设海洋强国”“如何建设海洋强国”系列命题

海洋政治学理论与实践发展时间跨度长、内容丰富多彩，涉及政治、经济、科技、生态、文化、安全、军事等各个领域，需要对其中规律性、开创性的观点和判断进行理论归纳及升华，对其中的涉海思想进行提炼和总结。唯有如此，才有助于从理论上回答“什么是海洋强国”“为什么要建设海洋强国”“如何建设海洋强国”等种种疑问，有助于构建具有中国特色的新时代海洋强国思想体系，继而丰富具有中国特色且世界需要的海洋政治学体系。

二、实践意义

（一）海洋政治学可以为建设海洋强国和“一带一路”倡议出谋划策

推进海洋事业发展，有效维护国家的海洋权益，需要新的理论指导。新

的理论在借鉴和吸收世界海洋强国的发展经验和兴衰教训的基础上，可以为中国建设海洋强国和全面推进“一带一路”倡议提供启示和建议，为新时期中国的海洋强国建设提供有力的理论指导，发挥理论为现实服务的作用。历史经验表明，中国海洋事业的每一步发展，都与对海洋认识的深化分不开。针对中国海洋事业发展面临的新形势和新课题，必须不断解放思想，推进理论创新，充分发挥理论的先导作用。海洋政治学研究可以在中国建设海洋强国的过程中，为不断解放思想、创新理论、深化政策研究等提供持续性和创造性的动力。海洋政治学可以为全面建设社会主义现代化国家、夺取新时代中国特色社会主义伟大胜利、实现中华民族伟大复兴的中国梦做出中国学界的贡献。

（二）海洋政治学研究有助于中国在实现中华民族伟大复兴的道路上发挥“海洋杠杆”作用

海洋强则国强，海洋兴则国兴。中国是一个海陆兼备的大国，关心海洋、认识海洋、经略海洋是历史必然和现实使然。新中国成立后，党的几代领导集体均高度重视国家的海洋经略；党的十九届五中全会明确指出，坚持陆海统筹，发展海洋经济，建设海洋强国，从全面建设社会主义现代化国家的战略全局关心海洋、认识海洋、经略海洋。因此，深入学习贯彻落实习近平总书记重要讲话精神和十九届五中全会精神，以新发展理念为引领，以推动高质量发展为主题，做好经略海洋这篇大文章是时代使命。海洋政治学研究将全面总结中国在建设海洋强国、实施“一带一路”倡议过程中具有战略性、引领性、指导性的新思想、新观念、新方针，与具体领域、具体机构、具体问题相对接，系统与深入地探究如何更好地发挥“海洋杠杆”作用，为实现第二个百年奋斗目标、实现中华民族伟大复兴的中国梦提供强有力的支撑。

（三）海洋政治学研究有助于澄清国内外对中国实施海洋强国战略的认知误区和误解，坚定建设海洋强国的决心和信心

尽管海洋对中国的重要性已经深入人心，但是在国家发展战略方向的优先选择上，国内依然存在着“重陆轻海”的传统思维，战略界和学界也出现过优先发展海权还是优先拓展陆权的争论；在海洋强国建设和海洋经济发展过程中，海洋资源的开发利用模式粗放、海洋产业关键技术受制于人、海

洋生态环境保护任务艰巨、海洋治理法律不健全等问题依然存在，仍然有艰巨的任务需要尽快完成；中国提出建设海洋强国战略之后，一些国外势力和媒体也伺机抹黑、诋毁，一些国外机构肆意给我国贴标签、扣帽子。面对对中国建设海洋强国战略的种种误解和偏见，有必要从根本上对中国特色海洋政治学进行系统研究，并以此为理论武器、政策利器，回应种种错误认知和偏见，牢固树立具有中国骨气、蕴含中国正气的海洋强国理论与战略，更好地经略海洋、乘风破浪、向海而强。

三、社会意义

（一）海洋政治学研究是基于高校特色，落实中国建设海洋强国战略、拓展“一带一路”倡议、构建“海洋命运共同体”的知识生产、人才培养、海陆统筹、战略谋强的谋识、谋士、谋域、谋势之举

习近平总书记开启了“坚持陆海统筹、加快建设海洋强国、构建海洋命运共同体”的伟大时代。海洋政治学研究立足于高校特色，以高校教师的使命与担当，以高校教师坚定而执着的定力，展开扎实而稳健的推进，对中国建设海洋强国、拓展“一带一路”倡议、构建“海洋命运共同体”等重要实践和理论体系进行深入研究，进行体系化海洋治理的知识生产，以谋识；进行体系化的海洋实践人才培养，储备中国海洋强国战略的人才，以谋士；唯有先谋识、谋士，方能谋域，以坚持陆海统筹；唯此，方能谋势，从局部引领走向全面引领、强国导向，建设海洋强国。因此，海洋政治学的独到特色之一便是系统谋识、谋士、谋域、谋势，定位谋强。

（二）海洋政治学研究是中国建设海洋强国、促进“一带一路”高质量发展、构建“海洋命运共同体”等伟大实践的进程需要，有助于推动中国特色海洋话语的体系化发展，进而助力于共生现在与共享未来的“海洋命运共同体”理念的普世化

当前，越来越多的非西方国家在世界贸易、世界工业、世界航运、世界科技等领域逐渐成为海洋活动的重要驱动方，海洋话语的“西风带”时代特征已褪色，时代呼唤新的、非西方话语的海洋叙事的破晓。同时，鉴于中国综合国力的持续提升，中国走向全球、布局海洋，世界对中国海洋权益的研究

日渐热络；随着全球海洋治理赤字的加剧，世界愈发需要被系统构建而生的中国海洋话语。基于此，海洋政治学以服务于中国海洋强国战略、“一带一路”高质量发展、构建“海洋命运共同体”等伟大实践为目标，融汇新时代人文社会科学新发展的时代使命，进而系统化构建中国的海洋话语，以权力、利益以及伦理打造共生现在、共享未来的海洋治理和海洋发展理念，以期实现共生现在与共享未来的“海洋命运共同体”理念的普世化。

（三）海洋政治学是基于时代现实，落实中国建设海洋强国战略、推动共建“一带一路”高质量发展、构建“海洋命运共同体”等伟大实践和卓越理念，进而谋定海洋事务，在泛海洋时代推动海洋意识的普适化

在习近平新时代中国特色社会主义思想的指导下，在社会各界的广泛努力下，中国海洋强国建设也进入了新时代。把握好建设海洋强国的时代特色，其社会领悟度、落实度就会更深、更广、更普遍适用。笔者认为，随着越来越多的国家与人的生产生活活动直接或间接地卷入海洋事务，随着海洋议题的全球化，大陆与海洋的界限已经不再分明，泛海洋时代正逐步到来。泛海洋时代的本质特征在于否定传统地缘政治学陆海二元的客观前提与海陆冲突的主观结论。因此，在建设海洋强国的泛海洋时代，通过海洋政治学的不断深入研究，可以更为实际地坚持陆海统筹、发展海洋经济、建设海洋强国，中华民族的海洋意识将会更加普适化，世界范围内的海洋实践将会更加和谐。

第二节　海洋政治学研究与全球海洋治理

21世纪，人类进入了大规模开发利用海洋的时期。当今世界正经历着“百年未有之大变局”，世界多极化快速发展，各种战略力量分化组合，国际格局趋于平衡，经济全球化持续深入发展，共享经济的呼声渐强，传统安全与非传统安全并行存在，全球各文明交流互鉴、相互激荡，高新技术发展水平与各国的国家战略地位紧密联系。而在这一国际大变局时代，全球海洋问题频发，全球海洋治理的紧迫性和必要性正在上升。全球海洋治理主体

的多元化和治理系统的复杂性，导致全球海洋治理存在多重复合博弈，全球海洋治理体系尚未实现公正、合理、有序的要求，全球海洋治理机制的效力和民主性均存在不足，全球海洋治理理念和价值观还需进一步完善，即目前全球海洋治理处于一个变革与发展的时代。

一、海洋政治学契合全球海洋治理新态势

全球海洋治理是全球治理在海洋场域的重要延展，海洋政治学研究与全球海洋治理之实践演变与理论发展之间的关系极为紧密，近年来这一关系联动愈发明显。国际政治的时代性和创造性也赋予了海洋政治学时代性和现实性、创造性和创新性等特征。海洋政治学研究需要根据全球海洋事务发展及其治理演变的最新态势，开展即时性、追踪式的持续性学理研究。海洋政治学研究需要及时追踪全球海洋治理的最新态势，对新态势的表征呈现和演变机理进行整体分析和深入研究。全球海洋的连通性和不可分割性决定了海洋的利用与管理具有先天的开放性特征，海洋治理主体、议题、领域和规约等均处于不断发展演变之中，事务内容和治理态势呈现出不同以往的新表征。伴随着“百年未有之大变局”的深度发展，全球事务及其治理格局正在经历新一轮的“态势变迁”。全球治理体现了人类认识和处理国际问题的新趋势，全球海洋治理是在国际大变局背景下，全球治理延展到海洋领域的一种治理理论与实践。

与全球事务经历多维态势变迁相伴随的是，全球海洋治理的新态势亦愈发显现，主要表现为以下几点：第一，治理主体多元化，由国家行为体扩展到非国家行为体，多元行为体成为全球海洋治理的共同参与主体；第二，治理对象复杂化，逐渐超越传统政治问题和地缘范畴，涉及关乎人类生产生活的所有问题；第三，治理方式规范化，从强制性、等级制管理转向平等性、协商性、自愿性和网络化管理；第四，治理理念多元化，倡导人类社会的整体利益、共同利益和可持续发展，倡导共赢、共商、共建、共享的原则，共建“全球海洋命运共同体”成为新的价值追求。

随着各国的海洋活动逐渐跨越领海、专属经济区，走向公海和国际海底区域，全球海洋治理的参与主体日渐多元化，国家、国家联盟、国际组织、公

民社会群体等都是全球海洋治理的重要主体。当前国际体系的显著特征之一是霸权消退且霸权国难以再现，这意味着世界真正开始进入多元世界，其基本标志是世界权力的分散和下沉。在霸权秩序中，世界物质性权力等级分明，霸权国是唯一可以统合性主导世界事务和全面提供公共产品的国家；而多元世界的权力分布不是更加集中而是更加分散，霸权等级渐次消解，多极力量中心的格局也正在形成。此阶段国家依然是参与全球治理的主导行为体，但已不是唯一行为体。除国家外，其他国际行为体，包括国际组织、地区组织、非政府组织及个人，都将成为全球治理复杂网络系统中的节点而发挥重要作用。[①] 与全球治理扁平化、全球事务参与主体多元化趋势相一致的是，全球海洋治理的领域、议题、主体和规则都愈发多元、多样化。全球海洋治理是在全球化的背景下，各主权国家的政府、国际政府间组织、国际非政府组织、跨国企业、个人等主体，通过国际规制和协商合作来共同解决全球海洋问题，进而实现全球范围内的人海和谐以及海洋的可持续开发和利用。[②] 多元主体为了个体性的海洋利益诉求而制定差异化的海洋战略，依据各自周边海域和全球海洋事务的实际情况而采取多样的手段、开展相应的活动来达成战略诉求，这将对全球海洋治理的实践开展和学理发展产生多样化且差异化的要求和推动。

全球海洋治理涉及海洋环境与生态、海洋政治与外交、海洋经济与社会、海洋安全与秩序等多个维度，治理对象日渐复杂化；诸多对象之间是“牵一发而动全身”的联通关系，是相互依存、休戚与共的关系，“海洋命运共同体”的理念与实践逐渐成为新时期全球海洋治理的价值引领。联合国在《海洋和海洋法》报告中列举了海洋安全的七个具体威胁：海盗和持械抢劫船只，威胁海员的生命安全、航行和商业安全；恐怖主义袭击行为，对于航运、海上设施和其他海上利益等造成重大经济影响；非法贩运武器，特别是大规模杀伤性武器；非法贩运麻醉药品和精神药物；海上偷运和贩卖人口；非法、未报告和无管制的渔业捕捞；对海洋环境的故意和非法破坏，威胁一国或多

① 参见秦亚青：《全球治理趋向扁平》，《国际问题研究》2021 年第 5 期。

② 参见王琪、崔野：《将全球治理引入海洋领域——论全球海洋治理的基本问题与我国的应对策略》，《太平洋学报》2015 年第 6 期。

国安全。[①] 这些海洋安全威胁之间具有明显的联结性,其发生和治理过程牵扯的因素非常多,对于世界各国和诸多海域都有着重要影响。此外,国家管辖范围以外区域海洋生物多样性保护不利、制度缺失,《联合国海洋法公约》和《生物多样性公约》等国际性或区域性公约对于这一问题并没有明确且有效的规定。对于“国家管辖范围以外区域海洋生物多样性(BBNJ)的养护和可持续利用国际协定”的制定,各国基于国情和利益需求的不同而各持己见,导致协议至今未通过;国际海底区域的海洋资源能源开发的频度和程度骤增,对海底区域生态体系造成的多重破坏也在不断加剧。可见,全球海洋治理议题间联结性明显,需要各实践参与主体以更具整体性和连续性的方案及方式开展行动。

二、海洋政治学助力中国深度参与全球海洋治理

(一)中国深度参与全球海洋治理的必要性

中国参与全球海洋治理既是国家发展的需要,又是全球海洋善治的需要。作为发展中海洋大国,中国将始终做国际海洋法治的维护者、和谐海洋秩序的构建者、海洋可持续发展的推动者。“一带一路”倡议,特别是“21 世纪海上丝绸之路”倡议有力推动了涉海双边、多边、区域以及国际合作的开展:在国际海洋秩序中积极推进“蓝色伙伴关系”,在海洋环境领域全力打造绿色生态文明,在海洋经济领域积极拓展蓝色经济,在海洋安全领域积极构建全球安全合作机制,进而构建“海洋命运共同体”。随着中国在全球事务中的全面参与以及海洋强国战略的实施,中国需要在与国家能力相匹配的情况下深度参与全球海洋治理,这既是全球海洋善治对中国的期待,又是中国作为负责任的发展中大国对国际社会的责任所在。

中国参与全球海洋治理既是增强综合实力、提升国际话语权的需要,也是妥善解决全球海洋问题、平衡全球海洋秩序的需要。首先,中国需要参与全球海洋治理,海洋对于中国国家发展的重要性十分突出。中国进口的石油 90%以上通过海上运输,台湾海峡、朝鲜海峡、马六甲海峡、白令海峡等海

① United Nations General Assembly, “Oceans and the Law of the Sea: Report of the Secretary-General”, 2008-3-10, https://www.refworld.org/docid/48da24e72.html.

上战略要道对于中国经济发展和战略拓展的意义重大，解决周边海洋争端问题的考量因素十分复杂，参与全球海洋治理是中国发展海洋经济和实施海洋战略的必然选择。其次，全球海洋治理需要中国参与，中国在全球海洋治理中的重要性十分突出。中国是联合国安理会常任理事国，是全球经济总量第二大的国家和世界上最大的发展中国家，同时也是世界上最大的原油进口国、最大的贸易国，还是国际海事组织A类理事国、北极理事会观察员国，多种身份的并存使得中国在全球海洋治理中发挥着举足轻重的作用。参与全球海洋治理是中国参与全球事务、提升国际话语权的必然选择。

（二）海洋政治学促动中国深度参与全球海洋治理

1.在海洋政治学发展的指引下，中国深度参与全球海洋治理的实践领域

（1）理念提升。统筹传统安全与非传统安全，既要避免传统安全争议制约非传统安全的合作，又要超越非传统安全的局限努力解决传统安全问题。参与海上安全机制建设，可从非法捕鱼、海洋公共卫生危机管理等软议题入手，但应着眼长远，逐步推进整体的、综合性的海上安全多边机制建设。平衡维稳与维权两个大局，坚持维护国家主权、安全、发展利益相统一，维护海洋权益与提升综合国力相匹配。积极配合涉海国际组织工作，与各国确立双边及多边海上安全磋商机制，推进海上保障基地建设；通过“海洋命运共同体”建设，培育共同安全意识，实现国家主权、安全和发展利益相统一。

（2）话语增强。注重全民族海洋意识的增强，提升中国实践引导全球海洋治理体系的国际规则制定的能力，增强在海洋治理安全架构、经济格局和理念层面等领域的制度性话语权。习近平总书记在2021年世界经济论坛“达沃斯议程”对话会特别致辞中指出，“解决问题的出路是维护和践行多边主义，推动构建人类命运共同体”，“21世纪的多边主义要守正出新、面向未来，既要坚持多边主义的核心价值和基本原则，也要立足世界格局变化，着眼应对全球性挑战需要，在广泛协商、凝聚共识基础上改革和完善全球治理体系”。[①]

（3）外交拓展。中国参与全球海洋治理并不是要打破一切，颠覆现有的海洋治理体系，也不是要另起炉灶，在现有体系之外打造一个与之相并行的“平行体系”，而是要在现有机制的基础上加以补充和完善，实现完善与建构

---

① 《习近平：21世纪的多边主义要守正出新、面向未来》，2021年1月25日，http://www.gov.cn/xinwen/2021-01/25/content_5582475.htm.

相结合。中国正在深度参与全球海洋治理体系的制度设计，增强在有关全球海洋治理规则制定中议题设置、约文起草和缔约谈判等方面的能力，提升全球海洋治理机制的有效性；经营好周边海洋关系，拓展全球海洋伙伴关系，增强全球性的海洋合作，推动全球共建“海洋命运共同体”。

2.在海洋政治学发展的促动下，中国深度参与全球海洋治理的策略

(1)加强顶层设计。中国需在“陆海统筹”的原则指导下加强“顶层设计”，以大战略视角考虑海洋安全战略的目的与任务，充分协调其资源和要件，创造性地设计其结构和机制，为中国海洋外交提供可操作、可实施的方案，统筹搞好维稳与维权。从中央的高度优化海洋外交制度设计，整合军事、政治、经济、法律和安全等多元海洋资源，建构中国海洋大战略。中国是海陆兼备的大国，倡导合作共赢的海洋观，不能止步于海岸、局限于洋面，而应着眼于陆地与海洋的联通循环、协调互促，致力于陆海统筹、陆海联动、陆海融通。以陆观海、以海养陆，参与发起诸多地区合作机制，尝试联通区域、协同海陆，为世界不同地缘属性的国家提供多样化的对话平台，成为沟通海洋国家和内陆国家的重要桥梁，汇聚各方力量与资源，促进海陆国家的团结协作。

(2)经营好周边。中国从战略和实践层面为周边海域秩序稳定做出了努力。在东北亚海域，中国积极同俄罗斯、日本、韩国加强双多边互信，深化在海洋能源、通道、自然灾害和科技发展等多领域的合作；在条件允许和现实需要的前提下建立“中俄日韩海洋科研信息中心”，加强海洋科技信息交流互动、完善东亚海洋合作平台机制，维持东亚海洋秩序稳定。在南亚与东南亚地区，中国可以加大对重要港口基础设施建设的关注和投入，加强与东盟在海洋事务上的信任和合作，为区域海洋秩序稳定做出中国贡献。

(3)拓展新边疆。2018 年 1 月发布的《中国的北极政策》白皮书明确提出了中国参与北极事务的原则和目标，中国参与北极地区事务及其治理的能力在不断增强，在北极地区的政治、安全、能源、航道和科研等多元利益在逐步拓展。深海区域生物多样性维护和能源资源合理开发等逐渐成为全球海洋事务的重点事务，中国需密切关注“战略新边疆”地区治理态势的新变化，根据战略环境，选择合适的场合提出政策主张，及时发出中国声音。

3.在海洋政治学发展的助力下，中国海洋战略体系得以持续强化和拓展

(1)加强规则利用意识。中国需尽力协调现有全球海洋治理体系中的差异与矛盾。通过“一带一路”倡议和“海洋命运共同体”等理念的推广、新

型全球海洋治理和合作机制的建构与效力提升，推动国际社会制定务实且合规的全球海洋治理新规则，推动全球海洋治理新发展。仅仅理解和掌握全球海洋治理的规则和体制远远不够，还需利用规则维护中国正当的海洋权益，保障中国海洋事业的可持续发展。在新的全球海洋治理议题与规则的建立过程中，应将中国的利益诉求巧妙纳入议题之中，推动中国提出的海洋治理方案成为国际社会的共同诉求；追求国家现实利益与国际共同利益的平衡，在起草国际海洋治理新约文的过程中占据道义制高点。

(2)以议题为导向。全球海洋治理的政治性十分鲜明，谈判、协商、冲突与合作贯穿其中。在“百年未有之大变局”的时代背景下，大国协调是全球海洋治理的重中之重，中国需加强与世界海洋大国之间的政策沟通、议题互动与深入合作。在中美新型大国关系框架下，中国应积极推动与美国在全球海洋治理中的相互尊重和合作共赢，共同增强海洋治理的“战略耐心”“战略定力”和“议题互动”，在中美军事交流机制及行为准则的指导下推动两国海军增进战略互信，共同管控危机、预防风险，构建中美新型海洋大国关系，进而带动全球海洋大国间的协调与合作。

第三节　国际海洋新秩序的构建及其未来

随着各国海洋实力和意愿的多元发展、共同的海洋安全挑战不断增多以及海洋地缘争夺的长期存在，世界与时代呼唤海洋新秩序的构建，但全球海洋秩序构建的共识、规制、意愿和实践比较缺失且阻力颇多。中国基于国际海洋秩序的发展现实、全球主要海洋国家的利益需求和中国本国海洋发展的需要，提出了包含海洋安全秩序、海洋政治经济秩序与海洋协商合作秩序等在内的“海洋命运共同体”这一国际海洋新秩序主张，倡导世界各海洋事务主体加强信任与合作，提升世界各海洋事务主体的行动意识与实践能力，共同构建更为和平、合理、包容、有序的海洋新秩序，共建“全球海洋命运共同体”。因此，需要根据现有的国际态势和发展趋势，对国际海洋新秩序的构建进行合理梳理和尝试研判。分析为何需要海洋新秩序，有哪些因素在推动海洋新秩序的构建；分析构建什么样的海洋新秩序，有哪些原则、特征和方式等需要由海洋新秩序所体现。国际海洋新秩序的构建及其未来是海洋政治学研究的重要内容,也是海洋政治学从学理和实践两个层面所努力追求和推动实现的目标。

一、为何需要新秩序

海洋秩序伴随着国际政治、经济关系的现实与发展需求的变化而变化。世界正处于重要的大转变期,由西方主导的国际秩序,包括经济秩序、国际关系秩序正在发生重大的转变。[①] 在泛海洋时代,全球海洋事务正在联动式快速发展,全球海洋治理理念和方案正在多元、持续出现,海洋政治实践和学理也呈现不同以往的新态势。“百年未有之大变局”时代,泛海洋表征不断凸显,海洋秩序发展到了新的历史时期。在当今世界现实问题的耦合影响下,国际海洋新秩序的构建具有现实需求并具备了必要条件。具体而言,构建国际海洋新秩序主要包含海洋生态环保、世界格局演变、全球海洋治理和海洋可持续发展等多维原因。

(一)海洋生态环保的需要

海洋是地球上最大的自然生态系统,是人类的生命线,海洋覆盖了地球约 70%的面积,全球海洋平均深度约为 4000 米,海水体积达 13.7 亿立方千米,但人均可利用的海水资源却十分有限,每人仅拥有 0.2 立方千米的海水资源,预计至 2050 年将仅剩 0.125 立方千米,这意味着我们每个人仅有约 1/8立方千米的海水资源。[②] 在全球气候变化和污染加剧的影响下,海洋场域的非传统安全问题日渐凸显,各国在海洋非传统安全问题上面临的共同威胁和挑战不断增多,超出了任何一个国家的能力范围和承受程度,进行安全合作的需求不断上升。

尽管国家间在海洋非传统安全问题上的合作相比以往大大增加,但合作程度依然较低,主要源于不同国家在发展需求、能力现状和合作意愿等方面的差异化。海洋安全合作需要整合国家间不同的利益欲求,谋求更多的共同利益,而国家利益是影响国家政策制定的决定性因素。不同国家对国家利益的认识和诉求不同,即使在同一国家内部,不同社会群体的国家利益

---

① 参见张蕴岭:《转变中的亚太区域关系与机制》,《外交评论》2018 年第 3 期。

② Lorna Inniss and Alan Simcock (Coordinator), “First Global Integrated Marine Assessment”, 2016-1-1, http://www.un.org/depts/los/global_reporting/WOA_RPROC/Summary.pdf.

观也有所区别，这决定了国家在面对海上非传统安全威胁时会对“安全”做出不同的判断和定义，进而做出不同的战略决策。

全球性海洋生态环保意愿的加强和实践行动的切实开展，需要国际海洋新秩序为其提供全面支撑和助力。影响国家利益的内在因素包括一国的地理环境、人口状况、国家实力等。国家实力最能证明一国行动执行力和外在影响力的强弱，是判断国家利益的基本尺度，是界定和捍卫本国利益、实现国家目标的能力，是主权国家赖以生存和发展的物质基础。在国际社会，国家间实力对比往往能左右国家间利益关系的基本情况及未来的发展趋势。因国家面临海洋非传统安全问题的紧迫程度不同，受到的安全威胁不同，加之国家实力的差异，从而导致当前的海洋安全合作程度有限、领域狭窄、效力不足，对于处理共性的海洋安全与发展问题十分不利，无助于全球海洋秩序的稳定。鉴于此，构建国际海洋新秩序，需要建立多国协调、多国配合、多国参与和多国行动的新机制，以共同维护海上安全。

（二）世界格局演变的需要

当前，国际格局和世界秩序正在发生重大变化。国际体系主导国地位在少数几个西方国家间“易主”的局面逐渐走向终结，西方国家主导国际政治事务的情况正在发生根本性改变。根据经济合作与发展组织（OECD）的统计数据，到2030年，发展中国家GDP占全球GDP总量的比重将接近60%[1]，全球经济的健康发展将更加依赖于新兴国家而非西方国家的经济表现[2]，新兴国家在推进全球经济治理变革的进程中积极提升制度性话语权，以期构建良好的国际秩序。[3] 因此，经济力量对比的大格局变化影响巨大。在西方国家占主导地位的格局下，其对全球发展方式、制度建构乃至思想文化都起着导向作用，而发展中国家的多样性群体崛起所体现的利益、价值、文化等多样性，都需要以适宜的方式表达出来。

---

① OECD, “Economy: Developing Countries Set to Account for Nearly 60% of World GDP By 2030, according to New Estimates”, 2010-10-8, https://www.maltatoday.com.mt/business/business_news/5329/developing-countries-set-to-account-for-nearly-60-of-world-gdp-by-2030-according-to-new-estimates#.ZBXAl-xBx7M.

② US National Intelligence Council, “Global Trends 2030: Alternative Worlds”, 2012-12-10, https://www.files.ethz.ch/isn/159368/global-trends-2030-nic-lo.pdf.

③ 参见林跃勤：《全球经济治理变革与新兴国家制度性话语权提升研究》，《社会科学》2020年第11期。

在海洋领域，发展中国家对于原有的海洋秩序原则、规范与机制的不满足和不信任均出现了不同程度的上升，要求海洋秩序进行革新的意愿呼声和实践活动也在不断增多。随着美国国家实力相对下降、经济总量增速减缓、国内政治极化愈演愈烈，其危机感和战略不自信在不断增强。从退出TPP、《巴黎协定》、联合国教科文组织、万国邮政联盟，到终止伊朗核问题全面协议，再到扬言退出世界贸易组织、猛烈抨击北约甚至联合国，美国似乎在抛弃自己煞费苦心主导建立的战后国际秩序，对于维持国际海洋秩序稳定的意愿逐年降低，对国际海洋秩序重塑的积极性几乎为零。但美国依然是国际海洋秩序的主导国家，其在全球海洋格局中的战略地位极为突出，维持本国海洋权势、保证本国海洋利益的性质和意图短期内不会改变，在国际海洋新秩序建构中的作用和角色也不容忽视。此外，新兴国家的海洋权益诉求也在不断增强。以韩国为例，作为三面环海的半岛国家，韩国拥有五倍于其陆地面积的海洋专属经济区，拥有3200个岛屿和8460千米长的海岸线；韩国经济的对外依赖程度非常高，海洋产业占GDP的比重在7%以上，海洋安全也一直是韩国国家安全的重要组成部分。海洋在韩国国家发展战略中的地位非常突出，韩国把海洋视为国民生存的空间，将建设海洋强国作为国家发展战略目标。韩国海权概念内涵要素不仅有“海军力”，还包括“海运力”“水产力”“海洋开发力”“海洋环境保护力”等。[①] 总的来说，世界格局的演变赋予全球治理以新的任务和要求，国际关系的时代变迁赋予海洋秩序新的内涵和特征，深刻影响着海洋秩序的重塑和转型。

(三)全球海洋治理的需要

全球海洋治理是指在全球化的背景下，各主权国家的政府、国际政府间组织、国际非政府组织、跨国企业、个人等主体，通过具有约束力的国际规制和广泛的协商合作来共同解决全球海洋问题，进而实现全球范围内的人海和谐以及海洋的可持续开发和利用。全球海洋治理既是一种理论，是对治理理论和全球治理理论的继承与扩展；也是一种实践，是国家层面的海洋治理活动在国际层面的延伸。[②] 近年来，全球海洋治理的重要性、必要性和紧

① 参见李雪威:《韩国海权观:力的谋求与逻辑转换》,《东北亚论坛》2018年第2期。

② 参见王琪、崔野:《将全球治理引入海洋领域——论全球海洋治理的基本问题与我国的应对策略》,《太平洋学报》2015年第6期。

迫性逐年递增,全球海洋治理所呈现出的公共产品缺失,观念供应不足,存在诸多不公正、不合理之处等问题,均在不同程度上推动着海洋秩序的重塑。

1.全球海洋治理公共产品缺失

其一,公共产品供应不足。现存的国际机构和国际规制在应对海洋安全冲突、海洋垃圾扩散、北极主权之争、南极保护区划定等问题上力不从心,难以发挥应有作用。海洋治理机制、组织、会议等体系因素的制度性产品的数量更为不足,目前的全球海洋世界缺乏全球性、高层次的交流合作平台,尤其是机制化的政府间高层会议较为缺乏。

其二,公共产品分配失衡。公共产品的分配主要集中在海洋环境保护、海洋生物多样性养护、海洋航运与贸易、海洋资源开发与渔业捕捞等低政治领域,岛屿主权划定、专属经济区、海洋安全与治理责任划分等高政治领域的公共产品比较缺乏,现有海洋公共产品的涉及领域有限、强制力不足、具体针对性不够,且大多集中于国家邻近海域,国家管辖范围外海域的公共产品更为有限。邻近海域对于国家发展影响最大,安全维护需求也最为迫切,创造和使用公共产品的成本更小、方式更多、效果更好;国家管辖范围外海域的公共产品建设力度不足,特别是公海保护区和深海资源保护等公共产品的提供尤为匮乏。

其三,公共产品使用不善。当前海洋公共产品在使用中主要存在“搭便车”和“私物化”的倾向。在海洋公共产品的使用过程中,由于国家面临的海洋问题存在差异性,其在提供公共产品的主观意愿上是存在差异的,某些国家不主动提供公共产品,担心对本国发展造成不利影响,或会因此承担原本不必要的风险,所以选择使用别国提供的公共产品,存在明显的“搭便车”倾向。在海洋公共产品的使用过程中,由于国家间实力的发展差异和海洋话语权的差异,发达国家或实力较强的国家会凭借其在海洋秩序中的优势,按照国家发展意愿和原则,最大限度地使用或独占海洋公共产品,进而产生“私物化”倾向。这两种倾向会在很大程度上削弱海洋公共产品“开放性”“公平性”的属性,不利于全球海洋治理的深度合理开展。

2.全球海洋治理观念供应不足

全球海洋治理观念供应不足主要表现为旧的全球海洋治理观念效力不

足、不能妥善解决现有全球海洋问题,新的全球海洋治理观念的提出者很少,且实施阻力与难度较大。世界各国依据其国家发展的长远战略需求和国家利益拓展的需要,参与全球海洋治理的意图和目标存在很大差异,意欲达成的治理效果差异化明显。全球海洋治理倡导将全球海洋视为一个联动的整体,不排斥地区和国家层面的海洋治理,强调在治理过程中要有全球意识。统一的全球海洋治理目标既能引导治理方向,又能在一定程度上约束治理的实践;合理的全球海洋治理目标不仅能激发治理主体的积极性,而且能够实现预期的效果。如果没有高度统一的目标,治理主体很难协调一致地参与全球海洋治理,全球海洋治理会陷入各自为治的局面,不同地区的海洋治理相互掣肘,治理效果参差不齐。① 全球海洋治理可以被概念化为一个二分体系的治理:一是长期以来支配治理进程的国际体系,二是由新近拥有竞争性权威的各类其他集团组成的多元中心体系,它们同以国家为中心的体系时而合作、时而竞争,且不断相互作用。② 二者进行合作或竞争,取决于是否存在一个契合度比较高的全球海洋治理观念,以及统一的全球海洋治理目标,而国际海洋新秩序恰好可以为这一观念和目标提供基本的成长环境和发展条件。

3.现有的全球海洋治理体系存在诸多不公正、不合理之处

这方面主要表现为:其一,大国意志和强权政治依旧存在,治理体系的公平性不足;其二,发展中国家的意见诉求和决策权未能得到充分维护,治理体系代表性欠缺;其三,现存的国际机构和国际规制在应对海洋安全冲突、海洋垃圾扩散、北极主权之争、南极保护区划定等问题上力不从心,难以发挥应有作用。与国际格局演变的基本态势相一致,现有的全球海洋治理还是以大国政治、大国博弈为主要影响和促动,发展中国家和新兴国家的利益诉求和发展需求得不到重视和满足,所以全球海洋治理利益契合度远远不够。某些国际规制以国家间的声明、宣言等形式出现,缺乏足够的法律约束力,对一些违反国际规制原则的行为也无力采取有效的制裁措施。总之,

---

① 参见袁沙:《全球海洋治理:从凝聚共识到目标设置》,《中国海洋大学学报(社会科学版)》2018年第1期。

② 参见[英]戴维·赫尔德、安东尼·麦克格鲁:《治理全球化:权力、权威与全球治理》,曹荣湘、龙虎等译,社会科学文献出版社2004年版,第75页。

现有的全球海洋治理其治理和发展机制碎片化严重，积极效应远远不足，亟须国际海洋新秩序提供新助力。

（四）海洋可持续发展的需要

近年来，全球性海洋生态环境问题频发，其负面影响持续大范围扩散，海洋可持续发展问题成为世界各国面临的重要议题，国际社会需要通过合理有效的实践行动以推动海洋的可持续发展。构建国际海洋新秩序是海洋可持续发展的现实需要，是国际社会应共同开展的目标性行动。

2015 年 9 月，联合国大会第七十届会议通过了《改变我们的世界——2030 年可持续发展议程》（Transforming Our World：the 2030 Agenda for Sustainable Development），该议程呼吁各国采取行动，为今后 15 年实现 17 项可持续发展目标而努力，涉及社会、经济和环境等多层面的事项。其中第 14 项是保护和可持续利用海洋及海洋资源，以促进可持续发展，具体目标为：（1）到2025 年，预防和大幅减少各类海洋污染，特别是陆上活动造成的污染，包括海洋废弃物污染和营养盐污染；（2）到 2020 年，通过加强抵御灾害能力等方式，可持续管理和保护海洋及沿海生态系统，以免产生重大负面影响，并采取行动帮助它们恢复原状，使海洋保持健康，物产丰富；（3）通过在各层级加强科学合作等方式，减少和应对海洋酸化的影响；（4）到 2020 年，有效规范捕捞活动，终止过度捕捞、非法、未报告和无管制的捕捞活动以及破坏性捕捞做法，执行科学的管理计划，以便在尽可能短的时间内使鱼群量至少恢复到其生态特征允许的能产生最高可持续产量的水平；（5）到 2020 年，根据国内和国际法，并基于现有的最佳科学资料，保护至少 10％的沿海和海洋区域；（6）到2020 年，禁止某些助长过剩产能和过度捕捞的渔业补贴，取消助长非法、未报告和无管制捕捞活动的补贴，避免出台新的这类补贴，同时承认给予发展中国家和最不发达国家合理、有效的特殊和差别待遇应是世界贸易组织渔业补贴谈判的一个不可或缺的组成部分；（7）到 2030 年，增加小岛屿发展中国家和最不发达国家通过可持续利用海洋资源获得的经济收益，包括可持续地管理渔业、水产养殖业和旅游业。[①]

① “Transforming Our World：the 2030 Agenda for Sustainable Development”，2015-9-25，https://sdgs.un.org/2030agenda.

2017 年 6 月，联合国召开专门的海洋大会，意在推进关于海洋的可持续发展第 14 项目标的实施，这是联合国首次针对可持续发展单目标的实施召开的高层级政府间会议，代表着海洋治理与可持续发展的高度融合，标志着海洋可持续发展理念的进一步巩固和发展。为了实现这一可持续发展目标，需要提升全球性海洋合作的深度和广度，完善海洋发展模式。国际海洋新秩序的构建有助于世界各国增强对海洋可持续发展的思想认知并制定相应的政策，从国家顶层设计和政策引导上为海洋可持续发展指明方向；有助于推动全球层面开展合理有效的海洋生态养护和环境治理行动，提高全球海洋生态治理双边及多边合作的程度和广度，通过国际合作的积极效应促进全球海洋环境生态体系的改善；有助于建构可以大致覆盖全球的国际海洋产业交流和合作体系，合理有序地推动海洋产业体系的优化和升级，助力世界各国更好地追求海洋经济的高质量发展。总之，构建国际海洋新秩序是海洋可持续发展的需要，国际海洋新秩序可以为推动海洋可持续发展提供良好的体系支撑。

二、构建什么样的秩序

构建国际海洋新秩序需要立足于海洋秩序发展的基本规律，主要受观念、利益、力量、制度、机制和格局等诸多因素的影响；需要满足海洋生态环保、世界格局演变、全球海洋治理和海洋可持续发展的需要，构建更为和平合作、包容有序的国际海洋新秩序。

（一）构建统筹生态环保与海洋资源合理利用的国际海洋秩序

随着海洋科技实力和水平的不断进步，海洋资源开发的便利程度与能力不断提升，海洋资源开发的获取量和收益逐年增加，全球海洋资源开发进入了大发展时代。在海洋资源开发利用的同时，应重点关注海洋生态环境问题，重视海洋立法、执法、规划与战略行动计划制定、管理体制完善、科学技术创新、人才培养和全民教育、区域合作，进而构建较为完备的海洋生态环境现代化治理体系。

1.通过立法与规划加强海洋资源开发与生态环境保护

世界各国注重加强海洋环境保护立法，尤其是制定以海洋生态环保、海岸带综合管理等为主的法律，积极引导国内民众自主树立海洋生态环保的理念，明确海洋生态环保的责任意识，为本国的海洋生态环保提供明确的法律依据和良好的意愿氛围。可在条件允许的前提下建立联合国海洋生态环保法律事务委员会，按照《联合国宪章》和《联合国海洋法公约》的基本原则规范，聚合世界各国海洋环保法律的力量，加强海洋生态环保理念与意识的培养工作。此外，应加强与国际海事组织海洋生态环保委员会的工作协调与互动，严控船舶温室气体排放量，提升海洋大气与生态环保质量。

2.完善全球海洋生态环保管理体制机制

积极建立基于生态系统的海洋管理体制机制，由联合国督导各国设立海洋生态环保行政管理机构，针对本国海洋生态环保现实状况设立专门性工作小组，各司其职、注重合作，加强世界各国机构之间的消息交流与机制互动，提升全球海洋生态环保的效率和效果。

3.世界各国政府均应重视海洋观测系统建设

世界各国政府应当对本国海洋生态监测站点进行精密设计、完整布局并避免资源浪费，争取运营包括动物遥测、滑翔器等在内的多种新兴监测技术，加强传感器研制、资料收集平台建设与资料管理，形成较为完善的海洋综合监测系统。国家应加大战略关注和资金投入，促进微电子和电子信息技术、生命科学和生物工程技术、材料科学和新材料技术、能源科学和新能源技术、生态科学和环境保护技术、地球科学和海洋工程技术等高新技术的发展，积极在深水、绿色、安全的海洋高科技领域取得新突破，促进海洋科技向创新引领型、创造发展型转变。通过海洋高科技的发展实现海洋产业结构的优化升级和发展方式的转变，实现由粗放到集约、由传统海洋产业向新兴海洋高科技产业发展，努力减少炼油、化工等传统产业带来的一系列海洋生态环境问题。

（二）构建包容世界主要国家并为其所接受的国际海洋秩序

海洋秩序的发展历程表明，各时期的海洋秩序主导国家基本以本国国家利益拓展和海洋权势扩张为主要诉求而确立海洋秩序，如海洋秩序中的“海洋自由”“航海条例”等。特别是美国主导下的海洋秩序，其核心是霸权主义的“绝对海洋自由”理念，也是强权政治主导国际格局背景下的秩序构成，目的是保障美国在全球各区域及各海域的自由、安全和利益；对于其他国家特别是中小国家的海洋权益，美国采取不关心、不重视、不维护的态度，未能包容世界主要国家的发展需求，也未能得到世界主要国家的认可与接受。在当前的海洋世界，各主要国家对于海洋发展和海洋秩序的构建，其主张和实践、能力与意愿等方面存在诸多不同或差异：美国在国际海洋治理方面的能力和兴趣都在下降；英、法等其他传统海洋大国对治理有足够的兴趣，但在能力方面出现了不同程度的萎缩；中国等新兴国家参与全球海洋治理的能力和兴趣正在快速提升，但在经验和话语权方面尚存不足；非政府组织的作用愈发显现，但不可能超越主权国家体系而独立发挥作用。[①] 全球层面亟须一个容纳传统海洋强国、新兴海洋国家和部分非政府组织的新的海洋秩序，国际海洋新秩序需包容各海洋事务主体的发展需求，体现海洋世界多极化的趋势，契合海洋多元均衡发展的态势。

（三）构建使全球海洋治理得以实质性开展的国际海洋秩序

全球海洋治理实质性开展是构建国际海洋新秩序的应然要求。目前全球海洋治理呈现出治理主体多元化、涉及领域多样化、治理理念差异化、治理机制碎片化、治理远景不确定等特征，因此构建国际海洋新秩序需整合现有全球海洋治理中的积极因素，同时弥补缺憾因素。

1.建构最为适宜的全球海洋公共产品供给体系

世界各国需要提升提供海洋公共产品的积极意愿和正确观感，无论是海洋大国还是海洋小国，无论是发达国家还是发展中国家，无论是沿海国还是内陆国，都需要关注海洋公共产品问题，明确自身在海洋公共产品供应格局中的角色定位与利益需求。建构全球行为体公平参与的体系，根据行为体的不同属性和比较优势，引导它们发挥各具特色的供给能力，构建起涵盖各主体的多元供给体系，使不同主体相互补充、相互配合。

2.提升全球海洋治理的观念供应和实践开展

越来越多的国家开始重视全球海洋治理与合作的迫切性及必要性，积极开展协作性活动。关于全球海洋政治、经济、安全、环保等诸多领域的事务及其治理，各主体应加强沟通交流，在目标设置与实践过程中增强共识、加强合作。国际海洋新秩序需整合全球海洋治理的目标，聚合积极力量，谋

---

① 参见胡波：《中国海上兴起与国际海洋安全秩序——有限多极格局下的新型大国协调》，《世界经济与政治》2019 年第 11 期。

求良性态势。

3.加强全球海洋治理的机制有效性和强制力

国际海洋新秩序需明确现有全球海洋治理机制碎片化的现状和主要问题，设置新的、富有针对性和强制力的治理机制体制，提升全球海洋治理的效力。区域性海洋事务及其治理既需要提升区域海洋治理机制的具体针对性，又需要提升全球海洋治理机制的态势引导性；全球性海洋治理问题既需要提升全球海洋治理机制的国际强制力，又需要提升区域海洋治理机制的有效协调性。在全球海洋治理理念、机制的作用与协调之下，国际海洋新秩序既可包容各事务主体的发展需求和利益要求，又可协调全球海洋治理的理念与发展差异，在多边协商和多元合作的基础上更好地推进全球海洋治理。

（四）加强持续性协商与合作，建构共同命运的国际海洋秩序

随着全球共同海洋问题和挑战的不断增多，全球海洋合作的必要性也在不断提升，协商与合作的共同需求和整体意愿在不断加强，建构共同命运的努力与行动在不断增多，国际海洋新秩序需要满足国际社会的这些多元且必要的需求。对此，首先要充分发挥《联合国海洋法公约》的积极效应，建构全球性海洋事务磋商合作机制。全球海洋争端等海洋竞争问题解决难度较大、历时较长，所以在传统争端问题上可选择适当的利益妥协，保留足够的转圜空间，建构“斗而不破”的竞合关系架构，加强危机沟通互动，提升管控机制水平，努力将已有的海洋争端控制在可接受的范围内，发展良好的海洋合作意愿氛围、良性机制和深刻实践。其次要确立以“合作共赢”为基调的全球海洋治理体系，追求“海洋命运共同体”的美好未来。合作共赢是国际事务各主体处理彼此之间诸多事务的基本原则和全球共识，国际海洋新秩序倡导海洋世界各事务主体按照“共同但有区别”的原则发展海洋事业，参与全球海洋治理，谋求海洋安全合作，促进海洋可持续发展，切实追求海洋和谐发展、共同命运的美好未来。

第四节　海洋政治的中国话语时代正在破晓

当前，非西方国家在世界贸易、世界工业、世界航运、世界科技等领域逐

渐成为海洋活动的重要驱动方,海洋政治研究的“西风带”时代已经褪色,时代呼唤新的、非西方话语的海洋政治叙事的破晓。鉴于中国综合国力的持续提升,随着中国逐渐走向全球、布局海洋,西方世界对中国海洋权益的研究也逐渐兴起,中国也需要新的海洋政治与海洋战略叙事的构建。中国传统文化包含大量天人合一、人与自然和谐统一、上善若水的思想,为海洋政治学的构建提供了丰富的养分。

一、海洋实践的中国参与

在习近平总书记提出的“亲诚惠容”周边外交理念、构建“人类命运共同体”等思想的指引下,中国正在成长为一个更加坚定、自信、负责任的大国,成为现有国际体系与国际秩序的参与者、合作者,现存国际法体系的遵循者,更加公正合理的国际秩序的塑造者。参与是前提,意味着理念与思维的适时合理转变与调整,积极参与是当下的理性选择;合作是参与后所要采取的实际行动,主要指加入国际组织与国际机制,参与多边或双边的对话与协商,从经济、政治、社会、文化、军事、环境等各个层面与国际社会进行全方位的互动;遵循指遵循联合国宪章和国际法,既包含中国自身的切实遵循,又包含中国对其他行为体的不守国际法的不当行为的积极劝说和适当批评;塑造意味着站在国际道义制高点上,以更好的理念、价值去改造、完善现有的国际体系与国际秩序,建设新的国际体系与国际秩序。[①] 中国对海洋治理实践的主张与行动需要从国际秩序的整体演变出发,从中国参与全球事务的整体格局出发,从国际体系变革与国际变局时代的现实出发,以国家发展的大事业和大格局为依归。

(一)中国的主张

基于国际变局时代的大背景,中国针对海洋的政策或主张主要包括:坚持协商谈判解决,“主权属我、搁置争议、共同开发”,“双轨思路”倡议,“和谐海洋”理念,“一带一路”倡议,实现“海洋命运共同体”和“人类命运共同体”等,它们是依据中国自身的国情和实际做出的政策选择,深受中国传统文化的影响,是包括求同存异、以和为贵等思想在内的“和合文化”在海洋政策中

① 参见蔡拓:《当代中国国际定位的若干思考》,《中国社会科学》2010年第5期。

的运用和发展。

1.“主权属我、搁置争议、共同开发”的主张

在20世纪70～80年代中国与菲律宾、马来西亚等东南亚国家建交时，邓小平就提出了处理南沙群岛争议的合理主张：南沙群岛是历史上中国固有的领土，20世纪70年代以来发生了争议，从双方友好关系出发，中国趋向于把这个问题先搁置，以后再提出双方都能接受的解决办法，不要因此而发生军事冲突，而应采取共同开发的办法。邓小平在1986年会见菲律宾副总统兼外交部长劳雷尔和1988年会见菲律宾总统阿基诺时明确阐释了这一主张。“主权属我、搁置争议、共同开发”的基本含义是：第一，主权属我。第二，对领土争议，在不具备彻底解决的条件下，可以先不谈主权归属，而把争议搁置起来。搁置争议并不是要放弃主权，而是将争议先放一放。第三，对一些有争议的领土进行共同开发。第四，共同开发的目的是通过合作增进相互了解，为最终合理解决主权的归属创造条件。①

中国坚持贯彻“主权属我、搁置争议、共同开发”的原则，灵活处理周边领土争端和海事问题，在南海问题上坚持与相关国家进行有效协商。2004年6月30日，《中华人民共和国和越南社会主义共和国关于两国在北部湾领海、专属经济区和大陆架的划界协定》及《中华人民共和国政府和越南社会主义共和国政府北部湾渔业合作协定》生效；2005年3月14日，中国与菲律宾和越南签署《在南中国海协议区三方联合海洋地震工作协议》；2011年7月20日，中国与东盟就落实《南海各方行为宣言》指导方针达成共识。在东海海域，中国积极与日本进行多次会谈，针对东海防空识别区以及其他海事争端问题进行磋商，在海洋合作机制、海洋经济合作、海洋科技合作、海洋安全合作、海洋环境保护合作、海上搜救合作等方面开展了广泛的协商与合作。可见，“主权属我、搁置争议、共同开发”契合中国海洋周边现实，有助于妥善处理周边海洋问题，提升与周边国家的海洋合作水平，建设安全和谐的海洋新秩序。

① 参见刘雪明：《搁置争议　共同开发——邓小平处理边界领土争端的独特视角》，《中共云南省委党校学报》2001年第2期。

2.《南海各方行为宣言》与"双轨思路"

《南海各方行为宣言》是中国与东盟各国外长及外长代表于 2002 年 11 月 4 日在金边签署的政治文件，该宣言明确提出："各方重申以《联合国宪章》宗旨和原则、1982 年《联合国海洋法公约》、《东南亚友好合作条约》、和平共处五项原则以及其它公认的国际法原则作为处理国家间关系的基本准则……有关各方承诺根据公认的国际法原则，包括 1982 年《联合国海洋法公约》，由直接有关的主权国家通过友好磋商和谈判，以和平方式解决它们的领土和管辖权争议，而不诉诸武力或以武力相威胁。"①2011 年 7 月 20 日，各方达成了落实《南海各方行为宣言》指导方针的一致意见："重申《南海各方行为宣言》是中国同东盟成员国签署的具有里程碑意义的文件，显示了他们共同促进和平稳定和互信以及确保和平解决南海争议的承诺；认识到全面、有效落实《宣言》将有助于深化中国—东盟面向和平与繁荣的战略伙伴关系；本指针旨在指导落实《宣言》框架下可能开展的共同合作活动、措施和项目。"②

2014 年 8 月 9～10 日，东亚合作系列外长会在缅甸首都内比都举行，时任中国外长王毅表示，中国和东盟已找到南海问题的解决之道，也就是中方倡导的"双轨思路"，即有关争议由直接当事国通过友好协商谈判寻求和平解决，而南海的和平稳定则由中国与东盟国家共同维护。"双轨思路"完全符合联合国宪章所倡导的通过谈判协商和平解决争端的宗旨，也完全符合中国和东盟共同签署并有约束力的《南海各方行为宣言》第四款的规定。王毅表示，中国之所以倡导"双轨思路"，一方面是因为由直接当事国通过协商谈判解决争议是最为有效和可行的方式，符合国际法和国际惯例，也是《南海各方行为宣言》中最重要的规定之一；另一方面，南海的和平稳定涉及包括中国和东盟各国在内的所有沿岸国的切身利益，双方有责任也有义务共同加以维护。多年来的事实证明，只要坚持"双轨思路"，相辅相成、相互促进，完全可以既有效管控和妥善处理具体争议，同时又能保持本地区和平稳

① 《南海各方行为宣言》，2002 年 11 月 4 日，https://www.mfa.gov.cn/web/ziliao_674904/1179_674909/200303/t20030304_7946832.shtml.

② 《中国与东盟国家就落实〈南海各方行为宣言〉指导方针达成一致》，2011 年 8 月 1 日，https://www.fmprc.gov.cn/wjbxw_673019/201108/t20110801_371903.shtml.

定与合作的大局。[①] 时任国家总理李克强在2014年11月13日的东亚峰会上表示:“中国与东盟国家明确了处理南海问题‘双轨思路’,即有关具体争议由直接当事国通过谈判和协商解决,南海和平稳定由中国和东盟国家共同加以维护。我们同意积极开展磋商,在协商一致基础上早日达成‘南海行为准则’。”[②]2016年4月21日,时任中国外长王毅在结束访问文莱之际举行记者会,强调“双轨思路”是解决南海问题最为现实可行的办法。[③]

3.“和谐海洋”的理念

在中国人民解放军海军成立60周年之际,中国根据国际国内形势发展的需要,提出了构建“和谐海洋”的倡议,以共同维护海洋的持久和平与安全。“和谐海洋”理念是时任国家主席胡锦涛于2005年9月15日在联合国成立60周年首脑会议上提出的构建“和谐世界”理念在海洋领域的具体化,体现了国际社会对海洋问题的新认识、新要求,标志着中国对国际法尤其是海洋法发展的新贡献。其具体内容为:坚持联合国主导,建立公正合理的海洋;坚持平等协商,建设自由有序的海洋;坚持标本兼治,建设和平安宁的海洋;坚持交流合作,建设和谐共处的海洋;坚持敬海爱海,建设天人合一的海洋。[④]

4.实施海洋强国战略,关心海洋、认识海洋、经略海洋。

党的十八大做出了建设海洋强国的重大战略部署。2013年7月30日,习近平总书记在主持中共中央政治局第八次集体学习时指出:“21世纪,人类进入了大规模开发利用海洋的时期。海洋在国家经济发展格局和对外开放中的作用更加重要,在维护国家主权、安全、发展利益中的地位更加突出,在国家生态文明建设中的角色更加显著,在国际政治、经济、军事、科技竞争中的战略地位也明显上升。”“我国既是陆地大国,也是海洋大国,拥有广泛的海洋战略利益。经过多年发展,我国海洋事业总体上进入了历史上最好

① 参见《“双轨思路”解决南海问题》,2014年8月11日,http://news.sina.com.cn/c/2014-08-11/071630664003.shtml.

② 《李克强:坚持“双轨思路”处理南海问题》,2014年11月13日,http://www.gov.cn/guowuyuan/2014-11/13/content_2777920.htm.

③ 参见《“双轨思路”才是解决南海问题正道》,2016年4月23日,http://www.xinhuanet.com/world/2016-04/23/c_128923425.htm.

④ 参见金永明:《论中国海洋安全与海洋法制》,《东方法学》2010年第3期。

的发展时期。这些成就为我们建设海洋强国打下了坚实基础。我们要着眼于中国特色社会主义事业发展全局，统筹国内国际两个大局，坚持陆海统筹，坚持走依海富国、以海强国、人海和谐、合作共赢的发展道路，通过和平、发展、合作、共赢方式，扎实推进海洋强国建设。”[①]通过学习，党中央进一步明确了推进海洋强国建设的战略指针，进一步关心海洋、认识海洋、经略海洋，积极推进中国海洋事业的全面发展。中国海洋强国战略的内容得到发展可总结为“四个转变”：提高资源开发能力，着力推动海洋经济向质量效益型转变；保护生态环境，着力推动海洋开发方式向循环利用型转变；发展海洋科学技术，着力推动海洋科技向创新引领型转变；维护国家海洋权益，着力推动海洋权益向统筹兼顾型转变。[②]

5.“一带一路”倡议

习近平总书记在2013年9月和10月分别提出建设“丝绸之路经济带”和“21世纪海上丝绸之路”的合作倡议，赋予古老的“丝绸之路”以崭新的全球化时代内涵。“一带一路”倡议具有全球视野的高度开放性，不仅在地域和国别上开放，而且在合作领域与项目上全方位开放，倡导各国自愿参与，各方平等互利、共同推进。“一带一路”倡议致力于亚欧非大陆及附近海洋的互联互通，建立和加强沿线各国互联互通伙伴关系，构建全方位、多层次、复合型的互联互通网络，实现沿线各国多元、自主、平衡、可持续的发展。[③]中国对“一带一路”倡议进程的深化和发展，主要通过发布文件、设立平台及采取针对性措施的方式予以推进。其中的重要文件包括：经国务院授权，由国家发展改革委、外交部、商务部联合发布的《推动共建丝绸之路经济带和21世纪海上丝绸之路的愿景与行动》(2015年3月28日)；推进“一带一路”建设工作领导小组办公室发布的《共建“一带一路”：理念、实践和中国的贡献》(2017年5月10日)；国家发展改革委、国家海洋局联合发布的《“一带一路”建设海上合作设想》(2017年6月20日)；中共中央办公厅、国务院办公

① 《习近平：进一步关心海洋认识海洋经略海洋 推动海洋强国建设不断取得新成就》，2013年7月31日，http://www.xinhuanet.com//politics/2013-07/31/c_116762285.htm.

② 参见金永明：《建设海洋强国，70年来中国如何一路走来?》，2019年12月10日，https://www.shobserver.com/news/detail? id=192980.

③ 参见《推动共建丝绸之路经济带和21世纪海上丝绸之路的愿景与行动》，2015年3月29日，https://www.yidaiyilu.gov.cn/yw/qwfb/604.htm.

厅发布的《关于建立“一带一路”国际商事争端解决机制和机构的意见》（2018 年 1 月 23 日）；《“一带一路”法治合作国际论坛共同主席声明》（2018 年 7 月 3 日）；推进“一带一路”建设工作领导小组办公室发布的《共建“一带一路”倡议：进展、贡献和展望》（2019 年 4 月 22 日）等。设立的平台及采取的针对性措施包括：设立亚洲基础设施投资银行、丝路基金、推进“一带一路”建设工作领导小组，主办“一带一路”国际合作高峰论坛、中国国际进口博览会，发起“一带一路”新闻合作联盟、“一带一路”智库合作联盟等。

6.“人类命运共同体”理念

2015 年 9 月 28 日，习近平总书记在联合国总部出席第七十届联合国大会一般性辩论时发表重要讲话指出：“当今世界，各国相互依存、休戚与共。我们要继承和弘扬联合国宪章的宗旨和原则，构建以合作共赢为核心的新型国际关系，打造人类命运共同体。”①世界格局正处在一个加快演变的历史性进程之中，和平、发展、进步的阳光足以穿透战争、贫穷、落后的阴霾，经济全球化、社会信息化极大解放和发展了社会生产力，创造了前所未有的发展机遇；同时，恐怖主义、金融动荡、环境危机等问题愈加突出，给我们带来了前所未有的挑战。面对全球性挑战，没有哪个国家可以置身事外、独善其身，世界各国需要以负责任的精神同舟共济、协调行动。各国相互联系、相互依存、相互合作、相互促进的程度空前加深，国际社会日益成为一个你中有我、我中有你的命运共同体。

2017 年 1 月，习近平总书记在瑞士日内瓦万国宫发表题为《共同构建人类命运共同体》的演讲，明确指出“要秉持和平、主权、普惠、共治原则，把深海、极地、外交、互联网等领域打造成各方合作的新疆域，而不是相互博弈的竞技场”②。2017 年 10 月 18 日，习近平总书记在党的十九大报告中再次指出：“我们呼吁，各国人民同心协力，构建人类命运共同体，建设持久和平、普遍安全、共同繁荣、开放包容、清洁美丽的世界。要相互尊重、平等协商，坚决摒弃冷战思维和强权政治，走对话而不对抗、结伴而不结盟的国与国交往

① 《习近平在第七十届联合国大会一般性辩论时的讲话（全文）》，2015 年 9 月 29 日，http://www.xinhuanet.com/world/2015-09/29/c_1116703645.htm.

② 《习近平出席“共商共筑人类命运共同体”高级别会议并发表主旨演讲》，2017 年 1 月 19 日，http://www.xinhuanet.com//world/2017-01/19/c_1120340049.htm.

新路。要坚持以对话解决争端、以协商化解分歧，统筹应对传统和非传统安全威胁，反对一切形式的恐怖主义。要同舟共济，促进贸易和投资自由化便利化，推动经济全球化朝着更加开放、包容、普惠、平衡、共赢的方向发展。要尊重世界文明多样性，以文明交流超越文明隔阂、文明互鉴超越文明冲突、文明共存超越文明优越。要坚持环境友好，合作应对气候变化，保护好人类赖以生存的地球家园。"[①]2018 年 3 月 11 日，第十三届全国人民代表大会第一次会议通过的宪法修正案，将宪法序言第十二自然段中"发展同各国的外交关系和经济、文化的交流"修改为"发展同各国的外交关系和经济、文化交流，推动构建人类命运共同体"[②]。

近年来，中国一直在身体力行、脚踏实地地推广和建设"人类命运共同体"，坚持共同、综合、合作、可持续的新安全观，积极为维护和拓展人类共同利益，提升国际社会关于全人类相互依存的理念和实践行动，保护和改善全球生态环境，构建公正、合理、有序的国际秩序等做出具有中国特色的贡献和努力。

7."海洋命运共同体"理念

2019 年 4 月 23 日，习近平总书记在青岛集体会见应邀出席中国人民解放军海军成立 70 周年多国海军活动的外方代表团团长时指出，"我们人类居住的这个蓝色星球，不是被海洋分割成了各个孤岛，而是被海洋连结成了命运共同体，各国人民安危与共"，倡导各方"集思广益、增进共识，努力为推动构建海洋命运共同体贡献智慧"。[③] "海洋命运共同体"是"人类命运共同体"理念在海洋领域的具体体现，倡导树立共同、综合、合作、可持续的新海洋安全理念，蕴含着促进海上互联互通和各领域务实合作、共同增进海洋福祉的海洋治理理念，提倡共同保护海洋生态文明的可持续发展理念，坚持平等协商的争议解决理念，必将为维护海洋和平稳定、促进海洋发展繁荣、保

---

① 《决胜全面建成小康社会 夺取新时代中国特色社会主义伟大胜利——在中国共产党第十九次全国代表大会上的报告》，2017 年 10 月 18 日，http://www.gov.cn/zhuanti/2017-10/27/content_5234876.htm.

② 《（两会受权发布）中华人民共和国宪法》，2018 年 3 月 11 日，http://www.xinhuanet.com/politics/2018lh/2018-03/22/c_1122572202.htm.

③ 《习近平集体会见出席海军成立 70 周年多国海军活动外方代表团团长》，2019 年 4 月 23 日，http://www.xinhuanet.com/politics/2019-04/23/c_1124404136.htm.

护海洋生态环境、妥善解决海洋争端提供方向的指引,促进国际海洋法治的发展。①

基于中国和全球海洋事务发展以及海洋治理进程的基本现实,“海洋命运共同体”的发展目标为:政治上,追求世界各国在海洋领域的和平与发展、海洋事务及其治理的国际公平正义,明确海洋霸权的不切实际性,强调海洋合作的现实需求性;安全上,提倡互信、互利、平等、协作,坚决维护国家主权、安全和发展利益,积极建设全球和谐、和平和合作体系,努力追求实现全球海洋利益共享、海洋红利共有;经济上,提倡在创新、协调、绿色、开放、共享的原则基础上发展和壮大海洋经济,共享共用海洋空间格局,合理分配海洋资源能源,实现合作共赢的目标;文化上,促进世界多样海洋文化的融通发展和交流互促,构建全球层面开放、包容、互鉴的海洋文化体系,构建和而不同、兼收并蓄的全球新型海洋文化观;生态上,提倡世界各国均应加强海洋生态文明建设,提倡人海和谐发展的海洋生态文明理念,统筹海洋开发与保护,实现海洋绿色、和谐、可持续发展。

“海洋命运共同体”可从领域和地域两个层面进行基本的类型划分:按照领域划分的原则,“海洋命运共同体”主要包括“海洋安全共同体”“海洋利益共同体”“海洋生态共同体”以及“海洋文化共同体”;按照地域划分的原则,“海洋命运共同体”主要包括“地中海命运共同体”“波罗的海命运共同体”“印太命运共同体”“南海命运共同体”“北极命运共同体”等。在此笔者主要从领域层面对“海洋命运共同体”进行划分,进而有效开展相关学理探究。

(1)海洋安全共同体。由于海洋的流动性与开放性特性,世界各国在海洋安全领域,特别是非传统安全领域所面临的共同安全威胁和生存挑战持续增多,单一国家很难妥善应对海上非传统安全问题,需要各国增强互信、平等相待、深化合作、共同应对。中国倡导国际社会应该树立共同、综合、合作、可持续的新海洋安全理念,积极为全球性海洋安全合作和治理实践做出广泛推动和实在贡献,全球范围内的海洋安全治理实践正在稳步开展。“海

① 参见姚莹:《“海洋命运共同体”的国际法意涵:理念创新与制度构建》,《当代法学》2019年第5期。

洋命运共同体”首先是“海洋安全共同体”。

(2)海洋利益共同体。由于海洋的战略价值和空间意义不断凸显,海洋在世界各国国家战略中的地位直线上升,各国海洋战略关注和力量投送的场域存在交叠,海洋利益诉求交织在一起。沿海国家与内陆国家、海洋强国与海洋弱国、传统海洋国家与新兴海洋国家间海洋利益竞争与合作纷呈翻覆、同步增强。海洋事务各主体、领域、体系之间的联动性不断强化,海洋场域内共同利益持续增多,合作的必要性持续增强。“海洋命运共同体”还是“海洋利益共同体”。

(3)海洋生态共同体。由于海洋生态环境的先天脆弱性、反应联动性与国际共生性,各国已逐渐在海洋生态问题及其治理上联结在一起。全球气候变暖、人类不合理的生产活动等对海洋生态造成的破坏,给海洋生物和海洋非生命等的存续带来了极大的威胁甚至是毁灭性的冲击。如 1989 年 3 月的阿拉斯加港湾漏油事件、2001 年 1 月的“阿玛斯”号货轮油污事件、2007 年 12 月的“河北精神”号溢油事件、2010 年 4 月的“深水地平线”钻井平台墨西哥湾漏油事件等,都给周边海域乃至全球海洋生态、海洋生物和非生命的存在造成了极大破坏,这些都是人类历史上影响重大的海洋污染事件。这警示我们,“海洋命运共同体”就是“海洋生态共同体”。

(4)海洋文化共同体。在长期开发和利用海洋的进程中,人类已形成关于海洋事务及其治理的诸多认知,主要涵盖人海关系、人与人在海洋中的关系、人与海洋生物和海洋非生命在海洋中的关系。基于国家和非国家行为体的历史经历、现实发展状况以及未来诉求等方面的不同,海洋文化呈现出多样性特征。历史和现实告诉我们,不同海洋文化之间相互借鉴、求同存异、相互尊重、互促互进才是最为适宜和合理的关系状态,所以“海洋命运共同体”也是“海洋文化共同体”。

综上可见,“海洋命运共同体”是涵盖安全、利益、生态和文化等多元复合的命运共同体。

(二)中国的行动

中国的行动可从国内改革与发展、区域海洋问题和全球海洋治理等多个层面展开论述。国内改革与发展是中国自身海洋事业和国家战略发展的内在需要,是实现中华民族伟大复兴的中国梦和“两个一百年”奋斗目标的必然要求；区域海洋问题的良性解决是中国维系周边秩序稳定、深度参与全球事务的重要保障；深度参与全球海洋治理是中国广泛开展海洋外交、提升国际话语权的现实选择。

1.中国不断练好内功，推进国内改革与发展事业

在世界百年未有之大变局中，在纷繁复杂的局势下，中国长期保持战略定力，顺应经济全球化、政治多极化和文化多样化的历史规律，继续全面深化改革开放。中国将始终是世界经济增长的稳定动力源和全球治理改革的积极贡献者。对此，中国采取了以下行动。

其一，在顶层设计层面，制定专门的参与全球海洋治理和构建国际海洋新秩序的战略规划及其配套的实施方案，明确参与的原则、目标、方向等具体内容，为未来的实践活动提供指导。中国需从中央的高度优化海洋外交制度设计，整合军事、政治、经济、法律、安全等多元海洋外交资源，全面推动海洋强国战略的有效实施，建构中国海洋大战略。在国际层面保卫及维护国家领土完整和国家统一，从容解决周边海事问题，捍卫和拓展本国的海洋权益，深度参与全球海洋治理，为国家发展创造公正合理的海洋秩序；在国内层面促进海洋经济的全方位发展，海洋管理体制的发展完善，海洋法体系的丰富提升，公民海洋战略意识的增强，海洋事业与社会发展、国家富强的战略联动等。中国海洋强国战略是包含海洋经济战略、海洋政治战略、海洋管理战略、海洋法律战略、海洋科技战略、海洋安全战略和海洋文化战略等在内的复合综合型国家发展大战略，在实施进程中需实现内外联动、积极作为、创造推进。

其二，在治理体系层面，进一步深化国内海洋管理体制改革，建立一套符合国情、运转高效的体制机制，消除制约海洋治理效能提升的各种障碍因素，促进海洋软实力与海洋硬实力的平衡增长。为满足中国深度参与全球海洋治理的需要，应针对一些涉海法律和相关政策进行调整。针对全球性海警力量增强和角色凸显的现实情况，中国需要做出整体性的改变和提升。在《关于中国海警局行使海上维权执法职权的决定》(2018 年 6 月 22 日通过，2018 年 7 月 1 日起施行)和《中华人民共和国海警法》(2021 年 1 月 22 日通过，2021 年 2 月 1 日起施行)的基础上，进一步明确海洋综合执法机构的角色、地位、职能，规定执法过程中具体的执法方式、步骤和程序，使国家海

洋综合管理和海洋综合执法工作有法可依；进一步阐释《中华人民共和国海警法》的关键性条款，加强与国际海洋法相关内容的整合，逐步细化在不同属性的管辖海域及其上空、不同性质的海洋事务领域的海上维权执法制度，努力加强与其他国家海上执法机构之间的信息沟通和工作合作。此外，应对国家海洋行政管理部门的职权范畴进行立法界定，对中国海警和中国海事两支执法力量之间的执法权限、事务领域和行为效应等进行立法界定，特别是需要提升中央和地方在海洋执法及海洋维权等方面的贯彻性和协调性，从而上下整合为有机统一的海洋维稳维权力量。

2.中国政府一直秉持“亲诚惠容”理念，深耕睦邻之交

周边是首要，是中国长期的外交定位，体现为三个“优先”，即优先考虑、优先投入和优先处理。近年来，无论是对外战略布局、资源投入，还是处理国家间关系，中国明显向周边地区倾斜。“一带一路”倡议与“人类命运共同体”理念的提出、多形式合作机制的构建等都是从周边开始，以周边为重点。中国与周边国家作为一个整体，共同构成一个共处、共生的地缘与利益区域，中国是其中的有机构成部分。[①] 所以，在中国海洋外交和海洋实践深度开展的当下和未来，中国需要经营好周边，推动周边海事争端问题的妥善解决，具体来说有以下几点。

其一，切实推动上合组织效力的发挥。在“互信、互利、平等、协商、尊重多样文明、谋求共同发展”精神的指引下，上合组织致力于加强成员国的相互信任与睦邻友好关系，维护和加强地区的和平、安全与稳定，共同打击恐怖主义、分裂主义、极端主义、毒品走私、非法贩运武器和其他跨国犯罪，为各国发展创造一个稳定和谐的环境。

其二，妥善处理中日海事争端。在处理中日海事争端问题上，中国始终坚持“搁置争议，共同开发”的原则，主张中日双方应按照 1972 年《中日联合声明》、1978 年《中日和平友好条约》、1998 年《中日联合宣言》及 2008 年《关于全面推进战略互惠关系的联合声明》等提出的各项原则和精神，继续发展中日战略互惠关系；提倡中日双方本着“正视历史，面向未来”的原则，通过对话磋商防止局势恶化，建立危机管控机制，避免发生不测事态。

---

① 参见张蕴岭：《综合视角下的中国周边环境与周边关系》，《当代世界》2022 年第 4 期。

其三，理性缓解南海争议。中国始终坚持以《联合国海洋法公约》和《南海各方行为宣言》的原则及规范来和平、理性地处理并协商，截至2021年各方已举行19次高官会，积极推动南海争议的妥善处理。2021年6月7日，中国和东盟国家“落实《南海各方行为宣言》第19次高官会”在重庆举行，外交部边海司司长洪亮作为中方高官与菲律宾外交部副部长拉扎罗共同主持会议，各方就全面有效落实《南海各方行为宣言》、加强海上务实合作及“南海行为准则”磋商等议题深入交换了意见。各方认为，当前南海形势总体稳定，尽管受到疫情影响，但中国和东盟国家仍继续致力于全面有效落实《南海各方行为宣言》，以灵活务实的方式保持“南海行为准则”的磋商进程。各方强调全面有效落实《南海各方行为宣言》的重要性，一致同意继续深化合作，持续增进互信，共同维护南海和平稳定。会议就“南海行为准则”下步磋商安排达成了共识，同意尽快恢复案文第二轮审读，争取早日达成“南海行为准则”。①

3.中国深度参与全球海洋治理，推动国际海洋秩序的合理重塑

中国参与全球海洋治理主要包括加强与海洋大国的海事合作和加强多边海洋合作等方面。

(1)加强与美国等世界主要海洋国家的关系互动和海洋合作。在中美海洋合作方面，美国作为当前海洋秩序的主导建构者和主导者，加强与美国的海洋互动与合作是中国参与全球海洋治理、推动国际海洋秩序重塑的首要选择，可通过以下途径加强与美国在全球海洋领域的战略互信与合作：①加强政府间沟通，促进中美两国在海洋问题上的相互理解，尊重和照顾彼此的重大利益和关切，妥善处理分歧和敏感问题；②在现有合作协议、合作框架的基础上，本着相互尊重、互利共赢的原则，一方面继续使双方在既有合作领域的合作机制得到有效升级，另一方面建立经常化、制度化的海洋合作事务磋商机制；③本着循序渐进的原则，积极寻求中美海上安全的利益交汇点，稳步推进双方在海上安全领域的交流与合作；④将海洋合作列入构建中美新型大国关系的框架之中。中美在海洋领域的合作与冲突将成为构建

① 参见《落实〈南海各方行为宣言〉第19次高官会在重庆举行》，2021年6月7日，http://www.xinhuanet.com/2021-06/07/c_1127537887.htm.

中美新型大国关系日益重要的议题。在互利共赢、平等协商的基础上，一方面充分利用现有合作平台和机制，不断完善合作形式、丰富合作内涵，“深耕”中美海洋合作；另一方面逐步扩大双方海上合作的领域，适时适度由低敏感领域向敏感领域延伸。通过开展多元对话与合作，强化双方的利益共同点，推动中美在海洋事务中的信任与合作。

在中俄海洋合作方面，两国政府在2003年5月共同签署了《中华人民共和国政府和俄罗斯联邦政府关于海洋领域合作协议》，标志着两国海洋合作正式启动，明确了双方在基础和应用海洋学、海洋环境状况研究、监测和自然灾害预报、利用海洋及其资源有关活动对环境影响的研究和评价、海洋生物多样性研究和保护、海洋气候变化、海洋新技术研发（包括海洋遥感技术及新型海洋仪器开发和实际应用）等方面的合作内容。2019年6月5日，中国同俄罗斯签署《中华人民共和国和俄罗斯联邦关于发展新时代全面战略协作伙伴关系的联合声明》和《中华人民共和国和俄罗斯联邦关于加强当代全球战略稳定的联合声明》，将两国关系提升为“中俄新时代全面战略协作伙伴关系”，这为中俄两国加强全方位合作提供了良好的意愿氛围。未来中俄两国建设全面战略协作伙伴关系的目标和方向包括：守望相助，深度融通，开拓创新，普惠共赢。中俄两国一致同意，将政治合作、安全合作、务实合作、人文交流、国际协作作为中俄全面战略协作伙伴关系的重点领域。[①]当前，海洋安全、海洋战略与海洋发展已是中俄两国发展的重心，实现两国关系在海洋场域的更多战略协作是中俄全面战略协作伙伴关系的自然延伸。中俄两国不断加强在海洋科技领域的深入交流与合作，加强在“蓝色经济”的相互助力，在海洋生态安全和环境保护上加强经验和资金的共享及互助，共同为海洋可持续发展提供实在推动，继续大力推动“冰上丝绸之路”、东亚峰会等重大战略实践行动的全面开展。通过海洋合作，中俄两国极大地促进了区域和全球海洋事务的发展与治理，为全球海洋安全和体系稳定做出了重要贡献。

(2)积极推进并布局多边海洋合作。近年来，中欧在海洋资源开发与利

① 参见《中华人民共和国和俄罗斯联邦关于发展新时代全面战略协作伙伴关系的联合声明(全文)》，2019年6月5日，https://www.mfa.gov.cn/ce/cgct/chn/zgyw/t1670118.htm.

用、海洋生态环境保护、推动“蓝色经济”增长、提升海洋科学技术水平等方面的理念和目标高度契合，开展了卓有成效的交流与合作。2016 年，第十八次中欧领导人会晤将 2017 年明确为“中国—欧盟蓝色年”，双方对此给予高度重视。2017 年 12 月“中国—欧盟蓝色年”在深圳举行，以“开放包容、具体务实、互利共赢”为原则构建中欧蓝色伙伴关系，全面深化中欧在海洋领域的合作，进而推动全球海洋合作，为构建人类命运共同体发挥桥梁和纽带的作用。① 2018 年 7 月 16 日，第二十次中国欧盟领导人会晤期间，中欧正式签署了《中华人民共和国和欧洲联盟关于为促进海洋治理、渔业可持续发展和海洋经济繁荣在海洋领域建立蓝色伙伴关系的宣言》，通过建立“蓝色伙伴关系”携手推动完善全球海洋治理体系、发展可持续性蓝色经济和促进可持续渔业治理，共同应对气候变化、海洋生态环境保护、海洋资源养护和可持续利用所面临的挑战，一道努力实现 2030 年可持续发展目标。② 2019 年 9 月 6 日，首届中国—欧盟海洋“蓝色伙伴关系”论坛在布鲁塞尔举行，标志着中欧海洋合作再谱新篇。新时期中欧海洋“蓝色伙伴关系”走深走实，展现了中欧在全球海洋治理中的责任与担当。③

中国还在积极构建与小岛屿国家间的“蓝色伙伴关系”。2017 年 9 月 21 日，中国首次举办的“中国—小岛屿国家海洋部长圆桌会议”在福建平潭举行，会议通过了《平潭宣言》，鼓励各方共同构建“蓝色伙伴关系”，在推动海洋治理进程中平等表达关切，分享国际合作红利，共同建立合作机制，制定行动计划，实施海上务实合作项目。合作领域包括但不限于发展蓝色经济、保护生态环境、应对气候变化、海洋防灾减灾、打击非法捕捞、管理与减少海洋垃圾（特别是微塑料）等。④

① 参见《“中国—欧盟蓝色年”在深圳闭幕》，2017 年 12 月 11 日，http://www.gov.cn/xinwen/2017-12/11/content_5245814.htm.

② 参见《中欧签署〈宣言〉建立蓝色伙伴关系》，2018 年 7 月 20 日，http://www.sohu.com/a/242281194_100122948.

③ 参见《首届中欧海洋“蓝色伙伴关系”论坛在布鲁塞尔举行》，2019 年 9 月 6 日，http://www.xinhuanet.com/world/2019-09/06/c_1124970326.htm.

④ 参见《中国—小岛屿国家海洋部长会通过〈平潭宣言〉》，2017 年 9 月 21 日，http://www.xinhuanet.com//politics/2017-09/21/c_1121704620.htm.

二、中国海洋话语实力的显著增强

近些年，全球海洋治理机制碎片化、利己化特征逐渐显现，国际海洋秩序的规则悖论、范式竞争频发，海洋资源开发、战略价值凸显与海洋生态环境保护、生物多样性维护之间的矛盾加剧，给海洋事务及其治理、海洋利益分配及其协调提出了新任务与新诉求，需要国际海洋法在未来发展中予以回应和满足。然而，作为普遍规则的习惯国际法在全球海洋治理过程中的作用非常有限，无法满足构建稳定的国际海洋法律秩序、有效开展全球海洋治理的现实需要。[①]《联合国海洋法公约》作为海洋政治博弈与多方折衷调和的产物，不可避免地存在诸多问题和缺陷，且与大陆架界限委员会、国际海底管理局、国际海洋法法庭等共同面临着多重挑战[②]，难以有效应对全球海洋事务的快速变化。

推动全球海洋治理深度开展，更好地契合国际变局时代的新需要，是打造海洋新秩序现实考量的内在要求，构建国际海洋新秩序的需求十分迫切。遵循共同价值、推进共同安全、实现共同利益、形成共同情感应是建设国际海洋新秩序的重要组成部分，其发展演变将推动国际秩序新转变的发生，其发展过程中的动力与阻力也将是国际秩序转变的影响要素。在中国海洋实力和话语分量增强、美国维持国际秩序平衡稳定的意愿和能力下降、国际秩序维持和调整的考量因素复杂化的影响下，国际海洋新秩序的建构动力与阻力在同步增强。

近年来，中国海洋经济长期持续增长，海洋商业逐渐遍布全球，军舰数量不断增加，海洋科技取得显著进步，海洋硬话语持续增强。中国提出“一带一路”倡议，提倡共商、共建、共享原则，超越了传统的“霸权”思维和“权力决定利益”的地缘政治思维；提出“海洋命运共同体”理念，体现了全球海洋治理领域的中国智慧与责任担当，是一种超越国家海洋利益的关切，指明和平、合作、和谐、共赢的海上国际关系是发展趋向；中国致力于推动国际海洋

① 参见姚莹：《“海洋命运共同体”的国际法意涵：理念创新与制度构建》，《当代法学》2019 年第 5 期。

② 参见金永明：《论海洋法的发展与挑战——纪念联合国成立 70 周年》，《南洋问题研究》2015 年第 3 期。

法律秩序的良性发展，推动全球海洋合作事务的广泛开展。

美国主导的海洋话语和国际秩序业已延续至今，但美国并没有通过有效的、常规的利益动态调整机制来协调秩序内部存在的矛盾或纠纷[①]，而是一味满足自身利益诉求和话语现实，在面对新的利益诉求时存在反应的滞后性和调整的惰性，不利于秩序内部关系的协调、矛盾的缓和以及安全的建构。全球层面亟须构建一个容纳传统海洋强国、新兴海洋国家和部分非政府组织的海洋新秩序，以反映海洋事务主体共同的发展需求，体现海洋世界多极化的趋势，契合“泛海洋时代”的现实，满足海洋多元、均衡、可持续发展的需求。在历史经纬和现实考量的多维影响下，中美全球海洋竞争态势愈发凸显，一些美国政客认为，中国海洋实力的发展和海洋话语的增强是对其主导的海洋秩序的挑战。鉴于中美关系已成为国际海洋秩序演变的关键影响因素，国际海洋新秩序的建构将在中美全球竞争关系的框架下展开。

三、中国稳步构建海洋话语的方略选择

在国际变局时代，中国实施海洋战略和构建海洋话语所面临的内部及外部环境和战略情势比以往更为复杂，所需承担的风险和责任也不断增长。中国需要结合当下海洋态势转化的实际情况，优化中国海洋战略、树立新海洋安全观、踏实构建海洋话语，以更大的“战略定力”和“战略自信”全面构建“海洋命运共同体”。

（一）明确中国有限海权的原则和需求，全面实施有限性海陆双向战略

在国内层面，中国要在深谙自身国情、借鉴历史经验、把握世界大势的基础上，全力推进新时代中国海洋战略，更系统地实施海陆联动战略。依据情势实际丰富完善国内海洋法律体系，继续完善全国上下联动的海洋发展机制体系，实现海洋经济和产业体系持续创新发展，建立具有中国特色的海警系统以及现代化海军，完善全域作战体系，在实力增长和话语诉求之间寻求有机平衡。

在国际层面，中国要对海洋战略实施与海洋外交拓展进程中可能的挑

① 参见刘丰：《国际利益格局调整与国际秩序转型》，《外交评论》2015 年第 5 期。

战做好前瞻性预判和有效性预防，审慎处理与体系主导国之间的战略关系，减少和避免对抗性或破坏性竞争，保持竞争的可控性和发展的包容性，促进良性的话语互动与战略互信；善于团结和自身海洋话语诉求契合度比较高的新兴国家和发展中国家，共同推动国际秩序的适度调整，使之更为包容多元；通过提升顶层外交和拓展“二轨外交”，使国际社会增强对中国实力增强、话语诉求、政策动机和原则目标的正确认知，消除国内外认知和行动上的差异及不同，共寻全球海洋合作和话语实践的拓展之路。

（二）全面把握中国海洋话语的不足，创造性聚焦海洋软话语的发展

在国内层面，政府和民众均需要重视海洋文化在国家海洋战略、海洋事业发展以及海洋外交拓展中的重要性，制定并实施完善可行的国民海洋意识发展规划，树立契合海洋新秩序和话语现实的海洋价值观。[①] 进一步实施“一带一路”倡议和构建“海洋命运共同体”，加强舆论引导，创造和谐环境，完善国家战略和引领国家实践。建立完善高度契合现实需求的中国海洋智库和成熟完备的媒体系统，正确、及时地传达中国海洋话语的合理诉求，扭转国际社会对中国海洋话语的偏颇认识，为国家海洋战略与实践提供全方位舆论支撑，保障国家海洋事业的长远发展。

在国际层面，努力提升中国在国际海洋规则制定中的参与度，增强中国在国际海洋新秩序发展、议题设定以及结构设计中的优势地位。深切掌握现有国际海洋规制的条文规范，利用规则维护中国正当的海洋权益，拓展中国的海洋话语空间，及时、有效且合理地开展必要的法理斗争。在“国际海底资源开发规章”制定过程中应发挥“引领国”的作用[②]，塑造国际海洋法律秩序优化所需的制度和环境。在国际海洋新约文起草、国际海洋新规范确立以及国际海洋新秩序建构中彰显中国角色以及中国引领，逐步构建中国在海洋法发展中的话语权。[③]

在国际变局时代，在海洋政治迅疾演化的当下，对国际海洋秩序和全球

---

① 参见孙凯、吴昊：《关于构建中国海洋话语权的思考——以南海“981”钻井平台事件为例》，《中国海洋大学学报（社会科学版）》2017 年第 1 期。

② 参见杨泽伟：《国际海底区域“开采法典”的制定与中国的应有立场》，《当代法学》2018 年第2 期。

③ 参见洪农：《国际海洋法治发展的国家实践：中国角色》，《亚太安全与海洋研究》2020 第 1 期。

海洋治理的未来走向进行正确的大趋势研判十分关键且必要，应正确评估改变和维护国际秩序的成本与风险。[①] 建构战略平衡、动机平衡、风险平衡以及收益平衡的国际海洋新秩序，建构契合多数国家发展意愿并为它们所普遍接受的、更具战略信任与平衡态势的国际海洋新秩序，应成为国际社会的基本共识和共同追求。客观而言，海洋政治实践发展以及建构国际海洋新秩序的多方需求和多样阻力前所未有，国际社会需要达成战略共识，承担共同责任，开展共同行动，共同从理念和行动等多层面追求海洋政治的美好未来。中国将努力为海洋政治的更好发展提供更充实的现实基础、可行方案和实践路径，在实现中华民族伟大复兴的过程中坚持惠及世界各国，在发展中统筹中华民族伟大复兴战略全局和百年未有之大变局，为海洋秩序更好地发展和海洋政治的美好未来提供动力源泉。

① 参见唐世平:《国际秩序变迁与中国的选项》,《中国社会科学》2019 年第 3 期。

结 论

“世界潮流，浩浩荡荡，顺之则昌，逆之则亡。”[①]在全球海洋事务纵深发展、世界海洋政治格局不断演化、中国特色社会主义进入新时代的当下，中国的海洋实践开展和海洋学理发展需要顺应时代潮流、回答时代问题。构建海洋政治学是中国在新时代的必然与应然之举，是中国识世界之变、谋中国之略、强中国话语、建中国学科的大战略选择。

一、识世界之变、谋中国之略

进入21世纪的第三个十年，新时代在各个层面的表征愈发凸显，世界发展大势和中国发展实际是“世界百年未有之大变局，中华民族伟大复兴战略全局”[②]，这两个大局是中国国家发展、社会进步、学科建设的实践场景和历史条件。识世界之变、谋中国之略，中国需要构建海洋政治学。

2017年12月28日，习近平总书记在接见回国参加2017年度驻外使节工作会议的全体使节的重要讲话中提出：“放眼世界，我们面对的是百年未有之大变局。”[③]2018年6月23日，习近平总书记在中央外事工作会议上再次指出：“当前，我国处于近代以来最好的发展时期，世界处于百年未有之大

---

① 《习近平在中华人民共和国恢复联合国合法席位50周年纪念会议上的讲话（全文）》，2021年10月25日，https://www.fmprc.gov.cn/web/ziliao_674904/zt_674979/dnzt_674981/qtzt/jnzghflhghfxw/202110/t20211025_9980825.shtml.

② 《中国共产党第十九届中央委员会第五次全体会议公报》，2020年10月29日，https://www.12371.cn/2020/10/29/ARTI1603964233795881.shtml.

③ 《习近平接见2017年度驻外使节工作会议与会使节并发表重要讲话》，2017年12月28日，http://www.xinhuanet.com/politics/leaders/2017-12/28/c_1122181743.htm.

变局，两者同步交织、相互激荡。”[①]中国的国家发展和大战略施展需统筹这两个大局，认清世界发展大势和中国的战略机遇。2021年2月20日，习近平总书记在党史学习教育动员大会上的讲话中指出：“要教育引导全党胸怀中华民族伟大复兴战略全局和世界百年未有之大变局，树立大历史观，从历史长河、时代大潮、全球风云中分析演变机理、探究历史规律，提出因应的战略策略，增强工作的系统性、预见性、创造性。”[②]“百年未有之大变局”之于海洋政治事务及其治理进程上的表现更为突出，海洋政治学的构建和完善发展是“百年未有之大变局”的现实选择，更是中国全面建设海洋强国、统筹海陆全面发展的必然要求，是中华民族实现伟大复兴战略全局的基本要求。

海洋政治实践由来已久且正在持续演化发展，海洋政治格局对于全球变革和世界变局的影响极为突出。海洋政治实力，特别是一国的海洋军事实力对于世界政治格局和秩序变迁的意义重大，海洋政治发展实践聚合表现为海洋主导国的不断交迭和多番力量角逐。数百年的全球竞争表明，一个国家的实力及其衰落与其海军和海上力量的规模和能力直接相关。古希腊时期的雅典拥有强大的海军和庞大的商船队；公元前3世纪的迦太基、13～14世纪的威尼斯以及16～17世纪的荷兰共和国也派出商船和海军舰队来追求和保护自身利益；英国正是凭借超强的海军实力，才得以在1588年打败西班牙“无敌舰队”，逐步确立全球殖民贸易体系，成为“日不落帝国”；在西奥多·罗斯福总统的领导下，美国的海军作战力量大幅加强，得以一跃成为全球突出的力量重心和行为体，许多历史学家将“大白舰队”的世界巡游视为“美国世纪”开始的标志。[③] 近年来，美国极力推崇“海洋自由论”，提出“空海一体战”等概念，推出2007年《21世纪海权合作战略》、2013年《北极地区国家战略》、2019年《印太战略报告》等多部涉海战略文件，不断调适其海洋战略与实践，调整全球和区域海洋力量布局，试图建构美国占主

① 《习近平：努力开创中国特色大国外交新局面》，2018年6月23日，http://www.xinhuanet.com/politics/2018-06/23/c_1123025806.htm.

② 《习近平：在党史学习教育动员大会上的讲话》，2021年2月20日，http://www.qstheory.cn/dukan/qs/2021-03/31/c_1127274518.htm.

③ Jerry Hendrix, “Sea Power Makes Great Powers”, 2021-10-10, https://foreignpolicy.com/2021/10/10/us-navy-sea-power-china-decline-military-strategy/.

导优势的全球海洋安全网络架构。尽管美国依旧在当前全球海洋政治格局中占据优势，但全球海洋行为体的多元化、海洋力量格局的均衡化、海洋战略的多样化、海洋关系的复合化、海洋治理的扁平化等趋势不断发展，使得海洋政治发展和海洋治理开展已进入大变局阶段。

识世界之变、谋中国之略，中国需要对两个大局的现实做出整体性和大战略高度的规划和部署，各界需要为中华民族的伟大复兴和世界的和谐稳定做出切实贡献，更需要全力构建海洋政治学以为海洋政治学理进步和学科发展做出中国贡献。实践表明，海洋政治发展与一国政治、经济、军事、文化、科技等诸多方面的联系愈发紧密，海洋政治事务发展与国家内外两个大局、国家上下诸多层面之间的联动愈发明显，海洋政治战略布局和实践开展对于国家政治和外交战略要求和任务部署的影响就愈发突出。海洋政治实践的持续深入给全球海洋政治学理研究提出了新的现实任务，需紧跟世界海洋政治实践的最新现实和未来需求，依据最新实践开展全面的学理研究。海洋政治研究需要既有“研”又有“学”，即海洋政治学构建应兼具现实性和必要性。

二、强中国话语、建中国学科

中国在多个场合多次声明，世界上只有一个体系，就是以联合国为核心的国际体系；中国长期一贯地尊重和支持《联合国海洋法公约》等国际海洋法的基本原则和基本规范，在国家战略制定和国际实践开展中始终奉行全球公平正义、践行多边主义，中国的海洋强国战略和建设实践旨在促进全人类的海洋事务和谐发展和谋求海洋共同未来。2020 年 9 月 21 日，习近平总书记在纪念联合国成立 75 周年的视频峰会上发表重要讲话，再次强调“中国是第一个在联合国宪章上签字的国家，是联合国创始会员国，也是安理会常任理事国中唯一一个发展中国家。我们将始终做多边主义的践行者，积极参与全球治理体系改革和建设，坚定维护以联合国为核心的国际体系，坚定维护以国际法为基础的国际秩序，坚定维护联合国在国际事务中的核心作用”[①]。2021 年 10 月 25 日，习近平总书记在中华人民共和国恢复联合国合法席位 50 周年纪念会议上的讲话明确提出：“新中国恢复在联合国合法席位以来的 50 年，是中国和平发展、造福人类的 50 年……这 50 年，中国人民始终同世界各国人民团结合作，维护国际公平正义，为世界和平与发展作出了重大贡献……站在新的历史起点，中国将坚持走和平发展之路，始终做世界和平的建设者；坚持走改革开放之路，始终做全球发展的贡献者；坚持走多边主义之路，始终做国际秩序的维护者。”[②]所以，在新时代、新的历史阶段，为促进人类进步，推动世界和平永续发展，构建“人类命运共同体”，中国需要持续增强中国特色的海洋话语，全面加强中国特色的海洋学科建设。

新时代中国构建海洋政治学有着突出的“时”与“势”。2021 年 1 月 11 日，在省部级主要领导干部学习贯彻党的十九届五中全会精神专题研讨班上，习近平总书记指出：“当今世界正经历百年未有之大变局，但时与势在我们一边，这是我们定力和底气所在，也是我们的决心和信心所在。同时，必须清醒看到，当前和今后一个时期，虽然我国发展仍然处于重要战略机遇期，但机遇和挑战都有新的发展变化，机遇和挑战之大都前所未有，总体上机遇大于挑战。”[③]现实已表明，海洋政治实践发展和海洋政治学构建，时和势都在我一边。

一方面，“时在我一边”主要表现在新时代的中国海洋话语不断增强、海洋政治实践不断拓展。在海洋政治的历史发展和现实推进中，中国有着持续且长期的海洋实践参与，中国海洋话语正处于稳步且战略性的发展之中。中国提出“主权属我、搁置争议、共同开发”的原则，签署《南海行为宣言》和坚持“双轨思路”等，以妥善处理周边海事争端问题；提出“和谐海洋”理念，以推动全球层面的海洋信任与合作；全力实施海洋强国战略，进一步关心海

---

① 《习近平在联合国成立 75 周年纪念峰会上发表重要讲话》，2020 年 9 月 22 日，http://www.gov.cn/xinwen/2020-09/22/content_5545492.htm.

② 《习近平在中华人民共和国恢复联合国合法席位 50 周年纪念会议上的讲话（全文）》，2021 年 10 月 25 日，https://www.fmprc.gov.cn/web/ziliao_674904/zt_674979/dnzt_674981/qtzt/jnzghflhghfxw/202110/t20211025_9980825.shtml.

③ 《习近平在省部级主要领导干部学习贯彻党的十九届五中全会精神专题研讨班开班式上发表重要讲话》，2021 年 1 月 11 日，http://www.xinhuanet.com/politics/leaders/2021-01/11/c_1126970918.htm.

洋、认识海洋、经略海洋；大力推行“一带一路”倡议，共建“一带一路”，秉持共商、共建、共享的原则，坚持开放、绿色、廉洁的理念，努力实现高标准、惠民生、可持续的目标，以互联互通为主线，促进政策沟通、设施联通、贸易畅通、资金融通、民心相通。中国正在全球层面构建蓝色伙伴关系网络，“冰上丝绸之路”“健康丝绸之路”“数字丝绸之路”等逐渐从概念走向实践，拉动全球性的海洋战略融通和实践协作；提出“人类命运共同体”理念，为全球事务的和谐发展和全球善治提出具有中国特色的行动方案；提出“海洋命运共同体”理念并推动全球共建，为解决全球共性海洋问题、谋求全球共同海洋命运等贡献中国的倡议和现实努力。

另一方面，“势在我一边”主要表现在新时代的中国海洋科研实力不断增强，海洋学科体系不断完善。近年来，中国海洋科研资金投入稳定，海洋科研实力稳步提升，海洋科技产出在国家整体产业体系中的贡献和占比逐年增加，海洋科研水平在全球层面的排名和影响逐年提升。如极地等“战略新边疆”在中国国际战略格局中的角色和作用日渐强化，截至 2021 年中国已开展 38 次南极科学考察活动和 12 次北极科学考察活动，涵盖海洋物理、海洋化学、海洋生物、海洋地质、海洋地球物理、大气科学等多专业、多领域，有效提升了中国对极地气候变化情况的认知水平，掌握了丰富的极地海洋水文和气象、海洋与大气化学、海洋生物与生态、海洋地质与地球物理等科研资料，为开展极地海冰快速融化、气候环境快速变化背景下的前沿科学研究、海洋环境气候综合评价与核心区域环境综合评估夯实了基础，促进了中国极地事业的良性发展，为维护和促进南北两极的和平、稳定和可持续发展做出了卓越贡献。与此同时，伴随中国特色社会主义新时代的到来，中国特色科研体系发展也进入了最好的历史时期。中国特色科研体系发展逐渐打破社会科学和自然科学固有的学科藩篱，逐步实现了自然科学与人文社会科学的融通发展，海洋气象学、物理海洋学、海洋化学、海洋生物学和海洋地质学等专业的科研、教学和管理工作都在不断优化发展。海洋政治学构建可以充实中国的海洋科研体系，增强中国海洋科学与技术的自主创新能力，提升中国海洋科研体系的内生力和原创力，为新时代中国特色社会主义事业的发展提供更加有力的科研支撑和前行动力。

习近平总书记指出:“我们党要领导一个十几亿人口的东方大国实现社会主义现代化,必须坚持实事求是、稳中求进、协同推进,加强前瞻性思考、全局性谋划、战略性布局、整体性推进,实现发展质量、结构、规模、速度、效益、安全相统一。”[1]把握新发展阶段、贯彻新发展理念、构建新发展格局,是中国统筹“当今世界处于百年未有之大变局”与“中华民族实现伟大复兴战略全局”的宏观要求和具体部署。构建海洋政治学是中国“前瞻性思考、全局性谋划、战略性布局、整体性推进”的现实构成和任务组成,是中国在新时代实现本国更好发展、推动世界更好互动、追求人类共同命运的现实需要和必备方案,强中国话语、建中国学科,中国需要构建海洋政治学。海洋政治学的构建可以帮助我们以坚定而执着的定力,扎实而稳健地进行海洋政治学的知识生产和智慧创造,构建中国海洋治理的话语,以谋识;进行海洋政治学的人才培养,储备落实中国海洋强国战略的人才,以谋士;唯有先谋识、谋士,方能谋域,以坚持陆海统筹;唯此,方能谋势,建设海洋强国。海洋政治学的建构和发展是中国在新时代坚持陆海统筹、建设海洋强国的必然选择,是中国实现海洋强国战略目标和构筑“海洋命运共同体”的谋识、谋士、谋域、谋势之举。

---

① 习近平:《把握新发展阶段,贯彻新发展理念,构建新发展格局》,《求是》2021年第9期。

参考文献

一、图书

（春秋）老子：《道德经》，高文方译，北京联合出版公司 2015 年版。

（春秋）李耳：《老子》，饶尚宽译注，中华书局 2018 年版。

（汉）董仲舒：《春秋繁露·阴阳义》，凌曙注，中华书局 1975 年版。

（明）王守仁原著、（明）施邦曜辑评：《阳明先生集要》，王晓昕、赵平略点校，中华书局 2008 年版。

（清）王先谦：《荀子集解》，沈啸寰、王星贤点校，中华书局 1988 年版。

薄贵利：《国家战略论》，中国经济出版社 1994 年版。

陈力：《战略地理论》，解放军出版社 1990 年版。

丁建弘、陆世澄：《德国史简编》，人民出版社 1991 年版。

国家海洋局海洋发展战略研究所课题组：《中国海洋发展报告》，海洋出版社 2010 年版。

金卫星：《从"门户开放"到世界贸易组织：20 世纪美国全球扩张的历史轨迹》，苏州大学出版社 2001 年版。

李少军：《国际政治学概论》（第四版），上海人民出版社 2014 年版。

李双建：《主要沿海国家的海洋战略研究》，海洋出版社 2014 年版。

李义虎：《地缘政治学：二分论及其超越——兼论地缘整合中的中国选择》，北京大学出版社 2007 年版。

李永采：《海洋开拓争霸简史》，海洋出版社 1990 年版。

林坚：《远渡重洋——中美贸易二百年（1784～1999）》，厦门大学出版社

2003 年版。

刘从德:《地缘政治学导论》,中国人民大学出版社 2010 年版。

刘惠荣、董跃:《海洋法视角下的北极法律问题研究》,中国政法大学出版社 2012 年版。

刘继贤:《海洋战略环境与对策研究》,解放军出版社 1996 年版。

楼均信等:《1871～1918 年的法国》,商务印书馆 1989 年版。

马克垚:《世界历史》,北京大学出版社 1989 年版。

倪世雄等:《当代西方国际关系理论》,复旦大学出版社 2012 年版。

钮先钟:《战略研究入门》,文汇出版社 2018 年版。

曲金良:《海洋文化与社会》,中国海洋大学出版社 2003 年版。

任晓:《共生——上海学派的兴起》,上海译文出版社 2015 年版。

沈伟烈:《地缘政治学概论》,国防大学出版社 2005 年版。

孙瑞芹:《德国外交文件有关中国交涉史料选译》第 1 卷,商务印书馆 1960 年版。

唐世平等:《观念　行动　结果:社会科学方法新论》,天津人民出版社 2021 年版。

王恩涌等:《政治地理学》,高等教育出版社 1998 年版。

王绳祖:《国际关系史(17 世纪中叶至 1945 年)》,法律出版社 1986 年版。

王绳祖:《国际关系史》第 3 卷,世界知识出版社 1995 年版。

王逸舟:《当代国际政治析论》(增订版),上海人民出版社 2015 年版。

余志森:《美国通史》第 4 卷,人民出版社 2002 年版。

张蕴岭:《百年大变局:世界与中国》,中共中央党校出版社 2019 年版。

[德]弗里德里希・李斯特:《政治经济学的国民体系》,陈万煦译,商务印书馆 1983 年版。

[德]克劳塞维茨:《战争论精华》,钮先钟译,(台北)麦田出版公司 1996 年版。

[加]阿米塔・阿查亚:《重新思考世界政治中的权力、制度与观念》,白云真、宋亦明译,上海人民出版社 2019 年版。

[加]伊曼纽尔·阿德勒、文森特·波略特主编:《国际实践》,秦亚青、孙吉胜、魏玲译,上海人民出版社 2015 年版。

[美]阿尔弗雷德·马汉:《海权论》,萧伟中、梅然译,中国言实出版社 1997 年版。

[美]奥兰·扬:《复合系统:人类世的全球治理》,杨剑、孙凯译,上海人民出版社 2019 年版。

[美]汉斯·摩根索:《国家间政治:权力斗争与和平》,徐昕等译,北京大学出版社 2006 年版。

[美]肯尼思·华尔兹:《国际政治理论》,信强译,上海人民出版社 2003 年版。

[美]罗伯特·A.帕斯特:《世纪之旅:七大国百年外交风云》,胡利平、杨韵琴译,上海人民出版社 2001 年版。

[美]罗伯特·吉尔平:《世界政治中的战争与变革》,宋新宁、杜建平译,上海人民出版社 2019 年版。

[美]马汉:《海权对历史的影响:1660～1783》,安常容、成忠勤译,解放军出版社 2006 年版。

[美]马汉:《海权论》,一兵译,同心出版社 2012 年版。

[美]尼古拉斯·斯皮克曼:《和平地理学:边缘地带的战略》,俞海杰译,上海人民出版社 2016 年版。

[美]乔万尼·阿瑞吉、贝弗里·J.西尔弗:《现代世界体系的混沌与治理》,王宇杰译,生活·读书·新知三联书店 2003 年版。

[美]斯塔夫里阿诺斯:《全球通史:1500 年以后的世界》,吴象婴、梁赤民译,上海社会科学院出版社 1999 年版。

[美]索尔·科恩:《地缘政治学——国际关系的地理学》,严春松译,上海社会科学院出版社 2011 年版。

[美]詹姆斯·N.罗西瑙:《没有政府的治理》,张胜军等译,江西人民出版社 2001 年版。

[美]詹姆斯·多尔蒂、小罗伯特·普法尔茨格拉夫:《争论中的国际关系理论》,阎学通等译,世界知识出版社 2003 年版。

[美]兹比格纽·布热津斯基:《大棋局:美国的首要地位及其地缘战略》,中国国际问题研究所译,上海人民出版社 1998 年版。

[瑞典]英瓦尔·卡尔松等:《天涯成比邻——全球治理委员会的报告》,中国对外翻译出版公司 1995 年版。

[苏]谢·格·戈尔什科夫:《国家的海上威力》,生活·读书·新知三联书店 1977 年版。

[苏]谢·格·戈尔什科夫:《战争年代与和平时期的海军》,生活·读书·新知三联书店 1974 年版。

[英]爱德华·卡尔:《20 年危机(1919～1939):国际关系研究导论》,秦亚青译,世界知识出版社 2005 年版。

[英]保罗·肯尼迪:《大国的兴衰》(上),王保存等译,中信出版社 2013 年版。

[英]戴维·赫尔德、安东尼·麦克格鲁:《治理全球化:权力、权威与全球治理》,曹荣湘、龙虎等译,社会科学文献出版社 2004 年版。

[英]戴维·赫尔德等:《全球大变革》,杨雪冬等译,社会科学文献出版社 2001 年版。

[英]哈·麦金德:《历史的地理枢纽》,林尔蔚、陈江译,商务印书馆 2007 年版。

[英]杰弗里·蒂尔:《21 世纪海权指南》,师小芹译,上海人民出版社 2013 年版。

[英]杰弗里·帕克:《地缘政治学:过去、现在和未来》,刘从德译,新华出版社 2003 年版。

[英]杰弗里·帕克:《二十世纪的西方地理政治思想》,李亦鸣、徐小杰、张荣忠译,解放军出版社 1992 年版。

[英]麦金德:《民主的理想与现实》,武原译,商务印书馆 1965 年版。

[英]屈勒味林:《英国史》,钱瑞升译,中国社会科学出版社 2008 年版。

[越]陈辉燎:《越南人民抗法八十年史》第 1 卷,范宏科、吕谷译,生活·读书·新知三联书店 1960 年版。

Carlo M. Cipolla, *Guns, Sails and Empires-Technological Innovation and the Early Phases of European Expansion* 1400-1700, New York: Minerva Press, 1965.

D. C. Douglas, *English Historical Documents*, Vol. Ⅸ, Oxford: Oxford University Press, 1964.

David Wilson, Dick Sherwood, *Oceans Governance and Maritime Strategy*, Sydney: Allen & Unwin, 2000.

Gearóid Ó Tuathail, *Critical Geopolitics*, London: Routledge, 1996.

Gearóid Ó Tuathail, Simon Dalby, Paul Routledge, *The Geopolitics Reader*, London and New York: Routledge, 1998.

Gearóid Ó Tuathail, Simon Dalby, *Rethinking Geopolitics*, London and New York: Routledge, 1998.

Gearóid Ó Tuathail, *Critical Geopolitics: The Politics of Writing Global Space*, Minneapolis: University of Minnesota Press, 1996.

George Modelski, *Long Cycles in World Politics*, Seattle: University of Washington Press, 1987.

George Modelski, William R. Thompson, *Seapower in Global Politics*, 1494-1993, London: Palgrave Macmillan UK, 1988.

Gurudas Das, Joshua C. Thomas, *Look East to Act East Policy: Implications for India's Northeast*, Oxford :Taylor and Francis, 2016.

H. L. A. Hart, *Punishment and Responsibility: Essays in the Philosophy of Law*, Oxford: Oxford University Press, 1968.

Helen M. Rozwadowski, *Fathoming the Ocean: The Discovery and Exploration of the Deep Sea*, Cambridge: Belknap Press of Harvard University Press, 2005.

James Rees Jones, *The Restored Monarchy*, 1660-1688, Totowa: Rowman and Littlefield, 1979.

Julian S. Corbett, *Some Principles of Maritime Strategy*, Annapolis: Naval Institute Press,1988.

Kale Bantigue Fajardo, *Filipino Crosscurrents: Oceanographies of*

Seafaring, Masculinities and Globalization, Minneapolis: University of Minnesota Press, 2011.

Paul Pierson, *Politics in Time: History, Institutions, and Social Analysis*, New Jersey: Princeton University Press, 2004.

Philip E. Steinberg, *The Social Construction of the Ocean*, Cambridge: Cambridge University Press, 2001.

Saul Bernard Cohen, *Geography and Politics in a World Divided*, 2nd Edition, New York: Oxford University Press, 1973.

Wilhelm G. Grewe, *The Epochs of International Law*, Berlin/New York: Walter de Gruyter, 2000.

二、期刊文献

蔡拓:《当代中国国际定位的若干思考》,《中国社会科学》2010 年第 5 期。

蔡拓:《全球治理的中国视角与实践》,《中国社会科学》2004 年第 1 期。

陈文艺:《十七世纪后半期三次英荷战争的背景与后果》,《历史教学》1984 年第 1 期。

崔野、王琪:《全球公共产品视角下的全球海洋治理困境:表现、成因与应对》,《太平洋学报》2019 年第 1 期。

樊丽明:《"新文科":时代需求与建设重点》,《中国大学教学》2020 年第 5 期。

方曙兵:《国际实践研究:国际政治理论研究的新议程》,《国外社会科学》2018 年第 2 期。

方旭:《作为政治客体的生命:德国地缘政治学派的一个视角》,《湖北民族学院学报》2018 年第 5 期。

房宁:《政治学为什么需要田野调查》,《华中师范大学学报(人文社会科学版)》2021 年第 1 期。

付玉、王芳:《坚持陆海统筹　建设海洋强国——中国海洋政策发展历程与方向》,《国土资源》2019 年第 10 期。

傅丹丹、董楠楠、熊艳晖:《中日韩三国合作防治海洋污染探析》,《河北水利》2013 年第 5 期。

傅正:《政治地理学与清末的文明史观》,《上海大学学报(社会科学版)》2019 年第 2 期。

高兰:《海洋命运共同体与中日海洋合作——基于海洋地缘政治学视角的观察与思考》,《人民论坛·学术前沿》2019 年第 20 期。

高兰:《亚太地区海洋合作的博弈互动分析——兼论日美海权同盟及其对中国的影响》,《日本学刊》2013 年第 4 期。

葛红亮:《新兴国家参与全球海洋安全治理的贡献和不足》,《战略决策研究》2020 年第 1 期。

葛建华:《试析日本的"印太战略"》,《日本学刊》2018 年第 1 期。

巩建华:《海洋政治分析框架及中国海洋政治战略变迁》,《新东方》2011 年第 6 期。

何奇松:《中美海洋安全观视角的海洋安全博弈》,《太平洋学报》2019 年第 9 期。

洪农:《国际海洋法治发展的国家实践:中国角色》,《亚太安全与海洋研究》2020 第 1 期。

胡波:《国际海洋政治发展趋势与中国的战略抉择》,《国际问题研究》2017 年第 2 期。

胡波:《中国海上兴起与国际海洋安全秩序——有限多极格局下的新型大国协调》,《世界经济与政治》2019 年第 11 期。

胡德坤、江月:《日本〈海洋基本法〉框架下的政策进展研究》,《武汉大学学报(人文科学版)》2016 年第 6 期。

胡素清:《以人海关系为核心的海洋观》,《浙江学刊》2015 年第 1 期。

黄光耀:《论"复辟时期"英国重商主义殖民原则的确立》,《南京师大学报(社会科学版)》2017 年第 5 期。

黄少安:《海洋主权、海洋产权与海权维护》,《理论学刊》2012 年第 9 期。

计秋枫:《格老秀斯〈海洋自由论〉与 17 世纪初关于海洋法律地位的争论》,《史学月刊》2013 年第 10 期。

计秋枫:《近代前期英国崛起的历史逻辑》,《中国社会科学》2013 年第 9 期。

贾宇:《南海"断续线"的法律地位》,《中国边疆史地研究》2005 年第 2 期。

江红义、周理:《关于南海问题研究的回顾与反思——兼论海洋政治分析的基本要点》,《世界经济与政治论坛》2013 年第 4 期。

姜秀敏、陈坚、张沭:《"四轮驱动"推进蓝色伙伴关系构建的路径分析》,《创新》2020 年第 1 期。

金新:《东亚海洋安全:秩序演化与治理困境》,《东亚评论》2020 年第 1 期。

金永明:《论海洋法的发展与挑战——纪念联合国成立 70 周年》,《南洋问题研究》2015 年 3 期。

金永明:《论中国海洋安全与海洋法制》,《东方法学》2010 年第 3 期。

金永明:《日本最新海洋法制与政策概论》,《东方法学》2009 年第 6 期。

金永明:《新时代中国海洋强国战略治理体系论纲》,《中国海洋大学学报(社会科学版)》2019 年第 5 期。

李丹、崔日明:《"一带一路"战略与全球经贸格局重构》,《经济学家》2015 年第 8 期。

李双建、于保华、魏婷:《世界主要海洋国家海洋综合管理及对中国的借鉴》,《海洋开发与管理》2012 年第 5 期。

李雪威:《韩国海权观:力的谋求与逻辑转换》,《东北亚论坛》2018 年第 2 期。

林建华:《海洋政治构成要素分析》,《黑龙江社会科学》2015 年第 1 期。

林建华:《论海洋政治意识的认知及其作用》,《晋阳学刊》2017 年第 3 期。

刘丰:《国际利益格局调整与国际秩序转型》,《外交评论》2015 年第 5 期。

刘洪滨:《韩国 21 世纪的海洋发展战略》,《太平洋学报》2007 年第 3 期。

刘小枫:《地理大发现与政治地理学的诞生》,《甘肃社会科学》2018 年第

5 期。

刘新华、秦仪:《海洋观演变论略》,《湖北行政学院学报》2004 年第 2 期。

刘雪莲、王勇:《全球化时代海陆关系的超越与中国的选择》,《东北亚论坛》2011 年第 3 期。

刘永高:《权责均衡与制度建设》,《理论前沿》2008 年第 20 期。

刘中民:《中国国际问题研究视域中的国际海洋政治研究述评》,《太平洋学报》2009 年第 6 期。

罗国强:《理解南海共同开发与航行自由问题的新思路——基于国际法视角看南海争端的解决路径》,《当代亚太》2012 年第 3 期。

麻宝斌、郭蕊:《权责一致与权责背离:在理论与现实之间》,《政治学研究》2010 年第 1 期。

马忠法:《〈海洋自由论〉与格老秀斯国际法思想的起源和发展》,《比较法研究》2006 年第 4 期。

门洪华:《西方三大霸权的战略比较——兼论美国制度霸权的基本特征》,《当代世界与社会主义》2006 年第 2 期。

秦亚青:《全球治理趋向扁平》,《国际问题研究》2021 年第 5 期。

秦亚青:《全球治理失灵与秩序理念的重建》,《世界经济与政治》2013 年第 4 期。

宋德星、黄钊:《日本"印太"战略的生成机理及其战略效能探析》,《世界经济与政治》2019 年第 11 期。

苏浩:《地缘重心与世界政治的支点》,《现代国际关系》2004 年第 4 期。

孙凯、吴昊:《关于构建中国海洋话语权的思考——以南海"981"钻井平台事件为例》,《中国海洋大学学报(社会科学版)》2017 年第 1 期。

孙立新、赵光强:《中国海洋观的历史变迁》,《理论学刊》2012 年第 1 期。

孙迎春:《公共部门协作治理改革的新趋势——以美国国家海洋政策协同框架为例》,《中国行政管理》2011 年第 4 期。

唐世平:《国际秩序变迁与中国的选项》,《中国社会科学》2019 年第 3 期。

万青松、陈雪:《试析俄罗斯海洋管理体制》,《欧亚经济》2014 年第 1 期。

王晨光:《中国的伙伴关系外交与“一带一路”建设》,《当代世界》2020 年第 1 期。

王琪、崔野:《将全球治理引入海洋领域——论全球海洋治理的基本问题与中国的应对策略》,《太平洋学报》2015 年第 6 期。

王义桅、崔白露:《日本对“一带一路”的认知变化及其参与的可行性》,《东北亚论坛》2018 年第 4 期。

魏志江、陈卓、叶浩豪:《试论韩国海洋管理体制及其对中国的启示》,《当代韩国》2013 年第 4 期。

吴崇伯、姚云贵:《日本海洋经济发展以及与中国的竞争合作》,《现代日本经济》2018 年第 6 期。

吴昊:《中日韩海洋安全事务与合作》,《江南社会学院学报》2020 年第 2 期。

夏立平、云新雷:《论构建中国特色新海权观》,《社会科学》2018 年第 1 期。

向东平、范明英:《全球治理的中国智慧——基于“一带一路”视角》,《天津师范大学学报(社会科学版)》2021 年第 5 期。

许勤华:《评批判性地缘政治学》,《世界经济与政治》2006 年第 1 期。

薛澜:《第四次工业革命将给我们带来什么?》,《金融经济》2018 年第 13 期。

杨思灵、任吉蕾:《美日印澳(QUAD):从松散协调到同盟行为体》,《南亚研究》2022 年第 1 期。

杨泽伟:《国际海底区域“开采法典”的制定与中国的应有立场》,《当代法学》2018 年第 2 期。

杨泽伟:《新时代中国深度参与全球海洋治理体系的变革:理念与路径》,《法律科学(西北政法大学学报)》2019 年第 6 期。

杨震、蔡亮:《“海洋命运共同体”视域下的海洋合作和海上公共产品》,《亚太安全与海洋研究》2020 年第 4 期。

杨震、周云亨、朱漪:《论后冷战时代中美海权矛盾中的南海问题》,《太平洋学报》2015 年第 4 期。

姚莹:《“海洋命运共同体”的国际法意涵:理念创新与制度构建》,《当代法学》2019 年第 5 期。

于海龙:《安倍内阁新〈海洋基本计划〉安保政策评析》,《日本研究》2019 年第 2 期。

俞可平:《全球治理引论》,《马克思主义与现实》2002 年第 1 期。

袁剑:《近代西方“边疆”概念及其阐释路径:以拉策尔、寇松为例》,《北方民族大学学报(哲学社会科学版)》2015 年第 2 期。

袁莎:《全球海洋治理:从凝聚共识到目标设置》,《中国海洋大学学报(社会科学版)》2018 年第 1 期。

张椿年:《地理大发现后西方海洋霸权大国的兴衰交替》,《海洋史研究》2014 年第 1 期。

张洁:《对南海断续线的认知与中国的战略选择》,《国际政治研究》2014 年第 2 期。

张景全、王璐、董益:《泛海洋时代中日海洋事务的协调与合作》,《东北亚论坛》2020 年第 5 期。

张景全、吴昊:《海洋话语与国际秩序转变》,《南洋问题研究》2021 年第 1 期。

张景全、吴昊:《全球海洋安全治理:机遇、挑战与行动》,《东亚评论》2020 年第 2 期。

张景全:《“海洋命运共同体”视域下的海洋政治研究》,《人民论坛》2019 年第 S1 期。

张景全:《反常与回归:美国当前的对外战略》,《人民论坛》2018 年第 11 期。

张景全:《关于中日钓鱼群岛争端的几点认识》,《东北亚论坛》2005 年第 2 期。

张景全:《区域化与安全化悖论及其视域下的周边安全》,《南洋问题研究》2018 年第 1 期。

张文木:《经济全球化与中国海权》,《战略与管理》2003 年第 1 期。

张晓磊:《日本〈第三期海洋基本计划〉评析》,《日本问题研究》2018 年第

6 期。

张宇燕:《全球治理的中国视角》,《世界经济与政治》2016 年第 9 期。

张蕴岭:《把握周边环境新变化的大局》,《国际经济评论》2012 年第 1 期。

张蕴岭:《对"百年之大变局"的分析与思考》,《山东大学学报(哲学社会科学版)》2019 年第 5 期。

张蕴岭:《关注全球化 4.0》,《世界知识》2019 年第 2 期。

张蕴岭:《中国的周边区域观回归与新秩序构建》,《世界经济与政治》2015 年第 1 期。

张蕴岭:《转变中的亚太区域关系与机制》,《外交评论》2018 年第 3 期。

张蕴岭:《综合视角下的中国周边环境与周边关系》,《当代世界》2022 年第 4 期。

赵磊:《从世界格局与国际秩序看"百年未有之大变局"》,《中共中央党校(国家行政学院)学报》2019 年第 3 期。

赵穗生等:《中国的顶层设计:"一带一路"倡议的战略目标、吸引力及挑战》,《东北亚论坛》2019 年第 3 期。

郑先武:《大国协调与国际安全治理》,《世界经济与政治》2010 年第 5 期。

朱翠萍:《莫迪政府的印度洋战略新动向:驱动因素与局限性》,《南亚研究》2020 年第 4 期。

朱建庚:《〈加拿大海洋法〉及其对中国的借鉴意义》,《海洋开发与管理》2010 年第 4 期。

Audra Mitchell, "Thinking Without the 'Circle': Marine Plastic and Global Ethics", *Political Geography*, Vol.47, 2015, pp.77-85.

Basil Germond, "The Geopolitical Dimension of Maritime Security", *Marine Policy*, Vol.54, 2015, pp.137-142.

Bernard K. Gordon, "Trading Up in Asia: Why the United States Needs the Trans-Pacific Partnership", *Foreign Affairs*, Vol. 91, No. 4, 2012, p.17.

Christos Kastrisios, Lysandros Tsoulos, "A Cohesive Methodology for the Delimitation of Maritime Zones and Boundaries", *Ocean & Coastal Management*, Vol.130, 2016, pp.188-195.

David Held, Kevin Young, "Global Governance in Crisis? Fragmentation, Risk and World Order", *International Politics*, Vol.50, No.3, 2013, pp.309-332.

David Lambert, Luciana Martins, Miles Ogborn, "Ogborn, Currents, Visions and Voyages: Historical Geographies of the Sea", *Journal of Historical Geography*, Vol.32, No.3, 2006, pp.479-493.

Dennis Mandsager, "The U. S. Freedom of Navigation Program: Policy, Procedure and Future", *International Law Studies*, Vol.72, 1998, pp.114-118.

Elizabeth A. Povinelli, "Transgender Creeks and the Three Figures of Power in Late Liberalism", *Differences*, Vol.26, No.1, 2015, pp.168-187.

H. J. Mackinder, "The Geographical Pivot of History (1904)", *The Geographical Journal*, Vol.170, No.4, 2004, pp.298-321.

Isabelle Saint-Mézard, "India's Act East Policy: Strategic Implications for the Indian Ocean", *Journal of the Indian Ocean Region*, Vol. 12, No.2, 2016, pp.177-190.

Jessica Lehman, "A Sea of Potential: The Politics of Global Ocean Observations", *Political Geography*, Vol.55, 2016, pp.113-123.

John Derber, Anthony Rosati, "A Global Oceanic Data Assimilation System", *Journal of Physical Oceanography*, Vol. 19, No. 9, 1989, pp.1333-1347.

Mireya Solís, "The Trans-Pacific Partnership: Can the United States Lead the Way in Asia-Pacific Integration?" *Pacific Focus*, Vol.27, No.3, 2012, pp.319-341.

Moataz N. Kordi, Michael O'Leary, "A Spatial Approach to Improve Coastal Bioregion Management of the North Western Australia", *Ocean &*

Coastal Management, Vol.127, 2016, pp.26-42.

Muhammad Zarrar Haider, "Impact of Naval Technology on Employment of Maritime Power", *Defense Journal*, Vol. 17, No. 9, 2014, pp.45-46.

Paul D'Arcy, "The Lawless Sea? Policy Options for Voluntary Compliance Regimes in Offshore Resource Zones in the Pacific", *Asia & the Pacific Policy Studies*, Vol.1, No.2, 2014, pp.297-311.

Philip Steinberg, Kimberley Peters, "Wet Ontologies, Fluid Spaces: Giving Depth to Volume Through Oceanic Thinking", *Environment and Planning D: Society and Space*, Vol.33, No.2, 2015, pp.247-264.

Victoria Hattam, "History, Agency, and Political Change", *Polity*, Vol.32, No.3, 2000, pp.333-338.

William J. Aceves, "Diplomacy at Sea: U.S. Freedom of Navigation Operations in the Black Sea", *Naval War College Review*, Vol.46, No.2, 1993, pp.59-79.

William J. Aceves, "The Freedom of Navigation Program: A Study of the Relationship Between Law and Politics", *Hastings International and Comparative Law Review*, Vol.19, No.2, 1996, pp.259-326.